CARTE d

ΧΑΡΤΗΣ ΓΑΛΛΙΑΣ

ΕΜΒΕΛΕΙΑ MAR 94

CARTE ROUTIÉR de FRANCE
ΟΔΙΚΟΣ ΧΑΡΤΗΣ ΓΑΛΛΙΑΣ

LA ... ς de ...
ΘΑΛ. Μ. ... ΣΤΕΝΟ ...

Cherbourg
Σερμπούργκ

LE HAVRE
ΧΑΒΡΗ

92

CAEN
ΚΑΙΝ

Έν...
Ε...

BREST
ΒΡΕΣΤΗ

244

Avranches
Αβράνς

Flers
Φλέρ

188

Alencon
Αλενκόν

St Brieuc
Σαίν Μπριέκ

RENNES
ΡΕΝ

Fougères
Φουζέρ

Quimper
Κιμπέρ

294

Laval
Λαβάλ

84

LE MANS
ΛΕ ΜΑΝ

Vannes
Βαν

136

Angers
Ανζέρ

179

Tours
Τούρ

2

NANTES
ΝΑΝΘ

Saumur
Σωμύρ

Cholet
Σολέ

Poitiers
Πουατιέ

142

La Roche
Λα Ρος

74

11...

O C É A N   A T L A N T I Q U E
ΑΤΛΑΝΤΙΚΟΣ ΩΚΕΑΝΟΣ

Niort
Νιόρ

La Rochelle
Λα Ροσελ

70

Saintes
Σαίντ

Angoulême
Οιζουλέν

227

Périgueux
Περινέ

ΕΜΘΕΛΕΙΑ MAR 94

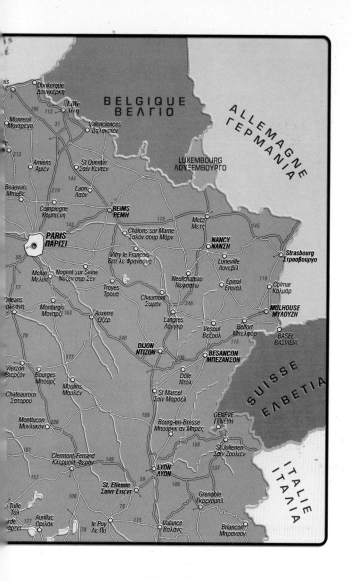

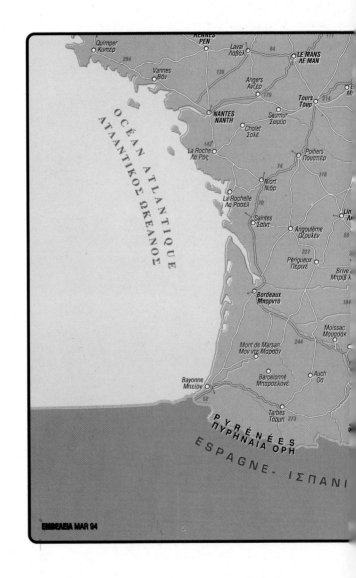

RENNES
PEN

Quimper
Κινπέρ

294

Vannes
Βάν

Laval
Λαβάλ

84

LE MANS
ΛΕ ΜΑΝ

136

Angers
Αντζέρ

179

Tours
Τουρ 214

Ér
Mr

NANTES
NANTH

Saumur
Σωμύρ

Cholet
Σολέ

OCÉAN ATLANTIQUE
ΑΤΛΑΝΤΙΚΟΣ ΩΚΕΑΝΟΣ

142
La Roche
Λα Ρός

Poitiers
Πουατιέ

74

118

Niort
Νιόρ

La Rochelle
Λα Ροσέλ

70

Saintes
Σαίντ

Angoulême
Ωγκουλέν

Lin
Λ

58

227

Périgueux
Περινέ

Brive
Μπριβ λ

184

Bordeaux
Μπορντό

Moissac
Μουσσάκ

244

Mont de Marsan
Μον ντε Μαρσάν

Bayonne
Μπεϊόν

Barcelonné
Μπαρσελονέ

Auch
Οσ

52

Tarbes
Τάρμπ 273

PYRÉNÉES
ΠΥΡΗΝΑΙΑ ΟΡΗ

ESPAGNE - ΙΣΠΑΝΙ

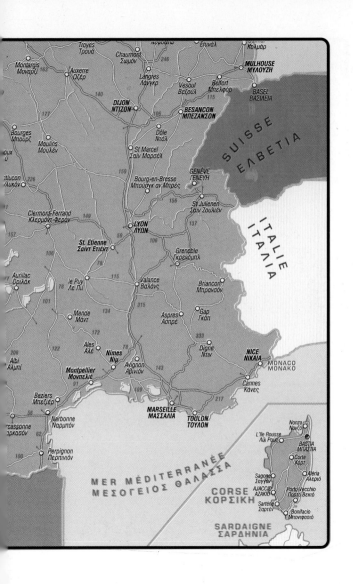

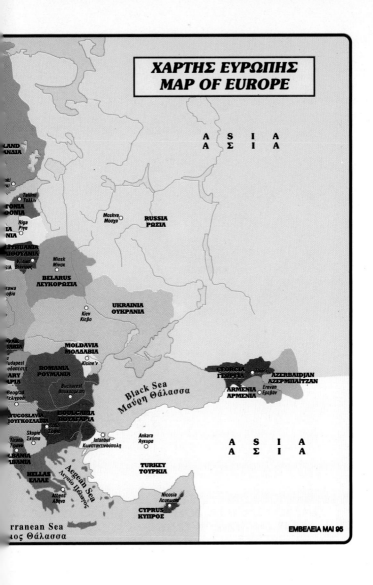

ΧΑΡΤΗΣ ΕΥΡΩΠΗΣ
MAP OF EUROPE

A S I A
Α Σ Ι Α

...LAND
...ANΔΙΑ

...aki
...κι

Tallini
Ταλλίν

...TONIA
...ΘΟΝΙΑ

Riga
Ρίγα

...IA
...ΝΙΑ

Moskva
Μόσχα

RUSSIA
ΡΩΣΙΑ

...LITHUANIA
...ΛΙΘΟΥΑΝΙΑ

...SIA Βίλνιους

Minsk
Μίνσκ

BELARUS
ΛΕΥΚΟΡΩΣΙΑ

...rawa
...οβία

UKRAINIA
ΟΥΚΡΑΝΙΑ

Kiev
Κίεβο

...yei
...ΡΑΚΙΑ

MOLDAVIA
ΜΟΛΔΑΒΙΑ

...udapest
...υδαπέστη

Kisine'v

...ARY
...ΑΡΙΑ

ROMANIA
ΡΟΥΜΑΝΙΑ

GEORGIA
ΓΕΩΡΓΙΑ

Tbilisi

AZERBAIDJAN
ΑΖΕΡΜΠΑΪΤΖΑΝ

...Beograd
...ελιγράδι

Bucharest
Βουκουρέστι

Black Sea
Μαύρη Θάλασσα

ARMENIA
ΑΡΜΕΝΙΑ

Erevan
Ερεβάν

...YUGOSLAVIA
...ΟΥΓΚΟΣΛΑΒΙΑ

BOULGARIA
ΒΟΥΛΓΑΡΙΑ

Sofia
Σόφια

...Skopie
...Σκόπια

...rana
...ίρανα

Istanbul
Κωνσταντινούπολη

Ankara
Άγκυρα

A S I A
Α Σ Ι Α

...ALBANIA
...ΛΒΑΝΙΑ

HELLAS
ΕΛΛΑΣ

Aegean Sea
Αιγαίο Πέλαγος

TURKEY
ΤΟΥΡΚΙΑ

Athens
Αθήνα

Nicosia
Λευκωσία

CYPRUS
ΚΥΠΡΟΣ

...rranean Sea
...ιος Θάλασσα

ΕΜΒΕΛΕΙΑ ΜΑΙ 95

ΠΑΓΚΟΣΜΙΟΣ ΧΑΡΤΗΣ
MAP OF THE WORLD

ARCTIC OCEAN
ΒΟΡΕΙΟΣ ΠΑΓΩΜΕΝΟΣ ΩΚΕΑΝΟΣ

FINLAND
ΦΙΝΛΑΝΔΙΑ

RUSSIA
ΡΩΣΙΑ

PE
ΩΠΗ

ASIA
ΑΣΙΑ

PACIFIC OCEAN
ΕΙΡΗΝΙΚΟΣ ΩΚΕΑΝΟΣ

JAPAN
ΙΑΠΩΝΙΑ

CHINA
ΚΙΝΑ

SYRIA   IRAQ   IRAN
ΣΥΡΙΑ   ΙΡΑΚ   ΙΡΑΝ

ΥΗ   EGYPT   PAKISTAN
Α   ΑΙΓΥΠΤΟΣ   ΠΑΚΙΣΤΑΝ
            SAUDI ARABIA   INDIA
            ΣΑΟΥΔΙΚΗ ΑΡΑΒΙΑ   ΙΝΔΙΑ   BURMA   PHILIPPINE ISLANDS
                                         ΒΙΡΜΑΝΙΑ   ΦΙΛΙΠΠΙΝΕΣ
ICA   ETHIOPIA
            ΑΙΘΙΟΠΙΑ

            KENYA   INDONESIA
            ΚΕΝΥΑ   ΙΝΔΟΝΗΣΙΑ

H   INDIAN
                     OCEAN
                     ΙΝΔΙΚΟΣ
                     ΩΚΕΑΝΟΣ   AUSTRALIA
                                           ΑΥΣΤΡΑΛΙΑ

AFRICA
ΑΦΡΙΚΗ
                                                    NEW ZEALAND
                                                    ΝΕΑ ΖΗΛΑΝΔΙΑ
                                           TASMANIA
                                           ΤΑΣΜΑΝΙΑ

OCEAN
ΩΚΕΑΝΟΣ

ΕΜΒΕΛΕΙΑ ΜΑΙ 95

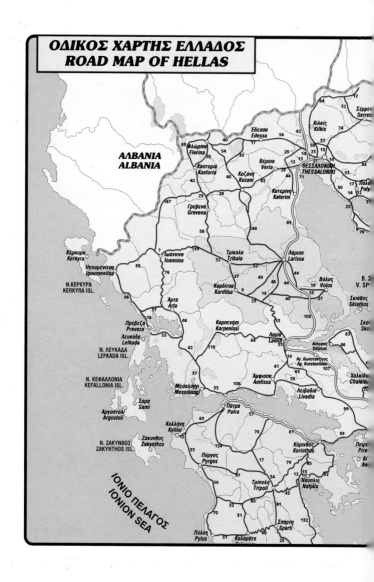

ΟΔΙΚΟΣ ΧΑΡΤΗΣ ΕΛΛΑΔΟΣ
ROAD MAP OF HELLAS

ΑΛΒΑΝΙΑ
ALBANIA

Σέρρες
Serres

Έδεσσα
Edessa

Κιλκίς
Kilkis

Φλώρινα
Florina

Βέροια
Veria

ΘΕΣΣΑΛΟΝΙΚΗ
THESSALONIKI

Καστοριά
Kastoria

Κοζάνη
Kozani

Κατερίνη
Katerini

Πολύ
Poly

Γρεβενά
Grevena

Κέρκυρα
Kerkyra

Ιωάννινα
Ioannina

Τρίκαλα
Trikala

Λάρισα
Larissa

Β. Σ
V. SP

Ηγουμενίτσα
Igoumenitsa

Ν.ΚΕΡΚΥΡΑ
KERKYRA ISL.

Καρδίτσα
Karditsa

Βόλος
Volos

Σκιάθος
Skiathos

Άρτα
Arta

Πρέβεζα
Preveza

Καρπενήσι
Karpenissi

Σκο
Sko

Λευκάδα
Lefkada

Λαμία
Lamia

Άκηρος
Εύριπος

Ν. ΛΕΥΚΑΔΑ
LEFKADA ISL.

Αγ. Κωνσταντίνος
Ag. Konstantinos

Χαλκίδα
Chalkid

Ν. ΚΕΦΑΛΛΟΝΙΑ
KEFALLONIA ISL.

Άμφισσα
Amfissa

Μεσολόγγι
Messolongi

Λειβαδιά
Livadia

Σάμη
Sami

Αργοστόλι
Argostoli

Πάτρα
Patra

Κόρινθος
Korinthos

Πειρ
Pire

Κυλλήνη
Kyllini

Ζάκυνθος
Zakynthos

Πύργος
Pyrgos

Ναύπλιο
Nafplio

Ν. ΖΑΚΥΝΘΟΣ
ZAKYNTHOS ISL.

Τρίπολη
Tripoli

ΙΟΝΙΟ ΠΕΛΑΓΟΣ
IONION SEA

Σπάρτη
Sparti

Πύλος
Pylos

Καλαμάτα

ΒΟΥΛΓΑΡΙΑ
BULGARIA

19
Ορεστιάδα

δράμα
ama
89
48
81
38
55
Ξάνθη
Xanthi
Κομοτηνή
Komotini
67
34
67
Καβάλα
Kavala
Θάσος
Thassos
Αλεξανδρούπολη
Alexandroupoli

Ν. ΘΑΣΟΣ
THASSOS ISL.
Παλαιόπολη
Paleopoli

ανόπολη
ranopoli

Καρυές
Karyes

Ν. ΣΑΜΟΘΡΑΚΗ
SAMOTHRAKI ISL.

Ν. ΛΗΜΝΟΣ
LIMNOS ISL.

Μύρινα
Mirina

ΑΙΓΑΙΟ ΠΕΛΑΓΟΣ
AEGEAN SEA

ΤΟΥΡΚΙΑ
TURKEY

ιος
ssos

Ν. ΛΕΣΒΟΣ
LESVOS ISL.
Μυτιλήνη
Mitilini

Ν. ΣΚΥΡΟΣ
SKYROS ISL.

Λιναριά
Lynaria

Ν. ΨΑΡΑ
PSARA ISL.

Ν. ΕΥΒΟΙΑ
EVIA ISL.

Ν. ΧΙΟΣ
CHIOS ISL.
ίος
Chios

71

Κάρυστος
Karystos
Ν. ΑΝΔΡΟΣ
ANDROS ISL.
Ν. ΣΑΜΟΣ
SAMOS ISL.

ήνα
rina
Γαύριο
Gavrio

αύριο
avrio
Κορησσία
Korissia
Ν. ΤΗΝΟΣ
TINOS ISL.
Ν. ΙΚΑΡΙΑ
IKARIA ISL.
Σάμος
Samos

Τήνος
Τήνος
Ικαρία

Μέριχας
Ν. ΣΥΡΟΣ
SYROS ISL.
Ερμούπολη
Ν. ΜΥΚΟΝΟΣ
MYKONOS ISL.
Μύκονος
Ν. ΠΑΤΜΟΣ
PATMOS ISL.
Πάτμος

Ν. ΣΕΡΙΦΟΣ
SERIFOS ISL.
Λιβάδι
Ν. ΠΑΡΟΣ
PAROS ISL.
Ν. ΝΑΞΟΣ
NAXOS ISL.
Νάξος
Ν. ΛΕΡΟΣ
LEROS ISL.
Λακκιοί

Καμάρες
Πάρος
Κάλυμνος

ΕΜΒΕΛΕΙΑ ΜΑΪ 96

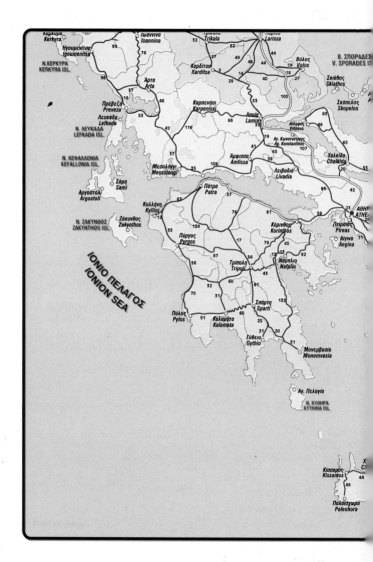

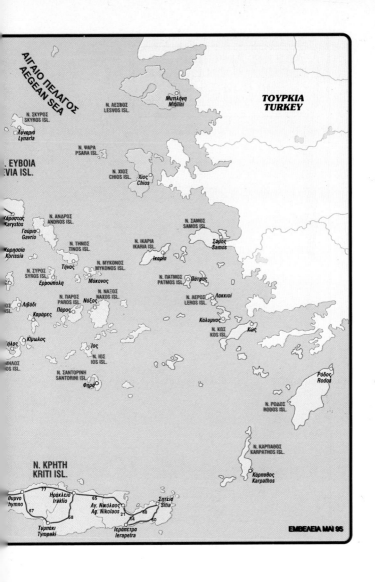

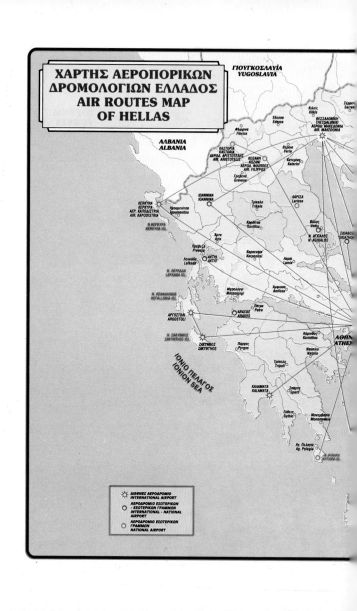

ΧΑΡΤΗΣ ΑΕΡΟΠΟΡΙΚΩΝ
ΔΡΟΜΟΛΟΓΙΩΝ ΕΛΛΑΔΟΣ
AIR ROUTES MAP
OF HELLAS

ΓΙΟΥΓΚΟΣΛΑΥΙΑ
YUGOSLAVIA

ΑΛΒΑΝΙΑ
ALBANIA

Σέρρες
Serres

Κιλκίς
Kilkis

Έδεσσα
Edessa

ΘΕΣΣΑΛΟΝΙΚΗ
THESSALONIKI
ΑΕΡΟΔ. ΜΑΚΕΔΟΝΙΑ
AIR. MAKEDONIA

Φλώρινα
Florina

ΚΑΣΤΟΡΙΑ
ΚΑΣΤΟΡΙΑ
ΑΕΡΟΔ. ΑΡΙΣΤΟΤΕΛΗΣ
AIR. ARISTOTELIS

Βέροια
Veria

Κατερίνη
Katerini

ΚΟΖΑΝΗ
ΚΟΖΑΝΗ
ΑΕΡΟΔ. ΦΙΛΙΠΠΟΣ
AIR. FILIPPOS

Γρεβενά
Grevena

ΙΩΑΝΝΙΝΑ
ΙΩΑΝΝΙΝΑ

Τρίκαλα
Trikala

ΛΑΡΙΣΑ
Larisa

Ηγουμενίτσα
Igoumenitsa

ΚΕΡΚΥΡΑ
ΚΕΡΚΥΡΑ
ΑΕΡ. ΚΑΠΟΔΙΣΤΡΙΑ
ΑΙR. ΚΑΡΟΟΙSTRIA

Καρδίτσα
Karditsa

Βόλος
Volos

Ν. ΚΕΡΚΥΡΑ
KERKYRA ISL.

Άρτα
Arta

Ν. ΑΓΧΙΑΛΟΣ
Ν. ΑΓΧΙΑΛΟΣ

ΣΚΙΑΘΟΣ
ΣΚΙΑΘΟΣ

Πρέβεζα
Preveza

Καρπενήσι
Karpenisi

Λαμία
Lamia

Ακτιάδα
Lefkada

ΑΚΤΙΟ
ΑΚΤΙΟ

Ν. ΛΕΥΚΑΔΑ
LEFKADA ISL.

Μεσολόγγι
Messolongi

Άμφισσα
Amfissa

Ν. ΚΕΦΑΛΛΟΝΙΑ
KEFALLONIA ISL.

Πέτρα
Petra

ΑΡΓΟΣΤΟΛΙ
ARGOSTOLI

ΑΡΑΞΟΣ
ARAXOS

Κόρινθος
Korinthos

ΑΘΗΝ
ΑΤΗΕ

Ν. ΖΑΚΥΝΘΟΣ
ZAKYNTHOS ISL.

ΖΑΚΥΝΘΟΣ
ΖΑΚΥΝΘΟΣ

Πύργος
Pyrgos

Ναύπλιο
Nafplio

ΙΟΝΙΟ ΠΕΛΑΓΟΣ
IONION SEA

Τρίπολη
Tripoli

ΚΑΛΑΜΑΤΑ
ΚΑΛΑΜΑΤΑ

Σπάρτη
Sparti

Γύθειο
Gythio

Μονεμβασία
Monemvasia

Αγ. Πελαγία
Ag. Pelagia

Ν. ΚΥΘΗΡΑ
KYTHIRA ISL.

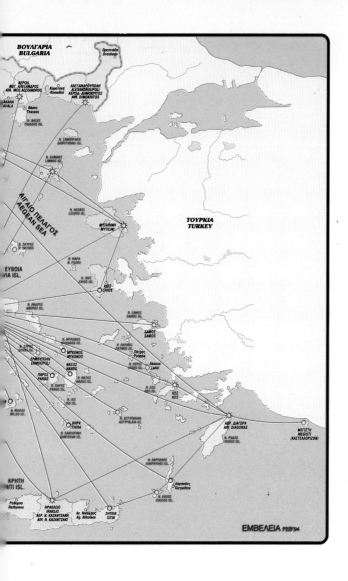

ADELE MORIN

ΕΛΛΗΝΟ-ΓΑΛΛΙΚΟΙ & ΓΑΛΛΟ-ΕΛΛΗΝΙΚΟΙ ΔΙΑΛΟΓΟΙ

ΔΙΑΛΟΓΟΙ
DIALOGUES

DIALOGUES GRÉCO-FRANCAIS & FRANCO-GRECS

ΕΚΔΟΣΕΙΣ
ΜΙΧΑΛΗ
ΣΙΔΕΡΗ

© *Copyright,* Εκδόσεις **ΜΙΧ. ΣΙΔΕΡΗ**

Ανδρ. Μεταξά 28 & Θεμιστοκλέους
106 81 Αθήνα, Τηλ. 3301161-2-3, Fax 3301164

ISBN   960-7012-42-9

Αγαπητοί αναγνώστες,

Σκοπός αυτού του βιβλίου είναι να σας παρέχει τη καλύτερη δυνατή βοήθεια κατά τη διάρκεια της παραμονής σας στη Γαλλία. Το βιβλίο αυτό δεν περιέχει μόνο τις χρησιμότερες λέξεις και εκφράσεις αλλά και μια σύντομη περίληψη ελληνικής και γαλλικής γραμματικής καθώς και την επεξήγηση της προφοράς των λέξεων και στις δύο γλώσσες.

Σας ευχόμαστε καλό ταξίδι και ευχάριστη διαμονή!

Chers lecteurs,

Ce livre a pour but de vous aider au maximum durant votre voyage en Grèce. Il contient non seulement les mots el expressions les plus courants, mais aussi un abrégé de grammaire greque ainsi que la prononciation des mots.

Nous vous souhaitons bon voyage et bon séjour !

ΣΤΟΙΧΕΙΑ ΓΡΑΜΜΑΤΙΚΗΣ
PRÉCIS GRAMMATICAL

L'ALPHABET
Η αλφάβητος

A	a	[α]
B	b	[μπε]
C	c	[σε]
D	d	[ντε]
E	e	[œ]
F	f	[εφ]
G	g	[Jε]
H	h	[αΣ]
I	i	[ι]
J	j	[Jι]
K	k	[κα]
L	l	[ελ]
M	m	[εμ]
N	n	[εν]
O	0	[ο]
P	p	[πε]
Q	q	[κΟΥ]
R	r	[εΡ]
S	s	[ες]
T	t	[τε]
U	u	[ΟΥ]
V	v	[βε]
W	w	[ντουμπλβε]
X	x	[ιξ]
Y	y	[ιγκΡεκ]
Z	z	[ζεντ]

Παρατηρήσεις για την προφορά των γαλλικών

• Η προφορά των γαλλικών έχει αποδοθεί όσο γίνεται με τα γράμματα της ελληνικής αλφαβήτου. Ορισμένοι ήχοι όμως, οι οποίοι δεν έχουν αντιστοιχία στα ελληνικά, έχουν αποδοθεί με ειδικά σύμβολα.

• Ο ήχος **ch** έχει αποδοθεί με το σύμβολο **Σ**. Προφέρεται σαν **σ** παχύ.

• Ο ήχος **e** έχει αποδοθεί με το σύμβολο **Ε**. Προφέρεται κλειστό, με τα χείλη σχεδόν κλειστά και τραβηχτά προς τα εμπρός.

• Ο ήχος **ill** έχει αποδοθεί με το σύμβολο **ιγ(ι)**. Προφέρεται σαν **λ** υγρό.

• Οι ήχοι **j** και **g** (μπροστά από **e, i, y**) έχουν αποδοθεί με το σύμβολο **Z**. Προφέρεται σαν **ζ** παχύ.

• Ο ήχος **r** έχει αποδοθεί με το σύμβολο **Ρ**. Προφέρεται σχεδόν σαν **γ** (γάμος).

• Ο ήχος **u** έχει αποδοθεί με το σύμβολο **ΟΥ**. Προφέρεται κάπου ανάμεσα στο **ου** και το **ι**.

• Οι ήχοι **an, en, am, em** έχουν αποδοθεί με το σύμβολο **Ά**. Προφέρονται σαν ένρινο **α**. Το **ν** δεν προφέρεται.

• Οι ήχοι **on, om** έχουν αποδοθεί με το σύμβολο **Ό**. Προφέρονται σαν ένρινο **ο**. Το **ν** δεν προφέρεται.

• Οι ήχοι **in, un, ain, ein** έχουν αποδοθεί με το σύμβολο **Έ**. Προφέρονται σαν ένρινο **ε**. Το **ν** δεν προφέρεται.

• Όλες οι γαλλικές λέξεις τονίζονται στην τελευταία συλλαβή. Επομένως, δεν σημειώνεται ο τονισμός στην απόδοση της προφοράς των γαλλικών.

Η γαλλική γλώσσα έχει δύο γένη : το αρσενικό και το
θηλυκό. Ένα ελληνικό ουσιαστικό ουδετέρου γένους είναι
αναγκαστικά αρσενικού ή θηλυκού γένους στα γαλλικά.

Τα ουσιαστικά δεν κλίνονται. Μπορεί κανείς να καταλάβει το
γένος τους μόνο από το άρθρο που τα συνοδεύει.

Υπάρχουν τρία είδη άρθρων :

τα αόριστα άρθρα

| Αρσενικό | un | des |
| Θηλυκό | une | des |

τα οριστικά άρθρα

| Αρσενικό | le (l') | les |
| Θηλυκό | la (l') | les |

τα μεριστικά άρθρα

| Αρσενικό | du (de l') | des |
| Θηλυκό | de la (de l') | des |

Η γενική των ονομάτων σχηματίζεται συνήθως με την
πρόθεση **de**. Σε συνδυασμό με τα οριστικά άρθρα **le** και **les,**
σχηματίζονται καινούρια άρθρα : **du** και **des** αντίστοιχα.

Με τον ίδιο τρόπο, η πρόθεση **à** σε συνδυασμό με τα οριστικά
άρθρα **le** και **les**, σχηματίζει καινούρια άρθρα : **au** και **aux**
αντίστοιχα.

Τα επίθετα σχηματίζουν το θηλυκό τους με την προσθήκη ενός -e στο τέλος του αρσενικού.

Τα επίθετα έχουν τρία συγκριτικά :
1. της υπεροχής   plus ... que
2. της ισότητας   aussi ... que
3. της μειονότητας   moins ... que

Έχουν και δύο υπερθετικά :
1. το απόλυτο   très, extrêmement, trop ...
2. το σχετικό   le (la, les) plus ... de
                             le (la, les) moins ... de

Η γαλλική γλώσσα έχει δύο αριθμούς (τον ενικό και τον πληθυντικό).
Ο πληθυντικός των ουσιαστικών και των επιθέτων σχηματίζεται με την προσθήκη ενός -s στον ενικό. Ορισμένες λέξεις (που καταλήγουν σε -u π.χ.) σχηματίζουν τον πληθυντικό τους με -x.

Κτητικά επίθετα :
για ένα αντικείμενο
Αρσενικό   mon, ton, son, notre, votre, leur
Θηλυκό   ma, ta, sa, notre, votre, leur
για πολλά αντικείμενα
Αρσενικό & θηλυκό   mes, tes, ses, nos, vos, leurs
Κτητικές αντωνυμίες :

για ένα αντικείμενο
Αρσενικό   le mien, le tien, le sien, le nôtre, le

| | vôtre, le leur |
| Θηλυκό | la mienne, la tienne, la sienne, la nôtre, la vôtre, la leur |

για πολλά αντικείμενα

| Αρσενικό | les miens, les tiens, les siens, les nôtres, les vôtres, les leurs |
| Θηλυκό | les miennes, les tiennes, les siennes, les nôtres, les vôtres, les leurs |

Δεικτικά επίθετα :

	Αρσενικό	Θηλυκό
Ενικός	ce, cet	cette
Πληθυντικός	ces	ces

Δεικτικές αντωνυμίες :

	Αρσενικό	Θηλυκό
Ενικός	celui	celle
Πληθυντικός	ceux	celles

Προσωπικές αντωνυμίες :

| υποκείμενο | je, tu, il, elle, nous, vous, ils, elles |

άμεσο αντικείμενο	me, te, le, la, l', nous, vous, les
έμμεσο αντικείμενο	me, te, lui, nous, vous, leur
έμφασης	moi, toi, lui, elle, nous, vous, eux, elles

Τα ρήματα :

Ενεστώτας

aimer	j'aime, tu aimes, il/elle aime, nous aimons, vous aimez, ils/elles aiment
finir	je finis, tu finis, il/elle finit, nous finissons, vous finissez, ils/elles finissent
attendre	j'attends, tu attends, il/elle attend, nous attendons, vous attendez, ils/elles attendent

Παρατατικός

aimer	j'aimais, tu aimais, il/elle aimait, nous aimions, vous aimiez, ils/elles aimaient
finir	je finissais, tu finissais, il/elle finissait, nous finissions, vous finissiez, ils/elles finissaient
attendre	j'attendais, tu attendais, il/elle attendait, nous attendions, vous attendiez, ils/elles attendaient

Μέλλοντας

aimer	j'aimerai, tu aimeras, il/elle aimera, nous aimerons, vous aimerez, ils/elles aimeront
finir	je finirai, tu finiras, il/elle finira, nous finirons, vous finirez, ils/elles finiront
attendre	j'attendrai, tu attendras, il/elle attendra, nous attendrons, vous attendrez, ils/elles attendront

Για τους σύνθετους χρόνους, η γαλλική γλώσσα έχει δύο βοηθητικά ρήματα : avoir και être.

Αόριστος

aimer	j'ai aimé, tu as aimé, il/elle a aimé, nous avons aimé, vous avez aimé, ils/elles ont aimé
rester	je suis resté, tu es resté, il est resté, elle est restée, nous sommes restés, vous êtes restés, ils sont restés, elles sont restées
finir	j'ai fini, tu as fini, il/elle a fini, nous avons fini, vous avez fini, ils/elles ont fini
attendre	j'ai attendu, tu as attendu, il/elle a attendu, nous avons attendu, vous avez attendu, ils/elles ont attendu

ABRÉGÉ DE GRAMMAIRE GRECQUE
ΣΥΝΤΟΜΗ ΕΛΛΗΝΙΚΗ ΓΡΑΜΜΑΤΙΚΗ

1.   L'alphabet grec - Το αλφάβητο της Ελληνικής

Lettre	Nom	Nom	Exemple	Prononciation
Γράμμα	Ονομασία	Ονομασία	Παράδειγμα	Προφορά
Α α	alfa	άλφα	άλλο	alo
Β β	vita	βήτα	βάζο	vazo
Γ γ	ghama	γάμα	γάμος	ghamos
Δ δ	dhelta	δέλτα	δεν	dhen
Ε ε	epsilon	έψιλον	έλα	ela
Ζ ζ	zita	ζήτα	ζέστη	zesti
Η η	ita	ήτα	ημέρα	imera
Θ θ	thita	θήτα	θέλω	thelo
Ι ι	yota	γιώτα	ικανός	ikanos
Κ κ	kapa	κάππα	καλός	kalos
Λ λ	lamdha	λάμδα	λεμόνι	lemoni
Μ μ	mi	μι	μαζί	mazi
Ν ν	ni	νι	ναι	ne
Ξ ξ	xi	ξι	ξένος	xenos
Ο ο	omikronn	όμικρον	όλα	ola
Π π	pi	πι	πάντα	pannda
Ρ ρ	Ro	ρο	ρύζι	rizi
Σ σ ς	sighma	σίγμα	σαν	san
Τ τ	taf	ταυ	τέλος	telos
Υ υ	ipsilonn	ύψιλον	υγεία	iyia
Φ φ	fi	φι	φωτιά	fotia
Χ χ	Hi	χι	χέρι	heri
Ψ ψ	psi	ψι	ψάρι	psari
Ω ω	omegha	ωμέγα	ώρα	ora

1.   **Prononciation** [Προφορά].

Lettre	Prononciation	Symbole	Exemple
Γράμμα	Προφορά	Σύμβολο	Παράδειγμα

Voyelles Φωνήεντα

A α	comme a dans papa	**a**	άλλο	**a**lo
E ε	comme è dans très	**e**	έλα	**e**la
H n	comme i dans Paris	**i**	nμέρα	**i**mera
I ι	comme i dans Paris	**i**	ικανός	**i**kanos
O o	comme o dans vélo	**o**	όλα	**o**la
Y υ	comme i dans Paris	**i**	υγεία	**i**yia
Ω ω	comme o dans vélo	**o**	ώρα	**o**ra

Consonnes Σύμφωνα

B β	comme v dans valise	**v**	βάζο	**v**azo
Γ γ	1. devant α, o, ω, ου, et consonnes se prononce comme un h aspiré	**g**	γάμος	**g**amos
	2. devant ε, αι, n, ι, υ, ει, οι, comme y dans payer	**y**	γένος	**y**enos
Δ δ	comme th anglais dans the	**dh**	δεν	**dh**en
Z ζ	comme z dans zone	**z**	ζέστn	**z**esti
Θ θ	comme th anglais dans think	**th**	θέλω	**th**elo
K κ	comme k dans kiosque	**k**	καλός	**k**alos

Lettre	Pronociation	Symbole	Exemple
Γράμμα	Προφορά	Σύμβολο	Παράδειγμα

Consonnes Σύμφωνα

Λ λ	comme l dans laver	l	λεμόνι	**l**emoni
Μ μ	comme m dans mer	m	μαζί	**m**azi
Ν ν	comme n dans nuit	n	ναι	**n**e
Ξ ξ	comme x dans excellent	ks	ξένος	**x**enos
Π π	comme p dans papier	p	πάντα	**p**annta
Ρ ρ	comme r dans rouge	r	ρύζι	**r**izi
Σ σ ς	comme s dans six	s	σαν	**s**an
Τ τ	comme t dans toi	t	τέλος	**t**elos
Φ φ	comme f dans fin	f	**φ**ωτιά	**f**otia
Χ χ	comme chi	h	χέρι	**h**eri
Ψ ψ	comme ps dans psaume	ps	ψάρι	**ps**ari

Groupes de lettres Ομάδες γραμμάτων

αι	comme **è** dans très	e	ναι	n**e**
ει	comme **i** dans Paris	i	είναι	in**e**
οι	comme **i** dans Paris	i	όλοι	ol**i**
ου	comme **ou** dans rouge	u	του	t**u**
αυ	1. devant les consonnes θ, κ, ξ, π, σ, τ, φ, χ, ψ comme **af** dans affaire	af	αυτό	**af**to
	2. ailleurs comme **av** dans avion	av	αυγό	**av**go
ευ	1. devant les consonnes θ, κ, ξ, π, σ, τ, φ, χ, ψ comme **ef** dans effort	ef	εφτά	**ef**ta
	2.ailleurs comme **ev** dans sève	ev	εύρημα	**ev**rima
γγ	comme **ng** dans ba**ng**	ng	άγγλος	a**ng**los
γκ	1. au début d'un mot comme **g** dans **g**arage	g	γκάφα	**g**afa
	2. au milieu d'un mot comme ba**ng**	ng	αγκυλώνω	a**ng**ilono

Lettre	Prononciation	Symbole	Exemple
Γράμμα	Προφορά	Σύμβολο	Παράδειγμα

Groupes de lettres Ομάδες γραμμάτων

γξ	comme **nks** dans lynx	**ngks**	φάλαγξ	fala**ngks**
γχ	comme **ng** suivi d'un h aspiré	**ngkh**	άγχος	a**ngkh**os
μπ	1.au début d'un mot comme **b** dans bus	**b**	μπαλέτο	**b**alleto
	2.au milieu d'un mot comme **mb** dans homme beau	**mb**	αμπάρι	a**mb**ari
ντ	1. au début d'un mot comme **d** dans dos	**d**	ντιβάνι	**d**ivani
	2.au milieu d'un mot comme **nd** dans une dent	**nd**	μπάντα	ba**nd**a
τζ	comme **dz** dans tsar	**dz**	τζάμι	**dz**ami

Remarques sur la prononciation du grec

• La prononciation du grec est écrite en lettres latines et suit les règles générales de la prononciation du français.

• On a souligné la voyelle ou la diphtongue de la syllabe accentuée. Quand le mot est accentué sur la dernière syllabe (comme en français), rien n'est souligné.

• Le **r** est roulé comme dans le Midi de la France.

• Le son **δ** est rendu par **dh**. Ce son correspond au **th** anglais dans **the**.

• Le son **θ** est rendu par **th**. Ce son correspond au **th** anglais dans **thing**.

• Le son **γ** est rendu par **gh**. Devant **i** ou **e**, il se prononce comme un **y**. Devant les autres lettres, il se prononce dans le fond de la gorge et ressemble au **r** français.

• Le son **χ** est rendu par **H**. Devant **i** ou **e**, il se prononce sensiblement **chi**. Devant les autres lettres, il se prononce comme un **h** aspiré.

2 Accentuation [Τονισμός].

α. Il existe un seul accent en grec et il est utilisé comme suit :

2.1. **Les mots de deux syllabes et plus prennent un accent :**

χάνω, λίγ' απ' όλα, είν'ανάγκη.

2.2. **Les mots d'une syllabe suivants prennent un accent:**

ή (or), πού; πώς; δώσε μού το ...

β. **Ne prennent pas d'accent :**

2.3. **Les mots d'une seule syllabe :**

μια, για, το, γιος ... , πες μου το, φα' του τα ....

2.4. **La position de l'accent** [Η θέση του τόνου].

2.4.1. Άλλος, νεράιδα, αύριο, ΡΑΔΙΟΦΩΝΙΑ (on ne met pas d' accent).

3. Les cas [Οι πτώσεις].

On distingue quatre cas [Υπάρχουν τέσσερις πτώσεις]:

3.1. **Le nominatif,** c'est le cas du sujet [ονομαστική].

3.2. **Le génitif,** c'est le cas du complément de nom [γενική].

3.3. **L'accusatif,** c'est le cas du complément d'objet direct [αιτιατική].

3.4 **Le vocatif,** employé lorsqu'on interpelle quelqu'un [κλητική].

4. Le genre [Γένος].

On distingue trois genres [Υπάρχουν τρία γένη]:

4.1. **Le masculin**[Αρσενικό]: άντρας [homme].

4.2. **Le féminin**[Θηλυκό]: γυναίκα [femme].

4.3. **Le neutre**[Ουδέτερο]: αγόρι [garçon].

5. **Le nombre** [Αριθμός].

On distingue deux nombres [Υπάρχουν δύο αριθμοί]:
5.1. **Le singulier** [Ενικός].
5.2. **Le pluriel** [Πληθυντικός].

6. **L'article** [Αρθρο].

6.1. L'article indéfini [un, une] [Αόριστο άρθρο]: ένας, μία, ένα.

6.2. La déclinaison de l'article indédini [Κλίση του αορίστου άρθρου].

Singulier		Ενικός Αριθμός	
Cas	Masculin	Féminin	Neutre
Πτώσεις	Αρσενικό	Θηλυκό	Ουδέτερο
Nominatif	ένας	μια	ένα
Génitif	ενός	μιας	ενός
Accusatif	ένα [v]	μια	ένα

6.3. **L'article défini (le, la, l', les)** [Οριστικό άρθρο]: ο, n, το.

6.4. La déclinaison de l'article défini [Κλίση του οριστικού άρθρου].

Singulier		Ενικός Αριθμός	
Cas	Masculin	Féminin	Neutre
Πτώσεις	Αρσενικό	Θηλυκό	Ουδέτερο
Nominatif	ο	n	το
Génitif	του	της	του
Accusatif	το (v)	τn (v)	το

Pluriel		Πληθυντικός Αριθμός	
Cas	Masculin	Feminin	Neutre
Πτώσεις	Αρσενικό	Θηλυκό	Ουδέτερο
Nominatif	οι	οι	τα
Génitif	των	των	των
Accusatif	τους	τις	τα

7. Les noms [Τα ουσιαστικά].

7.1. Noms masculins en -ας [πατέρας père]
7.2. Noms masculins en -ης [καθηγητής professeur]
7.3. Noms masculins en -ές, -ούς [καφές café
7.4. Noms masculins en -ος [άνθρωπος homme]
7.5. Noms féminins en -α [μητέρα mère]
7.6. Noms féminins en -η [φίλη amie]
7.7. Noms féminins en -ού [αλεπού renard]
7.9. Noms neutres en -ο [βιβλίο livre]
7.10. Noms neutres en -ι [αγόρι garçon]
7.11. Noms neutres en -ος [δάσος forêt]
7.12. Noms neutres en -μα [μάθημα leçon]

8. Les adjectifs [Επίθετο].

L'adjectif précède le nom qu'il modifie :
Ο καλός άνθρωπος, L'homme bon.
Les adjectifs s'accordent en genre et en nombre avec le nom auquel ils se rapportent..

Comparaison des adjectifs

Pour former le comparatif de supériorité plus ... que,
on utilise l'adverbe πιο (plus) et la préposition (από) (que)
Αυτό είναι πιο ωραίο από εκείνο.
Ceci est plus beau que cela.

Pour former le superlatif, on place l'article défini
devant le comparatif qui est suivi du génitif.
Αυτό είναι το πιο ωραίο από όλα.
Celui-ci est le plus beau de tous.

9.1.   Adjectifs en -ος -n -o [καλός,-ή,-ό bon]
9.2.   Adjectifs en -ος -α -o [ωραίος,-α,-o beau]
9.3.   Adjectifs en -ός -ιά -ό [γλυκός,-ιά,-ό sucré]
9.4.   Adjectifs en -ύς -ιά -ύ [γλυκύς,-ιά,-ύ sucré]

10.   Les pronoms [Αντωνυμία]

10.1. Les pronoms personnels [Προσωπικές αντωνυμίες]:
εγώ, εσύ, αυτός-ή-ό, (moi, toi, lui, elle).

	Singulier	Ενικός αριθμός			
	1ère pers.	2ème	3ème		
	Α' πρόσ.	Β' πρόσ.	Γ' πρόσ.		
Nom.	εγώ	εσύ	αυτός [τος]	αυτή [τη]	αυτό [το]
Gén.	εμένα [μου]	εσένα [σου]	αυτού [του]	αυτής [της]	αυτού [του]
Acc.	εμένα [με]	εσένα [σε]	αυτόν [τον]	αυτήν [την]	αυτό [το]

	Pluriel	Πληθυντικός αριθμός			
	1ère pers.	2ème	3ème		
	Α' πρόσ.	Β' πρόσ.	Γ' πρόσ.		
Nom.	εμείς	εσείς	αυτοί [τοι]	αυτές [τες]	αυτά [τα]
Gén.	εμάς [μας]	εσάς [σας]	αυτών [των]	αυτών [των]	αυτών [των]
Acc.	εμάς [μας]	εσάς [σας]	αυτούς [τους]	αυτές [τις] [τες]	αυτά [τα]

11. Les adverbes [Επίρρημα]

La terminaison de la plupart des adverbes est -ως ou -α: καλώς, καλά (bien)

12. Les verbes [Ρήμα]

On distingue deux groupes principaux :
a. Les verbes réguliers du premier groupe sont accentués sur l'avant-dernière syllabe [μένω rester]
b. Les verbes réguliers du second groupe sont accentués sur la dernière syllabe [αγαπώ aimer]

On distingue deux voix : la voix active et la voix passive.

On distingue trois modes : l'indicatif [οριστική], le subjonctif [υποτακτική] et l'impératif [προστακτική].

On distingue six temps : le présent, l'imparfait, l'aoriste, le passé composé, le plus-que-parfait et le futur (duratif, instantané).

12.1. Le verbe auxiliaire : avoir. Το βοηθητικό ρήμα: έχω.

Présent		Imparfait	
Ενεστώτας		Παρατατικός	
Indicatif	Subjonctif	Impératif	Participe
Οριστική	Υποτακτική	Προστακτική	Μετοχή
έχω	να έχω		είχα
έχεις	να έχεις	έχε	είχες
έχει	να έχει		είχε έχοντας
έχουμε	να έχουμε		είχαμε
έχετε	να έχετε	έχετε	είχατε
έχουν	να έχουν		είχαν
Futur Μέλλοντας			
θα έχω, θα έχεις, θα έχει, θα έχουμε, θα έχετε, θα έχουν			

12.2. Le verbe auxiliaire être. Το βοηθητικό ρήμα: είμαι.

Présent			Imparfait	
Ενεστώτας			Παρατατικός	
Indicatif	Subjonctif	Impératif		Participe
Οριστική	Υποτακτική	Προστακτική		Μετοχή
είμαι	να είμαι		ήμουν	
είσαι	να είσαι	να είσαι	ήσουν	
είναι	να είναι		ήταν	όντας
είμαστε	να είμαστε		ήμαστε	
είσαστε	να είσαστε	να είστε	ήσαστε	
είναι	να είναι		ήταν	

Futur Μέλλοντας
θα είμαι, θα είσαι, θα είναι, θα είμαστε, θα είσαστε, θα είναι

01. ΓΕΝΙΚΑ	01. GENERALITÉS
Yénika	ΖενεΡαλιτέ

Ακόμα	**Encore**
akoma	ΆκοΡ
Αλήθεια	**Vraiment**
alithia	βΡεμΆ
Αν	**Si**
ann	σι
Ανάμεσα	**Entre**
anamessa	ΆτΡ
Ανάμεσα σε	**Parmi**
anamessa sé	παΡμι
Ανοιχτό	**Ouvert**
aniHto	ουβεΡ
Αντί για	**Au lieu de**
anndi ya	ολιΕντΕ
Αντίθετα	**Au contraire**
anndithéta	οκΌτΡεΡ
Αντίο	**Au revoir!**
adio	ΟΡβουαΡ
Αμέσως	**Tout de suite**
amessos	Τουντ σΟΥιτ
Απέναντι από	**En face de**
apénanndi apo	Άφας ντΕ
Από (εδώ, εκεί)	**Par (ici, là)**
apo (dho, ki)	παΡ (ισι, λα)
Από κάτω	**Dessous**
apo kato	ντΕσου
Από πάνω	**Dessus**
apo pano	ντΕσΟΥ
Από πού έρχεστε;	**D'où venez-vous?**
apo pou erHesté	ντουβνεβου
Αργά	**Tard**

argha	taP
Αριστερά	**A gauche**
aristéra	ΑγκοΣ
Αρκετά	**Assez**
arkéta	Ασε
Αρχαίος	**Antique**
arHéos	Άτικ
Άσχημα	**Mal**
asHima	μαλ
Αύριο	**Demain**
avrio	ΝτΕμΈ
Αυτοί, αυτές	**Eux, elles**
afti, aftès	Ε, ελ
Αυτός, αυτή, αυτό	**Lui, elle, cela**
aftos, afti, afto	λΟΥι, ελ, σΕλα
Αφού	**Après que, puisque**
afou	απΡεκΕ, πΟΥισκΕ
Βέβαια	**Bien sûr**
vévéa	μπιΈ σΟΥΡ
Βιαστικά	**En hâte**
viastika	Ά ατ
Βοήθεια	**Au secours**
voïthia	ΟσκουΡ
Βοηθήστε με	**Aidez-moi**
voïthisté mé	Εντεμουα
Γεια	**Salut**
ya	σαλΟΥ
Για	**Pour**
ya	πουΡ
Για πού;	**Pour où?**
ya pou	ΠουΡου
Γιατί;	**Pourquoi?**
yati	πουΡκουα
Γιατί...	**Parce que**

yati	παΡς κΕ
Για παράδειγμα	**Par exemple**
ya paradhighma	παΡ εγκζΆπλ
Γρήγορα	**Vite**
ghrighora	Βιτ
Γύρω από	**Autour de**
yiro apo	οτουΡ ντΕ
Δεν είναι...	**Ce n'est pas...**
dhenn iné	σΕ νε πα
Δεν έχω καιρό	**Je n'ai pas le temps**
dhenn éHo kéro	ΖΕ νε πα λΕτΆ
Δεν θέλω	**Je ne veux pas**
dhenn thélo	ΖΕν βΕπα
Δεν μιλάω γαλλικά (καλά)	**Je ne parle pas (bien) français**
dhenn milao ghalika (kala)	ΖΕν παΡλπα (μπί'Ε) φΡΆσε
Δεν προλαβαίνω	**Je n'ai pas le temps**
dhenn prolavéno	ΖΕνε παλ τΆ
Δεξιά (από)	**A droite (de)**
dhexia	α ντΡουατ (ντΕ)
Δεσποινίς	**Mademoiselle**
dhespinis	μαντμουαζελ
Δίπλα σε	**A côté de**
dhipla sé	α κοτε ντΕ
Δυστυχώς	**Malheureusement**
dhistiHos	μαλΕΡΕζμΆ
Εδώ	**Ici**
édho	ισι
Εδώ και	**Depuis**
édho ké	ντΕπΟΥι
Είμαι (πολύ) βιαστικός	**Je suis (très) pressé**
imé (poli) viastikos	ΖΕσΟΥι τΡε πΡεσε
Είναι αδύνατο	**C'est impossible**
iné adhinato	σε τΈποσιμπλ

Είναι (δικό μου, δικό σου, δικό του, δικό της, δικό μας, δικό σας, δικό τους)
iné (dhiko mou, dhiko sou, dhiko tou, dhiko tis, dhiko mas, dhiko sas, dhiko tous)

C'est (à moi, à toi, à lui, à elle, à nous, à vous, à eux/elles)
σε (ταμουα, τατουα, ταλΟΥι, ταελ, τανου, ταβου, ταΕ, ταελ)

Είναι έτοιμο;
iné étimo

C'est prêt?
σε πΡε

Είστε βέβαιος;
isté vénéos

En êtes-vous sûr?
Άνετ βου σΟΥΡ

Εκεί
éki

Là
λα

Εκεί πάνω
éki pano

Là-haut
λα ο

Εκεί πέρα
éki péra

Là-bas
λαμπα

Εκτός από
ektos apo

Sauf
σοφ

Ελάτε
élaté

Venez
βΕνε

Εμπρός
emmbros

En avant
ΆναβΆ

Εμπρός
emmbros

Allô
αλο

Ένα λεπτό, παρακαλώ
éna lepto parakalo

Un instant, s'il vous plaît
ΈνΈστΆ σιλβουπλε

Εναντίον
énanndionn

Contre
κΌτΡ

Εντάξει
enndaxi

D'accord
ντακοΡ

Εν τω μεταξύ
enndométaxi

Dans l'intervalle
ντΆλΈτεΡβαλ

Ενώ
éno

Tandis que
τΆντι κΕ

Εξαιτίας exétias	**A cause de** ακοζ ντE
Έξω exo	**Dehors** ντE οP
Επάνω épano	**En haut** Ά ο
Επάνω σε épano sé	**Sur** σΟΥΡ
Επείγον épighon	**Urgent** ΟΥΡΖΆ
Επειδή épidhi	**Comme** κομ
Έπειτα épita	**Puis** πΟΥι
Επίσης épissis	**Aussi** οσι
Επομένως époménos	**Donc** ντΌκ
Έτσι etsi	**Ainsi** Έσι
Έτσι δεν είναι; etsi dhenn iné	**N'est-ce pas?** νεσπα
Ευθεία efthia	**Tout droit** τουντΡουα
Ευτυχώς eftiHos	**Heureusement** ΕΡΕζμΆ
Ευχαρίστως efHaristos	**Volontiers** βολΌτιε
Ζεσταίνομαι zesténomé	**J'ai chaud** ΖεΣο
Ή ι	**Ou** ου
Ήδη idhi	**Déjà** ντεΖα

Θα ήθελα...	Je voudrais...
tha ithéla	ΖΕβουντΡε
Θα προτιμούσα...	**Je préfèrerais...**
tha protimoussa	ΖΕ πΡεφεΡΕΡε
Θέλετε...;	**Voulez-vous...?**
thélété	βουλεβου
Θέλω...	**Je veux...**
thélo	ΖΕβΕ
Ίσως	**Peut-être**
issos	πΕτετΡ
Κάθε	**Chaque**
kathé	Σακ
Καθένας	**Chacun**
kathénas	ΣακΈ
Και	**Et**
ké	ε
Και όμως	**Pourtant**
ké omos	πουΡτΆ
Καλημέρα	**Bonjour**
kaliméra	μπΟΖουΡ
Καλ νύχτα	**Bonne nuit**
kaliniHta	μπον νΟΥι
Καλησπέρα	**Bonsoir!**
kalispéra	μπΟσουαΡ
Καμιά φορά	**Quelquefois**
kamia fora	κελκΕφουα
Κάμποσες φορές	**Plusieurs fois**
kammbossès forès	πλΟΥζιΕΡ φουα
Κάμποσοι	**Plusieurs**
kammbossi	πλΟΥζιΕΡ
Κάνετε γρήγορα	**Dépêchez-vous!**
kanété ghrighora	ντεπεΣε βου
Κατά	**Pendant**
kata	πΆντΆ

Κατά τη διάρκεια — **Pendant**
kata ti dhiarkia — πΆντΆ

Καταλαβαίνω — **Je comprends**
katalavéno — ΖΕ κΌπΡΆ

Κάτω — **En bas**
kato — Άμπα

Κάτω από — **Sous**
kato apo — σου

Κιόλας; — **Déjà?**
kiolas — ντεΖα

Κλέφτης — **Au voleur!**
kleftis — οβολΕΡ

Κοντά — **Près**
konnda — πΡε

Κρυώνω — **J'ai froid**
kriono — ΖεφΡουα

Λάθος αριθμός — **C'est un faux numéro**
lathos arithmos — σετΈφο νΟΥμεΡο

Λίγο — **Un peu**
ligho — ΈπΕ

Λιγότερο από — **Un peu moins que**
lighotéro apo — Έ πΕ μουΈ κΕ

Λοιπόν — **Bon (= alors)**
liponn — μπΌ (= αλοΡ)

Λυπάμαι πολύ — **Je suis désolé.**
lipamé poli — ΖΕ σΟΥι ντεζολε

Μα — **Mais**
ma — με

Μαζί — **Avec**
mazi — αβεκ

Μακριά από — **Loin de**
makria apo — λουΈ ντΕ

Μάλιστα — **Oui**
malista — ουι

Μάλλον	**Sans doute**
malonn	σΆντουτ
Με	**Avec**
mé	αβεκ
Με καταλαβαίνετε;	**Vous comprenez ce que je dis?**
mé katalavénété	Βου κΌπΡΕνε σΕ κΕ ΖΕ ντι
Μερικές φορές	**Quelquefois**
mérikès forès	κελκΕφουα
Μέσα	**Dedans**
messa	ντΕντΆ
Μέσα από	**A travers**
messa apo	ατΡαβεΡ
Με συγχωρείτε	**Excusez-moi**
mé sinnHorité	εξκΟΥζεμουα
Μέσω	**Par l'intermédiaire de**
messo	παΡ λΈτεΡμεντιεΡ ντΕ
Μετά	**Après**
méta	απΡε
Μεταξύ	**Entre**
métaxi	ΆτΡ
Μέχρι	**Jusqu'à**
méHri	ΖΟΥσκα
Μη με ενοχλείτε	**Ne me dérangez pas**
mi mé enoHlité	νΕ μΕ ντεΡΆΖε πα
Μιλάτε γαλλικά;	**Vous parlez français?**
milaté ghalika	βουπαΡλε φΡΆσε
Μιλάτε πολύ γρήγορα και δεν σας καταλαβαίνω	**Vous parlez trop vite pour moi**
milaté poli ghrighora ké dhenn sas katalavéno	βουπαΡλε τΡοβιτ πουΡ μουα
Μόλις	**A peine**
molis	απεν
Μου δανείζετε το στυλό σας;	**Vous me prêtez votre stylo?**

mou dhanizété to stilo sas
Μου είναι αδιάφορο
mou iné adhiaforo
Μπορείτε να (μιλήσετε πιο αργά, το μεταφράσετε, με βοηθήσετε, μου πείτε, το γράψετε, το επαναλάβετε μια φορά ακόμη, μου δώσετε, μου δείξετε);
borité na (milissété pio argha, to métafrassété, mé voïthissété, mou pité, to ghrapsété, to épanalavété mia fora akomi, mou dhossété, na mou dhixété)
Μπορώ να (σας ενοχλήσω μια στιγμή, σας ρωτήσω, περάσω μέσα, καθήσω εδώ);

boro na (sas énohlisso mia stighmi, sas rotisso, pérasso messa, kathisso édho)
Μπορώ να σας φανώ χρήσιμος ;
boro na sas fano Hrissimos
Μπροστά
brosta
Ναι, παρακαλώ
né parakalo
Νυστάζω
nistazo
Νωρίς
noris
Ξέρετε...;

βουμΕπΡετε βοτΡ στιλο
ça m'est égal
σαμετεγκαλ
Pourriez-vous (parler plus lentement, le traduire, m'aider, me dire, l'écrire, répéter, me donner, me montrer)?

πουΡιε βου (παΡλε πλΟΥ λΆτμΆ , λΕ τΡαντΟΥιΡ, μεντε, μΕντιΡ, λεκΡιΡ, Ρεπετε, μΕ ντονε, μΕ μΌτΡε)

Je peux (vous déranger une seconde, vous demander quelque chose, entrer, m'asseoir là)?
ΖΕ πΕ (βου ντεΡΆΖε ΟΥν σΕγκΌντ, βου ντΕμΆντε κελκΕ Σοζ, ΆτΡε, μασουαΡ λα)
Puis-je vous être utile?

πΟΥιΖ βου ζετΡ ΟΥτιλ
Devant
ντΕβΆ
Oui, je vous en prie
ουι ΖΕβουζΆπΡι
J'ai sommeil
Ζεσομεγ(ι)
Tôt
το
Vous connaissez...?

xérété	βου κονεσε
Ξέχασα να...	**J'ai oublié de...**
xéHassa na	Ζε ουμπλιε ντΕ
Όλα καλά	**Tout va bien**
ola kala	του βαμπιΈ
Ορίστε	**Voilà**
oristé	βουαλα
Όταν	**Quand**
otann	κΆ
Όχι ακόμα	**Pas encore**
oHi akoma	παζΆκοΡ
Όχι αρκετά	**Pas assez**
oHi arkéta	παζασε
Όχι τελείως	**Pas complètement**
oHi télios	πακΌπλετμΆ
Όχι, ευχαριστώ	**Non, merci**
oHi efHaristo	νΌ μεΡσι
Πάντα	**Toujours**
pannda	τουΖουΡ
Παντού	**Partout**
panndou	παΡτου
Πάνω	**En haut**
pano	Ά ο
Πάνω από	**Au-dessus**
pano apo	οντΕσΟΥ
Παρά	**Malgré**
para	μαλγκΡε
Παρακαλώ	**S'il vous plaît**
parakalo	σιλβουπλε
Πάρα πολύ	**Très**
para poli	τΡε
Πάρα πολύ λίγο	**Très peu**
para poli ligho	τΡεπΕ
Παρόλο	**Malgré**

parolo	μαλγκΡε
Πεινάω	**J'ai faim**
pinao	ΖεφΈ
Πείτε μου (το επώνυμό σας, το μικρό σας όνομα)	**Quel est (votre nom, votre prénom)?**
pité mou (to éponimo sas, to mikro sas onoma)	κελε (βοτΡ νΌ, βοτΡ πΡενΌ)
Περάστε μέσα	**Entrez**
pérasté messa	ΆτΡε
Περιμένετέ με ένα λεπτό	**Attendez-moi un instant**
périménété mé ena lepto	ΑτΆντε μουα Έ νΈστΆ
Περίπτωση ανάγκης	**En cas de besoin**
périptossi ananguis	Ά κα ντμπΕζουΈ
Περισσότερο	**Plus**
périssotero	πλΟΥς
Πια	**plus (ne … plus)**
pia	πλΟΥ (νΕ … πλΟΥ)
Πιθανόν	**C'est possible**
pithanonn	σεποσιμπλ
Πιο	**Plus**
pio	πλΟΥς
Πίσω	**Derrière**
pisso	ντεΡιεΡ
Ποιος;	**Qui?**
pios	κι
Ποιος είναι;	**Qui est-ce?**
pios inè	κι ες
Πολλές φορές	**Souvent**
polès forès	σουβΆ
Πολλή ώρα	**Un long moment**
poli ora	Έ λΌ μομΆ
Πολύ	**Très**
poli	τΡε
Πολύ καλά	**Très bien**

poli kala

τΡεμπίΕ

Πού;

Où?

pou

ου

Πού μπορώ να βρω...;

Où est-ce que je pourrais trouver...?

pou boro na vro

ου ες κΕ ΖΕ πουΡε τΡουβε

Πού είναι η τουαλέτα;

Où sont les toilettes?

pou iné i toualéta

ου σΌ λε τουαλετ

Πού μπορώ να βρω ένα καλάθι αχρήστων;

Où y a-t-il une poubelle?

pou boro na vro éna kalathi aHristonn

ου ιατιλ ΟΥν πουμπελ

Πού πηγαίνουμε;

Où allons-nous?

pou piyénoumé

ου αλΌ νου

Πού πηγαίνετε;

Où allez-vous?

pou piyénété

ου αλε βου

Πράγματι

Vraiment

praghmati

βΡεμΆ

Πριν (από)

Avant

prinn (apo)

αβΆ

Πριν να

Avant que

prinn na

αβΆ κΕ

Πώς είσθε;

Comment allez- vous?

pos isté

κομΆ ταλεβου

Πώς ονομάζεσαι;

Comment t'appelles-tu?

pos onomazéssé

κομΆ ταπελ τΟΥ

Πώς ονομάζεστε;

Comment vous appelez-vous?

pos onomazesté

κομΆ βου ζαπλε βου

Πώς ονομάζεται αυτό στα ελληνικά;

Comment ça s'appelle en grec?

pos onomazété afto sta elinika

κομΆ σα σαπελ Ά γκΡεκ

Πώς το λένε αυτό;

Comment ça s'appelle?

pos to léné afto

κομΆ σα σαπελ

Σας ακούω
sas akoúo
Je vous écoute
ΖΕ βου ζεκουτ

Σας καταλαβαίνω αρκετά καλά, αλλά είναι δύσκολο για μένα να μιλήσω
sas katalavéno arkéta kala ala iné dhiskolo ya ména na milisso
Je comprends assez bien ce que vous dites, mais j'ai du mal à parler
ΖΕ κΌπΡΆ ασε μπιΈ σΕ κΕ βουντιτ μεΖε ντΟΥ μαλ α παΡλε

Σας παρακαλώ
sas parakalo
S'il vous plaît
σιλ βου πλε

Σας περιμένω
sas périméno
Je vous attends
ΖΕ βου ζατΆ

Σε λίγο
sé ligho
Dans un instant
ντΆ ζΈ νΈστΆ

Σε μία ώρα (δέκα λεπτά)
sé mia ora (dhéka lepta)
Dans une heure (dix minutes)
ντΆ ζΟΥν ΕΡ (ντι μινΟΥτ)

Σερβιτόρε!
servitoré
Garçon!
γκαΡσΌ

Σε τι μπορώ να σας εξυπηρετήσω;
sé ti boro na sas eksipirétisso
En quoi puis-je vous être utile?
Ά κουα πΟΥιΖ βου ζετΡ ΟΥτιλ

Σε τι χρησιμεύει;
sé ti Hrissimévi
A quoi ça sert?
α κουα σα σεΡ

Σήμα συναγερμού
sima sinayermou
Un signal d'alarme
Έ σινιαλ νταλαΡμ

Σήμερα
siméra
Aujourd'hui
οΖουΡντΟΥι

Σιγά σιγά
sigha sigha
Doucement
ντουσμΆ

Σταματήστε
stamastisté
Arrêtez
αΡετε

Στη μέση
sti messi
Au milieu
ο μιλιΕ

Συγγνώμη
sighnomi
Pardon
παΡντΌ

Συγχαρητήρια
sinnHaritiria
Mes félicitations
με φελισιτασιΌ

Σύμφωνοι
simmfoni
D'accord
ντακοΡ

Σύντομα
sinndoma
Bientôt
μπίΈτο

Συχνά
siHna
Souvent
σουβΆ

Σχεδόν
sHédhonn
Presque
πΡεσκ

Σχετικά με
sHétika mé
A propos de
απΡοπο ντΕ

Τα γαλλικά είναι δύσκολα
Le français est une langue difficile

ta ghalika iné dhiskola
λΕ φΡΆσε ε τΟΥν λΆγκ ντφισιλ

Τελείως
télios
Complètement
κΌπλετμΆ

Τελικά
télika
Finalement
φιναλμΆ

Τι είναι αυτό;
tinafto
Qu'est-ce que c'est?
κες κΕ σε

Τι θα κάνετε απόψε;
Qu'est-ce que vous faites ce soir?

ti tha kanété apopsé
κες κΕ βου φετ σΕ σουαΡ

Τι θέλετε;
ti thélété
Que désirez-vous?
κΕ ντεζιΡε βου

Τι λέτε;
ti lété
Qu'est-ce que vous dites ?
κες κΕ βου ντιτ

Τίποτα
tipota
Rien
ΡίΈ

Τι σημαίνει αυτό;
ti siméni afto
Qu'est-ce que ça veut dire?
κες κΕ σα βΕ ντιΡ

Τι ώρα είναι;	**Quelle heure est-il?**
ti ora iné	κελ ΕΡ ετιλ
Το ίδιο μου κάνει	**ça m'est égal**
to idhio mou kani	σα με τεγκαλ
Το λογαριασμό, παρακαλώ	**L'addition, s'il vous plaît!**
to loghariazmo parakalo	λαντισιΌ σιλβουπλε
Τόσο	**Tellement**
tosso	τελμΆ
Τόσο όσο	**Autant que**
tosso osso	οτΆ κΕ
Τόσο το καλύτερο	**Tant mieux**
tosso to kalitéro	τΆ μιΕ
Τόσο το χειρότερο	**Tant pis**
tosso to Hirotéro	τΆ πι
Τότε	**Alors**
toté	αλοΡ
Τώρα	**Maintenant**
tora	μΈτνΆ
Υπάρχει κάποιος εδώ που να μιλάει γαλλικά;	**Y a-t-il quelqu'un qui parle français?**
iparHi kapios édho pou na milaï ghalika	ιατιλ κελκΈ κι παΡλ φΡΆσε
Υπάρχει...;	**Y a-t-il un...?**
iparHi	ιατιλ Έ
Υπάρχουν...;	**Y a-t-il des...?**
iparHounn	ιατιλ ντε
Ύστερα	**Ensuite**
istéra	ΆσΟΥιτ
Φέρτε μου...	**Apportez-moi...**
ferté mou	αποΡτεμουα
Φτάνει	**Ça suffit**
ftani	σασΟΥφι
Φύγε	**Va-t'en**
fiyé	βατΆ

Φωτιά!
fotia
Χαίρω πολύ
Héro poli
Χάρηκα

Harika

Χειρότερα
Hirotéra
Χωρίς
Horis
Χωρίς σημασία
Horis simassia

Au feu!
οφΕ
Enchanté
ΆΣΆτε
Enchanté d'avoir fait votre connaissance
ΆΣΆτε νταβουαΡφε βοτΡ κονεσΆς

Pire
πιΡ
Sans
σΆ
Sans importance
σΆζΈποΡτΆς

02. ΣΥΣΤΑΣΕΙΣ	02. PRÉSENTATIONS
sistassis	πΡεζΆτασιΟ

Αντίο	**Au revoir**
anndio	οΡβουαΡ
Από πότε είστε εδώ;	**Depuis quand êtes-vous ici?**
apo poté isté édho	ντΕπΟΥι κΆ ετβου ζισι
Από πού είστε;	**D'où êtes-vous?**
apo pou isté	ντου ετβου
Από πού έρχεστε;	**D'où venez-vous?**
apo pou erHesté	ντου βΕνεβου
Αυτή είναι η σύζυγός μου	**C'est ma femme**
afti inè i sizighos mou	σεμαφαμ
Αυτός είναι ο σύζυγός μου	**C'est mon mari**
aftos iné o sizighos mou	σεμΌμαΡι
Αφήστε με ήσυχο (ήσυχη)	**Laissez-moi tranquille**
afisté mé issiHo (issiHi)	λεσεμουα τΡΆκιλ
Βασιστείτε σε μένα	**Comptez sur moi**
vassistité sé ména	κΌτε σΟΥΡμουα
Βέβαια	**Bien sûr**
vévéa	μπιΈ σΟΥΡ
Βιάζομαι	**Je suis pressé**
viazomé	ΖΕσΟΥι πΡεσε
Γεια σου (σας)	**Salut**
ya sou (sas)	σαλΟΥ
Δεν θέλω να σας ενοχλήσω	**Je ne voudrais pas vous déranger**
dhenn thélo na sas énoHlisso	ΖΕ νΕ βουντΡε πα βου ντεΡΆΖε
Δεσποινίς	**Mademoiselle**
dhespinis	μαντμουαζελ
Είμαι βιαστικός	**Je suis pressé**
imé viastikos	ΖΕ σΟΥι πΡεσε
Είμαι εδώ για μια εβδομάδα (ένα δεκαπενθήμερο)	**Je suis ici pour une semaine (quinze jours)**

imé édho ya mia evdhomadha
(éna dhékapennthiméro)
Είμαι μαθητής (μαθήτρια)
imé mathitis (mathitria)
Είμαι μέλος...
imé mélos
Είμαι μόνος (μόνη)
imé monos (moni)
Είμαστε μέλη...
imasté méli
Είστε ελεύθερη απόψε;
isté élefthéri apopsé
Είστε ελεύθερος απόψε;
isté élefthéros apopsé
Είστε ο κύριος (η κυρία, η δεσποινίδα) ...
isté o kirios (i kiria, i dhespinidha)
Είστε πολύ ευγενικός
isté poli evyénikos
Ελάτε να σας συστήσω στον, στη...
élaté na sas sistisso stonn, sti
Ελπίζω να ξαναϊδωθούμε

elpizo na xana idhothoumé
Εντάξει
enndaxi
Επισκέπτομαι
épiskeptomé
Επαναλαμβάνω
épanalammvano
Επιτρέψτε μου να συστήσω τον κύριο...
épitrepsté mou na sistisso

ΖΕ σΟΥι ζισι πουΡ ΟΥν σΕμεν (κ΄Εζ ΖουΡ)
Je vais à l'école
ΖΕ βε ζα λεκολ
Je suis membre de...
ΖΕ σΟΥι μ΄ΑμπΡ ντΕ
Je suis seul (seule)
ΖΕ σΟΥι σΕλ
Nous sommes membres de...
νου σομ μ΄ΑμπΡ ντΕ
Vous êtes libre ce soir?
βουζετ λιμπΡ σΕσουαΡ
Vous êtes libre ce soir?
βου ζετ λιμπΡ σΕ σουαΡ
Vous êtes monsieur (madame, mademoiselle)...
βου ζετ μΕσιΕ (μανταμ, μαντμουαζελ)
C'est trop aimable à vous
σε τΡο πεμαμπλ α βου
Venez, je vais vous présenter à...
βΕνε ΖΕ βε βου πΡεζΆτε α
J'espère que nous nous reverrons
ΖεσπεΡ κΕ νου νου ΡΕβεΡΌ
D'accord
ντακοΡ
Rendre visite
ΡΆντΡ βιζιτ
Répéter
Ρεπετε
Permettez-moi de présenter monsieur...
πεΡμετε μουα ντΕ πΡεζΆτε

tonn kirio

Έρχομαι εδώ για πρώτη (δεύ-
τερη) φορά

erHomé édho ya proti
(dheftéri) fora

Ευχαρίστησή μου
efHaristissi mou

Ευχαριστώ πολύ
efHaristo poli

Ευχαρίστως
efHaristos

Έχετε φωτιά, παρακαλώ;

éHété fotia, parakalo

Έχετε χαιρετισμούς από...
éHété Hérétizmous apo

Έχω έρθει στη Γαλλία (για
δουλειές, για διακοπές)

éHo erthi sti ghalia (ya
dhouliès, ya dhiakopès)

Έχω ακούσει πολλά για τη
Γαλλία

éHo akoussi pola ya ti ghalia

Έχω αργήσει
éHo arghissi

Έχω χαθεί
éHo Hathi

Ζείτε εδώ;
zité édho

Θα θέλαμε να σας καλέ-
σουμε σε γεύμα (σε δείπνο)
tha thélamé na sas kaléssoumé
(sé yevma, se dhipno)

Θα (σε) σας δω αύριο (το

μEσιE...

Je viens ici pour la première
(deuxième) fois

ZE βι΄E ισι πουΡ λα πΡEμιεΡ
(ντEζιεμ) φουα

Tout le plaisir est pour moi
του λE πλεζιΡ ε πουΡ μουα

Merci beaucoup
μεΡσι μποκου

Volontiers
βολΌτιε

Vous avez du feu, s'il vous
plaît?

βου ζαβε ντΟΥ φE σιλ βου πλε

Vous avez le bonjour de...
βου ζαβε λE μπΌΖουΡ ντE

Je suis venu en France (pour
affaires, pour les vacances)

ZE σΟΥι βΕνΟΥ Ά φΡΆς
(πουΡ αφεΡ, πουΡ λε βακΆς)

J'ai beaucoup entendu
parler de la France

Ζε μποκου ΆτΆντΟΥ παΡλε
ντE λα φΡΆς

Je suis en retard
ZE σΟΥι ζΆΡταΡ

Je me suis perdu
ZE μE σΟΥι πεΡντΟΥ

Vous vivez ici?
βου βιβε ισι

Nous aimerions vous inviter
(à déjeuner, à dîner)
νου ζεμΕΡιΌ βου ζΈβιτε (α
ντεΖΕνε, α ντινε)

A demain (A ce soir)

βράδυ)
tha (sé) sas dho avrio (to vradhi)

Θα τα πούμε αύριο (το βρά-δυ)
tha ta poumé avrio (to vradhi)

α ντΕμΈ (α σΕ σουαΡ)

On se retrouve demain (ce soir)
Ό σΕ ΡΕτΡουβ ντΕμΈ (σΕ σουαΡ)

Καθίστε
kathisté

Asseyez-vous
ασεγιε βου

Καλά
kala

Bien
μπιΈ

Καλά, ευχαριστώ. Εσείς;
kala, efHaristo. essis

Bien, merci. Et vous?
μπιΈ μεΡσι ε βου

Καλημέρα σας
kaliméra sas

Bonjour
μπΌΖουΡ

Καλησπέρα σας
kalispéra sas

Bonsoir
μπΌσουαΡ

Καληνύχτα σας
kaliniHta sas

Bonne nuit
μπον νΟΥι

Καλή όρεξη
kali orexi

Bon appétit
μποναπετι

Κατάγομαι από την Ελλάδα
kataghomé apo tinn éladha

Je suis originaire de Grèce
ΖΕ σΟΥι ζοΡιΖινεΡ ντΕ γκΡες

Κυρία
kiria

Madame
μανταμ

Κύριε
kirié

Monsieur
μΕσιΕ

Λυπάμαι (για την καθυστέρηση)
lipamé (ya tin kathistérissi)

Je suis désolé (de ce retard)
ΖΕ σΟΥι ντεζολε (ντΕ σΕ ΡΕταΡ)

Μας (μου) αρέσει πάρα πολύ
mas (mou) aressi para poli

Ça nous (me) plaît beaucoup
σα νου (μΕ) πλε μποκου

Με συγχωρείτε
mé sinnHorité

Excusez-moi
εξκΟΥζε μουα

Με τι ασχολείστε;

Que faites-vous dans la vie?

mé ti asHolisté

Μη με ενοχλείτε
mi mé énoHlité

Μια στιγμή, παρακαλώ
mia stighmi parakalo

**Μπορείτε να επαναλάβετε,
σας παρακαλώ;**
borité na épanalavété parakalo

**Μπορείτε να μου αφήσετε τον
αριθμό του τηλεφώνου σας;**
borité na mou afissété tonn
arithmo tou tiléfonou sas

**Μπορείτε να μου δείξετε
(την περιοχή όπου μένετε,
την πόλη σας);**
borité na mou dhixété (tinn
périoHi opou ménété, tinn
poli sas)

**Μπορείτε να μου πείτε, σας
παρακαλώ...;**
borité na mou pité sas
parakalo

**Μπορώ να σας καλέσω σε
γεύμα (σε δείπνο, σε χο-
ρό...);**
boro na sas kalesso sé yevma
(sé dhipno, sé Horo...)

Μπορώ να σας συνοδέψω;
boro na sas sinodhepso

**Να σας συστήσω τη δεσποι-
νίδα (την κυρία, τον κύριο)**

na sas sistisso ti dhespinidha
(tinn kiria, tonn kirio)

κΕ φετ βου ντΆ λαβι

Cessez de m'importuner
σεσε ντΕ μ'ΕποΡτΟΥνε

Un instant, s'il vous plaît
ΈνΈστΆ σιλ βου πλε

**Vous pouvez répéter, s'il
vous plaît?**
βουπουβε Ρεπετε σιλβουπλε

**Pouvez-vous me laisser votre
numéro de téléphone?**
πουβε βου μΕ λεσε βοτΡ
νΟΥμεΡο ντΕ τελεφον

**Vous pourriez me montrer
(la région où vous habitez,
votre ville)?**
βου πουΡιε μΕ μΌτΡε (λα
ΡεΖιΌ ου βου ζαμπιτε, βοτΡ
βιλ)

**Vous pourriez me dire, s'il
vous plaît...?**
βου πουΡιε μΕ ντιΡ σιλ βου
πλε

**Me permettez-vous de
vous inviter à déjeuner (à
dîner, à danser...)?**
μΕ πεΡμετε βου ντΕ βου
ζΈβιτε α ντεΖΕνε (α ντινε, α
ντΆσε...)

Puis-je vous accompagner?
πΟΥιΖ βου ζακΌπανιε

**Permettez-moi de vous
présenter mademoiselle
(madame, monsieur...)**
πεΡμετε μουα ντΕ βου
πΡεζΆτε μαντμουαζελ (μα-

νταμ, μΕσιΕ)

Να συστηθώ | **Permettez-moi de me présenter**

na sistitho | πεΡμετε μουα ντΕ μΕ πΡεζΆτε

Νυστάζω | **J'ai sommeil**

nistazo | Ζε σομεγ(ι)

Οι άνθρωποι είναι πολύ ευγενικοί | **Les gens sont très gentils**

i annthropi iné poli evyéniki | λε ΖΆ σΌ τΡε ΖΆτι

Ονομάζομαι... | **Je m'appelle**

onomazomé | ΖΕ μαπελ

Παρακαλώ; | **S'il vous plaît?**

parakalo | σιλ βου πλε

Παρακαλώ | **De rien**

parakalo | ντΕΡιΈ

Πεινάω | **J'ai faim**

pinao | ΖεφΈ

Περάστε, παρακαλώ | **Entrez, je vous en prie**

pérasté parakalo | ΆτΡε ΖΕ βου ζΆ πΡι

Περιμένετέ (με, μας) | **Attendez (-moi, -nous)**

périménété (mé, mas) | ατΆντε (μουα, νου)

Περιμένω | **Attendre**

périméno | ατΆντΡ

Περνώ τις διακοπές μου εδώ | **Je passe mes vacances ici**

perno tis dhiakopès mou édho | ΖΕ πας με βακΆς ισι

Πίνω | **Boire**

pino | μπουαΡ

Πολλούς χαιρετισμούς (από..., στον, στην...) | **Bien le bonjour (de..., à...)**

polous Hérétizmous (apo, stonn, stinn) | μπιΈ λΕ μπΌΖουΡ (ντΕ, α)

Πολύ καλά | **Très bien**

poli kala | τΡε μπιΈ

Πόσον καιρό ζείτε εδώ ; | **Depuis quand vivez-vous ici?**

posson kéro isté édho
Πόσον καιρό θα μείνετε;
ντΕπΟΥι κΆ βιβε βου ισι
Combien de temps allez-vous rester?

posson kéro tha minété
Πότε;
poté
κΌμπί'Ε ντΕτΆ αλε βου Ρεστε
Quand?
κΆ

Πότε θα ξανάρθετε;
poté tha xanarthété
Vous revenez quand?
βου ΡΕβνε κΆ

Πού εργάζεστε;
pou erghazesté
Vous travaillez où?
βου τΡαβαγιε ου

Πού μπορούμε να ξαναβρεθούμε;
pou boroumé na xanavréthoumé
Où peut-on se retrouver?
ου πΕ τΌ σΕ ΡΕτΡουβε

Πού πηγαίνετε;
pou piyénété
Où allez-vous?
ου αλεβου

Προσκαλώ
proskalo
Inviter
Έβιτε

Πρόσκληση
prosklissi
Invitation
ΈβιτασιΌ

Πώς είστε;
possisté
Comment allez-vous?
κομΆ ταλε βου

Πώς λέγεσαι;
pos léyessé
Comment tu t'appelles?
κομΆ τΟΥ ταπελ

Πώς λέγεστε;
pos léyesté
Comment vous appelez-vous?
κομΆ βου ζαπλεβου

Πώς λέγεται...;
pos léyété
Comment s'appelle...?
κομΆ σαπελ

Σας ευχαριστώ (για την πρόσκληση)
sas efHaristo (ya tinn pros-klissi)
Merci (pour votre invitation)
μεΡσι (πουΡ βοτΡ ΈβιτασιΌ

Σας παρακαλώ
sas parakalo
Je vous en prie
ΖΕ βου ΖΆ πΡι

Στη διάθεσή σας
sti diathessi sas
A votre service
α βοτΡ σεΡβις

Στο επανιδείν	**A bientôt**
sto épanidhinn	α μπιΈτο
Συγγνώμη	**Pardon**
sighnomi	παΡντΌ
Τι κάνει ο, η...;	**Comment va...?**
ti kani o, i...	κομΆ βα
Τι κάνετε;	**Comment allez-vous?**
ti kanété	κομΆ ταλε βου
Τι νέα;	**Quoi de neuf?**
ti néa	κουα ντΕ νΕφ
Τι σπουδάζετε;	**Qu'est-ce que vous faites comme études?**
ti spoudhazété	κες κΕ βου φετ κομ ετΟΥντ
Τι επάγγελμα έχετε;	**Quelle est votre profession?**
ti épannguelma éHété	κελε βοτΡ πΡοφεσιΌ
Τίποτα	**Rien**
tipota	ΡιΈ
Τι ώρα μπορώ να έρθω;	**A quelle heure je peux venir?**
ti ora boro na ertho	α κελ ΕΡ Ζε πΕ βΕνιΡ
Τι ωραίος καιρός, έτσι δεν είναι;	**Quel beau temps, n'est-ce pas?**
ti oréos kéros etsi dhenn iné	κελ μποτΆ νεσπα
Τρώω	**Manger**
troo	μΆΖε
Χαίρομαι που σας γνωρίζω	**Heureux de vous connaître**
Héromé pou sas ghnorizo	ΕΡΕ ντΕ βου κονετΡ
Χαίρω πολύ	**Enchanté**
Héro poli	ΆΣΆτε
Χάρηκα πολύ για τη γνωριμία	**Heureux d'avoir fait votre connaissance**
Harika poli ya ti ghnorimia	ΕΡΕ νταβουαΡφε βοτΡ κονεσΆς

03. ΕΥΧΕΣ
efHès

03. VOEUX
βΕ

Ας πιούμε στην υγειά του (στην επιτυχία σας, στη φιλία μας...)
as pioumé stinn iyia tou (stinn épitiHia sas, sti filia mas...)

Buvons à sa santé (à votre succès, à notre amitié...)
μπΟΥβΌ α σα σΆτε (α βοτΡ σΟΥξε, α νοτΡ αμιτιε...)

Γεια
ya

Santé
σΆτε

Γεια μας
ya mas

A nous
ανου

Εις υγείαν
is iyiann

Santé
σΆτε

Ελπίζω να σας βρω καλύτερα την επόμενη φορά
elpizo na sas vro kalitéra tinn époméni fora

J'espère que vous irez mieux la prochaine fois
ΖεσπεΡ κΕ βου ζιΡε μιΕ λα πΡοΣεν φουα

Ευτυχισμένος ο καινούριος χρόνος
eftiHizménos o kénourios Hronos

Bonne et heureuse année

μπον ε ΕΡΕζανε

Έχω πολύ καιρό να σας δω

éHo poli kéro na sas dho

Il y a longtemps que je ne vous ai pas vu
ιλια λΌτΆ κΕ ΖΕ νΕ βου ζε πα βΟΥ

Καλά Χριστούγεννα
kala Hristouyéna

Joyeux Noël
ΖουαγιΕ νοελ

Καλές δουλειές
kalès dhouliès

Bonnes affaires
μπον ζαφεΡ

Καλή αρχή
kali arHi

Bon début
μπΌ ντεμπΟΥ

Καλή δύναμη
kali dhinami

Bon courage
μπΌ κουΡαΖ

Καλή δουλειά	**Travaille (travaillez) bien**
kali dhoulia	τΡαβαγ(ι) (τΡαβαγιε) μπι΄Ε
Καλή επιτυχία	**Bonne chance**
kali épitiHia	μπον ΣΆς
Καλή λευτεριά	**Bonne délivrance**
kali leftéria	μπον ντελιβΡΆς
Καλή όρεξη	**Bon appétit**
kali orexi	μποναπετι
Καλησπέρα	**Bonsoir**
kalispéra	μπ΄ΟσουαΡ
Καλή χρονιά	**Bonne année**
kali Hronia	μπονανε
Καλό απόγευμα	**Bon après-midi**
kalo apoyevma	μποναπΡεμιντι
Καλό δρόμο	**Bonne route**
kalo dhromo	μπον Ρουτ
Καλό Πάσχα	**Bonnes Pâques**
kalo pasHa	μπον πακ
Καλός πολίτης	**Bonne fin de service**
kalos politis	μπον φ΄Ε ντΕ σεΡβις
Καλό ταξίδι	**Bon voyage**
kalo taxidhi	μπ΄Ο βουαγιαΖ
Καλώς ήρθατε (Καλώς ορίσατε)	**Soyez les bienvenus**
kalos irthaté (kalos orissaté)	σουαγιε λε μπι΄ΕβνΟΥ
Με το καλό	**Que tout se passe bien**
mé to kalo	κΕ του σΕ πας μπι΄Ε
Να ζήσεις (Να ζήσετε)	**Longue vie**
na zissis (na zissété)	λ΄Ογκ βι
Να σας ζήσει	**Qu'il ait une vie longue et heur**
na sas zissi	κιλε τ... λΟγκ ε ΕΡΕζ
Να σας ζήσουν	**Qu'ils aient une vie longue et heureuse**
na sas zissoun	κιλζε ΟΥν βι λΟγκ ε ΕΡΕζ

Να τον (την) χαίρεστε

na tonn (tinn) Héresté

Περαστικά
pérastika

Πολλούς χαιρετισμούς σε όλους
polous Hérétizmous sé olous

Σας ευχόμαστε περισσότερες επιτυχίες στη δουλειά σας
sas efHomasté perissotérès épitiHiès sti dhoulia sas

Σας είμαι πολύ ευγνώμων

sas imé poli evghnomonn

Σας εύχομαι...
sas efHomé

Στην υγειά της φιλίας μας
stinn iyia tis filias mas

Στην υγειά σου (σας)
stinn iyia sou (sas)

Τις καλύτερες ευχές μου
tis kalitérès efHès mou

Χαιρετισμούς στον, στη...
Hérétizmous stonn, sti...

Χρόνια πολλά (για τα γενέθλιά σου [σας])
Hronia pola (ya ta yénéthlia sou [sas])

Ayez la joie de le (la) voir vivre longtemps
εγιε λα Ζουα ντΕ λΕ (λα) βουαΡ βιβΡ λΟτΑ

Prompt rétablissement
πΡΟ ΡεταμπλισμΑ

Bien le bonjour de tout le monde
μπιΈλ μπΌΖουΡ ντΕ τουλ μΌντ

Nous vous souhaitons beaucoup de succès dans votre travail
νου βου σουετΌ μποκου ντΕ σΟΥξε ντΑ βοτΡ τΡαβαγ(ι)

Je vous en suis très reconnaissant
ΖΕ βου ζΑ σΟΥι τΡε ΡΕκονεσΆ

Je vous souhaite...
ΖΕ βου σουετ

A notre amitié
α νοτΡ αμιτιε

A ta (votre) santé
αβοτΡ σΆτε

Mes meilleurs voeux
με μεγιΕΡ βΕ

Bien le bonjour à...
μπιΈλ μπΌΖουΡ α...

Bonne fête (Bon anniversaire)
μπον φετ (μπονανιβεΡσεΡ)

04. ΠΡΟΣΚΛΗΣΗ, ΑΙΤΗΣΗ, ΑΠΟΔΟ-ΧΗ, ΑΡΝΗΣΗ, ΕΥΧΑΡΙΣΤΙΕΣ	04. INVITATION, DEMANDE, ASSENTIMENT, REFUS, REMERCIE-MENTS
prosklissi, zitissi, apodhoHi, arnissi, efHaristiès	Έβιτασι̱Ο, ντΕμΑντ, ασΆτιμΆ, ΡΕμεΡσιμΆ

Αδύνατον
adhinatonn
Impossible
Έποσιμπλ

Αμφιβάλλω
ammfivalo
J'en doute
ΖΆντουτ

Αν αυτό δεν σας πειράζει, θα ήθελα...
ann afto dhenn sas pirazi tha ithéla
Si cela ne vous dérange pas, je voudrais...
σι σΕλα νΕ βου ντεΡΆΖ πα ΖΕ βουντΡε

Αντίθετα
anndithéta
Au contraire
οκΌτΡεΡ

Αυτό δεν εξαρτάται από μένα
afto dhenn exartaté apo ména
Cela ne dépend pas de moi
σΕλα νΕ ντεπΆ πα ντΕ μουα

Αυτό δεν μ'αρέσει
afto dhenn maressi
Cela ne me plaît pas
σΕλα νΕ μΕ πλε πα

Βέβαια (Βεβαίως)
vévéa (vénéos)
Bien sûr
μπι̱Ε σΟΥΡ

Δεν βρίσκω λέξεις να σας ευχαριστήσω
dhenn vrisko lexis na sas efHaristisso
Je ne trouve pas les mots pour vous remercier
ΖΕ νΕ τΡουβ πα λε μο πουΡ βου ΡΕμεΡσιε

Δεν γίνεται
dhenn yinété
Ce n'est pas possible
σΕ νε πα ποσιμπλ

Δεν είμαι...
dhenn imé
Je ne suis pas...
ΖΕ νΕ σΟΥι πα

Δεν είναι αλήθεια
dhenn iné alithia
Ce n'est pas vrai
σΕ νε πα βΡε

Δεν έχει σημασία
dhenn éHi simassia
Peu importe
πΕ ΈποΡτ

Δεν έχω... (αντιρρήσεις)
Je n'ai pas... (d'objections)

dhenn éHo (anndirissis) ΖΕνεπα (ντομπΖεκσίΟ)
Δεν έχω καιρό **Je n'ai pas le temps**
dhenn éHo kéro ΖΕνεπα λΕτΆ
Δεν θα το ξεχάσω ποτέ **Je ne l'oublierai jamais**
dhenn tha to xéHasso poté ΖΕ νΕ λουμπλιΡε Ζαμε
Δεν καταλαβαίνω **Je ne comprends pas**
dhenn katalavéno ΖΕ νΕ κΌπΡΆ πα
Δεν μιλάω γαλλικά **Je ne parle pas français**
dhenn milao ghalika ΖΕ νΕ παΡλ πα φΡΆσε
Δεν μπορείτε **Vous ne pouvez pas**
dhenn borité βου νΕ πουβε πα
Δεν μπορώ **Je ne peux pas**
dhenn boro ΖΕν πΕ πα
Δεν ξέρω (αν) **Je ne sais pas (si)**
dhenn xéro (ann) ΖΕ νσεπα (σι)
Δεν ξέρω πώς να σας ευχα- **Je ne sais pas comment vous**
ριστήσω **remercier**
dhenn xéro pos na sas ΖΕ νΕ σεπα κομΆ βου
efHaristisso ΡΕμεΡσιε
Δεν πειράζει **Ça ne fait rien**
dhenn pirazi σα νΕ φε ΡίΕ
Δεν πιστεύω... **Je ne crois pas**
dhenn pistévo ΖΕ νΕ κΡουα πα
Δεν συμφωνώ μαζί σας **Je ne suis pas d'accord avec vous**
dhenn simmfono mazi sas ΖΕ νΕ σΟΥι πα ντακοΡ αβεκ
  βου
Δεν το φανταζόμουν **Je ne m'en serais pas douté**
dhenn to fanndazomounn ΖΕ νΕ μΆ σΕΡε πα ντουτε
Δέχομαι **J'accepte**
dhéHomé Ζαξεπτ
Δυσυχώς, πρέπει ν' αρνηθώ **Malheureusement, je dois**
  refuser
dhistiHos prépi narnitho μαλΕΡΕζμΆ ΖΕ ντουα
  ΡΕφΟΥζε

Είμαι στη διάθεσή σας
imé sti dhiathessi sas
Είμαι βέβαιος
imé vénéos
Είμαι κατά
imé kata
Είμαι χαρούμενος να δεχθώ την πρόσκλησή σας
imé Harouménos na dhéΗto tinn prosklissi sas
Είμαστε πεπεισμένοι γι' αυτό
imasté pépizméni ya afto
Είναι απασχολημένος
iné apasΗoliménos
Είναι κρίμα που...
iné krima pou
Είναι σωστό
iné sosto
Είστε ελεύθερος (ελεύθερη) απόψε;
isté élefthéros (élefthéri) apopsé
Είστε προσκεκλημένος στο πάρτι μας (στο πάρτι των γενεθλίων μου) το βράδυ
isté proskékliménos sto parti mas (sto parti tonn yénéthlionn mou) to vradhi
Έλαβα την πρόσκλησή σας
élava tinn prosklissi sas
Ελάτε στο σπίτι παρακαλώ να με πάρετε

élaté sto spiti parakalo na mé

Je suis à votre disposition
ΖΕ σΟΥι ζα βοτΡ ντισποζισίΟ
J'en suis sûr
ΖΆ σΟΥι σΟΥΡ
Je suis contre
ΖΕ σΟΥι κ'ΟτΡ
Je suis heureux d'accepter votre invitation
ΖΕ σΟΥι ζΕΡΕ νταξεπτε βοτΡ Έβιτασίο
Nous en sommes persuadés
νου ζΑ σομ περσΟΥαντε
Il est occupé
ιλε τοκΟΥπε
C'est dommage que...
σε ντομαΖ κΕ
C'est exact
σε τεγκζακτ
Vous êtes libre ce soir?

βου ζετ λιμπΡ σΕ σουαΡ

Vous êtes invité à notre petite fête (à ma soirée d'anniversaire) de ce soir
βου ζετ ζΈβιτε ανοτΡ πετιτ φετ (α μα σουαΡε ντανιβεΡσεΡ) ντε σΕ σουαΡ
J'ai reçu votre invitation
Ζε ΡΕσΟΥ βοτΡΈβιτασίΟ
Pourriez-vous venir me chercher chez moi s'il vous plaît?
πουΡιε βου βΕνιΡ μΕ ΣεΡΣε

parété

Εντάξει
enndaxi

Έστω
esto

Ευχαριστώ για την προσοχή σας (για τη συμβουλή σας)
éffHaristo ya tinn prossoHi sas (ya tinn simmvouli sas)

Έχετε δίκιο
éHété dhikio

Έχουμε την τιμή να...
éHoumé tinn timi na

Θα έλθετε στον κινηματογράφο;
tha elthété stonn kinimatoghrafo

Θα θέλαμε να σας καλέσουμε σε γεύμα (σε δείπνο)
tha thélamé na sas kalessoumé sé yevma (sé dhipno)

Θα θέλατε να επισκεφθείτε το μουσείο μαζί μας;
tha thélaté na épiskefthité to moussio mazi mas

Θα θέλατε να παίξουμε μια παρτίδα σκάκι;
tha thélaté na pexoumé mia partidha skaki

Θα σας ήμουν πολύ υποχρεωμένος αν θέλατε...
tha sas imoun poli ypoHréoménos ann thélaté

Θα σας πείραζε πολύ να...

Σε μουα σιλ βου πλε
D'accord
ντακοΡ

Soit
σουατ

Merci de votre attention (pour vos conseils)
μεΡσι ντΕ βοτΡ ατΆσιΌ (πουΡ βο κΌσεγ(ι))

Vous avez raison
βου ζαβε ΡεζΌ

Nous avons l'honneur de...
νου ζαβΌ λονΕΡ ντΕ

Vous venez au cinéma?

βουβΕνε ο σινεμα

Nous aimerions vous inviter à déjeuner (à dîner)
νου ζεμΕΡιΌ βου ζΈβιτε α ντεΖΈνε (α ντινε)

Vous aimeriez visiter le musée avec nous?
βου ζεμΕΡιε βιζιτε λΕμΟΥζε αβεκ νου

Vous aimeriez qu'on fasse une partie d'échecs?
βου ζεμΕΡιε κΌ φας ΟΥν παΡτι ντεΣεκ

Je vous serais très obligé de bien vouloir...
ΖΕ βου σΕΡε τΡε ζομπλιΖε ντΕ μπιΈ βουλουαΡ

Cela vous dérangerait-il

	beaucoup de...
tha sas pirazé poli na	σΕλα βου ντεΡΆΖΡετιλ μποκου ντΕ
Ίσως	**Peut-être**
issos	πΕτετΡ
Και βέβαια όχι	**Certainement pas**
ké νένéα oHi	σεΡτενμΆ πα
Καθίστε	**Asseyez-vous**
kathisté	ασεγιεβου
Καθόλου	**Pas du tout**
katholou	παντΟΥτου
Κανείς (Κανένας)	**Personne**
kanis (kanénas)	πεΡσον
Κάνετε λάθος	**Vous vous trompez**
kanété lathos	βου βου τΡΌπε
Κάντε μου αυτή τη χάρη	**Pourriez-vous me faire cette faveur?**
kanndé mou afti ti Hari	πουΡιε βου μΕφεΡ σετ φαβΕΡ
Κλείστε την πόρτα, παρακαλώ	**Pourriez-vous fermer la porte s'il vous plaît?**
klisté tinn porta, parakalo	πουΡιε βου φεΡμε λαποΡτ σιλβουπλε
Κύριε (Κυρία)	**Monsieur (Madame)**
kirié (kiria)	μΕσιΕ (μανταμ)
Κυρίες και κύριοι	**Mesdames et messieurs**
kiriès ké kirii	μενταμ ζεμεσιΕ
Λυπάμαι ειλικρινά, δεν μπορώ, δεν αισθάνομαι καλά	**Je suis sincèrement désolé, je ne peux pas, je ne me sens pas très bien**
lipamé ilikrina, dhenn boro dhenn esthanomé kala	ΖΕσΟΥι σΈσεΡμΆ ντεζολε ΖΕ νΕ πΕ πα ΖΕ νΕ μΕ σΆ πα τΡε μπιΕ
Λυπάμαι, δεν μπορώ να ικα-	**Je suis désolé, je ne peux pas**

νοποιήσω την αίτησή σας — **satisfaire votre demande**
lipamé dhenn boro na ikanopiisso tinn étissi sas — ZΕσΟΥι ντεζολε ΖΕ νΕ πΕ πα σατισφεΡ βοτΡ ντΕμΆντ

Λυπάμαι, είμαι απασχολημένος — **Je suis désolé, je suis occupé**
lipamé imé apasHoliménos — ΖΕσΟΥι ντεζολε ΖΕ σΟΥι ζοκΟΥπε

Μάλιστα — **Oui**
malista — ουι

Με βαθιά εκτίμηση — **Avec toute mon estime**
mé vathia ektimissi — αβεκ τουτ μΌ νεστιμ

Με κανέναν τρόπο — **Il n'en est pas question**
mé kanénan tropo — ιλ νΆ νε πα κεστίΟ

Με όλη μου την ευχαρίστηση — **Avec le plus grand plaisir**
mé oli mou tinn efHaristissi — αβεκ λΕπλΟΥγκΡΆ πλεζιΡ

Μη στενοχωριέστε — **Ne vous en faites pas**
mi sténoHoriesté — νΕ βου ζΆ φετ πα

Μου είναι αδιάφορο — **Ça m'est égal**
mou iné adhiaforo — σα με τεγκαλ

Μου επιτρέπετε...? — **Vous permettez...?**
mou épitrépété — βου πεΡμετε

Μου κάνετε μια χάρη — **Pourriez-vous me faire une faveur?**
mou kanété mia Hari — πουΡιε βου μΕ φεΡ ΟΥν φαβΕΡ

Μου φαίνεται... — **Il me semble...**
mou fénété — ιλ μΕ σΆμπλ

Μπορεί — **Peut-être**
bori — πΕτετΡ

Μπορείτε να υπολογίσετε σε μένα — **Vous pouvez compter sur moi**
borité na ipoloyissété sé ména — βου πουβε κΌτε σΟΥΡ μουα

Μπορώ να μιλήσω με τον κύριο ... — **Pourrais-je parler à monsieur...**

boro na milisso mé tonn kirio | πουΡεΖ παΡλε α μΕσιΕ
Μπορώ να σας ζητήσω μια χάρη | **Puis-je vous demander une faveur?**
boro na sas zitisso mia Hari | πΟΥιΖ βου ντΕμΆντε ΟΥν φαβΕΡ

Όλα καλά | **Tout va bien**
ola kala | του βα μπιΈ
Ούτε | **Ni**
outé | νι
Όχι ακόμα | **Pas encore**
oHi akoma | πα ζΆκοΡ
Όχι ακριβώς | **Pas tout à fait**
oHi akrivos | πα του τα φε
Όχι, ευχαριστώ | **Non, merci**
oHi efHaristo | νΌ μεΡσι
Όχι πολύ | **Pas beaucoup**
oHi poli | πα μποκου
Παρακαλώ | **De rien**
parakalo | ντΕ ΡιΈ
Πάρτε θέση | **Prenez place**
parté thessi | πΡΕνε πλας
Περάστε μέσα, παρακαλώ | **Entrez, je vous prie**
pérasté messa parakalo | ΆτΡε ΖΕ βου ζΆ πΡι
Πιθανόν | **Sans doute**
pithanonn | σΆντουτ
Πιστέψτε με | **Croyez-moi**
pistepsté mé | κΡουαγιε μουα
Πλησιάστε, παρακαλώ | **Approchez-vous, je vous en prie**
plissiasté parakalo | απΡοΣε βου ΖΕ βου ζΆ πΡι
Πολύ καλά | **Très bien**
poli kala | τΡε μπιΈ
Ποτέ | **Jamais**
poté | Ζαμε
Πουθενά | **Nulle part**

pouthéna	νOΥλ παP
Πράγματι	**En effet**
praghmati	Ά νεφε
Σας βεβαιώνω	**Je vous assure**
sas vénéono	ZE βου ζασOΥR
Σας είμαι υπόχρεος	**Je vous en suis obligé**
sas imé ipoHréos	ZE βου ζΆ σOΥι ζομπλιZε
Σας το υπόσχομαι	**Je vous le promets**
sas to iposHomé	ZE βου λE πPομε
Σίγουρα	**C'est sûr**
sighoura	σε σOΥP
Συμφωνώ	**Je suis d'accord**
simmfono	ZE σOΥι νтакоP
Τίποτα	**De rien**
tipota	ντE PίE
Φυσικά	**Naturellement**
fissika	νατOΥPελμΆ
Χίλια ευχαριστώ	**Merci mille fois**
Hilia efHaristo	μεPσι μιλ φουα
Χωρίς κανένα φόβο	**Sans aucune crainte**
Horis kanéna fovo	σΆ ζοκOΥν κPΈτ
Χωρίς αμφιβολία	**Sans aucun doute**
Horis ammfivolia	σΆ ζοκΈ ντουτ

05. ΣΥΓΝΩΜΗ, ΣΥΓΧΑΡΗΤΗΡΙΑ, ΣΥΛΛΥΠΗΤΗΡΙΑ

sighnomi, sinnHaritiria, silipitiria

05. EXCUSES, FÉLICITATIONS, CONDOLÉANCES

εξκΟΥζ, φελισιτασιΌ, κΌντολεΆς

Αυτό μου δίνει μεγάλη χαρά
afto mou dhini méghali Hara

Cela me rend très heureux
σΕλα μΕ ΡΆ τρΕ ζΕΡΕ

Δεν είχα την πρόθεση να σας ενοχλήσω (να σας κάνω να περιμένετε, να σας προσβάλω...)
dhenn iHa tinn prothessi na sas énoHlisso (na sas kano na périménété, na sas prosvalo...)

Je ne voulais pas vous déranger (vous faire attendre, vous blesser...)
ΖΕ νΕ βουλε πα βου ντεΡΆΖε (βου φεΡ ατΆντΡ, βου μπλεσε...)

Δυστυχώς, είναι αδύνατον
dhistiHos iné adhinatonn

Malheureusement, c'est impossible
μαλΕΡΕζμΆ σετΈποσιμπλ

Είμαι πολύ ευτυχής (πολύ δυσαρεστημένος)
imé poli eftiHis (poli dhissarestiménos)

Je suis très heureux (très mécontent)
ΖΕ σΟΥι τρΕ ζΕΡΕ (τρΕ μεκΌτΆ)

Είναι κρίμα που ...
iné krima pou

C'est dommage que...
σε ντομαΖ κΕ

Ελπίζω να σας ξαναδώ
elpizo na sas xanadho

J'espère vous revoir
ΖεσπεΡ βου ΡΕβουαΡ

Επιτρέψτε μου να σας χαιρετήσω εκ μέρους...
épitrepsté mou na sas Hérétisso ek mérous

Permettez-moi de vous donner le bonjour de...
πεΡμετε μουα ντΕ βου ντονε λΕ μπΌΖουΡ ντΕ

Ήταν μια μεγάλη απώλεια για όλους
itann mia méghali apolia ya olous

C'est une grande perte pour tout le monde
σετΟΥν γκρΆντ πεΡτ πουΡ τουλμΌντ

Θερμά συγχαρητήρια για την επιτυχία σας στις εξετάσεις (για το γάμο σας, για τη

Toutes mes félicitations pour votre succès aux examens (pour votre mariage, pour la naissance

γέννηση του παιδιού σας, για την προαγωγή σας...)
therma sinnHaritiria ya tinn épitiHia sas stis exétassis (ya to ghamo sas, ya ti yénissi tou pédiou sas, ya tinn proaghoyi sas...)

Λυπήθηκα όταν άκουσα ότι αρρωστήσατε
lipithika otann akoussa oti arostissaté

Λυπάμαι
lipamé

Με βαθιά λύπη σας πληρο-φορώ...
mé vathia lipi sas pliroforo

Με συγχωρείτε για την ενό-χληση (για την αργοπορία)
mé sinnHorité ya tinn énoHlissi (ya tinn arghoporia)

Μη μου κρατάτε κακία
mi mou krataté kakia

Να με πληροφορήσετε ότι φτάσατε καλά
na mé pliroforissété oti ftassaté kala

Παρακαλώ, μη με παρεξη-γείτε
parakalo mi mé paréxiyité

Πρέπει να σας ζητήσω συγ-γνώμη
prépi na sas zitisso sighnomi

de votre enfant, pour votre promotion...)
τουτ με φελισιτασιΌ πουΡ βοτΡ σΟΥξε οζεγκζαμΈ (πουΡ βοτΡ μαΡιαΖ, πουΡ λα-νεσαΆς ντΕ βοτΡ ΆφΆ, πουΡ βοτΡ πΡομοσιΌ...)

J'ai été désolé d'apprendre que vous étiez malade
Ζε ετε τΡε τΡιστ νταπΡΆντΡ κΕ βου ζετιε μαλαντ

Je suis désolé
ΖΕ σΟΥι ντεζολε

C'est avec une grande tristesse que je vous informe..
σε ταβεκ ΟΥν γκΡΆντ τΡιστες κΕ ΖΕ βου ζΈφοΡμ

Excusez-moi   de   vous déranger (d'être en retard)
ΕξκΟΥζε μουα ντΕ βου ντεΡΆΖε (ντετΡ ΆΡταΡ)

Ne m'en veuillez pas
νΕ μΆ βΕγιε πα

Faites-moi savoir que vous êtes bien arrivé
φετ μουα σαβουαΡ κΕ βου ζετ μπιΈ ναΡιβε

Ne le prenez pas mal, je vous en prie
νΕ λΕ πΡΕνε πα μαλ ΖΕ βου ζΆ πΡι

Je dois vous demander pardon
ΖΕ ντουα βου ντΕμΆντε παΡντΌ

Σας παρακαλώ να με συγχω-
ρήσετε
sas parakalo na mé sinn-
Horissété

Je vous demande de m'excuser
ΖΕ βου ντΕμΆντ ντΕ μεξ-
κΟΥζε

Σου εύχομαι καλή υγεία
sou efHomé kali iyia

Je te souhaite une bonne santé
ΖΕ τΕ σουετ ΟΥν μπον σΆτε

Συγγνώμη
sighnomi

Pardon
παΡντΌ

Συγχαρητήρια (για τον αρ-
ραβώνα, για το γάμο, για την
επιτυχία...)
sinnHaritiria (ya tonn ara-
vona, ya to ghamo, ya tinn
épitiHia...)

Félicitations pour vos fiançailles (pour votre mariage, pour votre succès...)
φελισιτασιΌ (πουΡ βο φι-
Άσαγ(ι), πουΡ βοτΡ μαΡιαΖ,
πουΡ βοτΡ σΟΥξε...)

Συμμερίζομαι τη λύπη σου
(σας)
simérizomé ti lipi sou (sas)

Je partage ta (votre) peine
ΖΕ παΡταΖ τα (βοτΡ) πεν

Τα συλλυπητήριά μου
ta silipitiria mou

Mes condoléances
με κΌντολεΆς

Τι κρίμα
ti krima

Quel dommage
κελ ντομαΖ

06. AGE
aZ

Άγαμος (άγαμη)	**Célibataire**
aghamos (aghami)	σελιμπατεP
Ανήλικος	**Mineur**
anilikos	μινΕP
Άντρας	**Homme**
anndras	οµ
Ανύπαντρος (ανύπαντρη)	**Célibataire**
anipanndros (anipanndri)	σελιμπατεP
Απόγονοι	**Descendants**
apoghoni	ντεοΆντΆ
Αρραβωνιαστικιά	**Fiancée**
aravoniastikia	φιΆσε
Αρραβωνιαστικός	**Fiancé**
aravoniastikos	φιΆσε
Αρραβώνες	**Fiançailles**
aravonès	φιΆσαγ(ι)
Γάμος	**Mariage**
ghamos	µαPιαΖ
Γενέθλια	**Anniversaire**
yénéthlia	ανιβεPσεP
Γεννήθηκα στις 9 Ιουνίου	**Je suis né le 9 juin**
yénithika stis 9 iouniou	ΖΕ σΟΥι νε λΕ νΕφ ΖΟΥΈ
Γέννηση	**Naissance**
yénissi	νεσΆς
Γεράματα	**Vieillesse**
yéramata	βιεγιες
Γερνάω	**Vieillir**
yernao	βιεγιP
Γέρος (Γριά)	**Vieux (Vieille)**
yéros (ghria)	βιΕ (βιεγ(ι))
Για ενηλίκους	**Pour adultes**
ya énilikous	πουP αντΟΥλτ
Γυναίκα	**Femme**

yinéka
Έγγαμος
ennghamos

Είμαι είκοσι πέντε χρονών
imé ikossi penndé Hrononn

Είμαστε ξαδέλφια
imasté xadhelfia

Είμαστε συνομήλικοι
imasté sinomiliki

Είστε παντρεμένος (παντρε-μένη);
isté panndréménos (panndréméni)

Επίθετο (Επώνυμο)
épithéto (éponimo)

Εργένης
eryénis

Έχω τρία παιδιά, μια κόρη και δυο γιους
éHo tria pédhia, mia kori ké dhio yous

Ημερομηνία γεννήσεως
imérominia yénisséos

Νεογέννητο
néoyénito

Όνομα
onoma

Πόσων χρονών είστε (είναι η κόρη σου, ο γιος σου...);
possonn Hrononn isté (iné i kori sou, o yos sou...)

Τόπος γεννήσεως
topos yénisséos

Χήρος (Χήρα)
Hiros (Hira)

φαμ
Marié
μαΡιε

J'ai vingt-cinq ans
Ζε β'Εν σ'ΕκΆ

Nous sommes cousins
νου σομ κουζΈ

Nous avons le même âge
νου ζαβΌ λΕ μεμ αΖ

Vous êtes (marié) mariée?
βου ζετ μαΡιε

Nom de famille
ν'Ό ντΕ φαμιγ(ι)

Célibataire
σελιμπατεΡ

J'ai trois enfants, une fille et deux fils
Ζε τΡουα ζΆφΆ ΟΥν φιγ(ι) ε-ντΕφις

Date de naissance
ντατ ντΕ νεσΆς

Nouveau-né
νουβονε

Nom
ν'Ό

Quel âge avez-vous (a votre fille, a votre fils...)?
κελ αΖ αβε βου (α βοτΡ φιγ(ι), α βοτΡ φις...)

Lieu de naissance
λιΕ ντΕ νεσΆς

Veuf (Veuve)
βΕφ (βΕβ)

07. ΟΙΚΟΓΕΝΕΙΑ ikoyénia	07. FAMILLE φαμιγ(ι)
Αγόρι aghori	**Garçon** γκαΡσΟ
Αδελφός (αδελφή) adhelfos (adhelfi)	**Frère (Soeur)** φΡεΡ (σΕΡ)
Ανιψιός (Ανιψιά) anipsios (anipsia)	**Neveu (Nièce)** νΕβΕ (νιες)
Βαφτιστήρι vaftistiri	**Filleul** φιγιΕλ
Γαμπρός ghammbros	**Gendre** ΖΆντΡ
Γιαγιά yaya	**Grand-mère** γκΡΆμεΡ
Γιος yos	**Fils** φις
Γονείς ghonis	**Parents** παΡΆ
Εγγονός (Εγγονή) enngonos (enngoni)	**Petit-fils (Petite-fille)** πΕτιφις (πΕτιτ φιγ(ι))
Θείος (Θεία) thios (thia)	**Oncle (Tante)** Όκλ (τΆτ)
Κόρη kori	**Fille** φιγ(ι)
Κορίτσι koritsi	**Fille** φιγ(ι)
Κουνιάδος (Κουνιάδα) kouniadhos (kouniadha)	**Beau-frère (Belle-soeur)** μποφΡεΡ (μπελσΕΡ)
Μαμά mama	**Maman** μαμΆ
Μητέρα mitéra	**Mère** μεΡ
Μητριά mitria	**Marâtre** μαΡατΡ

Μπαμπάς
babas

Papa
παπα

Νονός (Νονά)
nonos (nona)

Parrain (Marraine)
παΡΈ (μαΡεν)

Νύφη
nifi

Belle-fille (ou belle-soeur)
μπελφιγ(ι) (ου μπελσΕΡ)

Ξάδελφος (Ξαδέλφη)
xadhelfos (xadhelfi)

Cousin (Cousine)
κουζΈ (κουζιν)

Οι δικοί μου (σας)
i dhiki mou (sas)

Les miens (Les vôtres)
λε μιΈ (λε βοτΡ)

Οικογένεια
ikoyénia

Famille
φαμιγ(ι)

Παιδί
pédhi

Enfant
ΆφΆ

Παππούς
papous

Grand-père
γκΡΆπεΡ

Πατέρας
patéras

Père
πεΡ

Πατριός
patrios

Beau-père
μποπεΡ

Πεθερός (Πεθερά)
péthéros (péthéra)

Beau-père (Belle-mère)
μποπεΡ (μπελμεΡ)

Συγγενής
sinnguénis

Parent
παΡΆ

Σύζυγος
sizighos

Epoux, épouse
επου, επουζ

08. ΕΠΑΓΓΕΛΜΑΤΑ	08. PROFESSIONS
épague̱lmata	πΡοφεσιΟ

Αγρότης	**Cultivateur**
aghro̱tis	κΟΥλτιβατΕΡ
Άνεργος	**Chomeur**
a̱nnerghos	ΣομΕΡ
Ανθρακωρύχος	**Mineur**
annthrakori̱Hos	μινΕΡ
Αρτοποιός	**Boulanger**
artopios	μπουλΆΖε
Αρχαιολόγος	**Archéologue**
arHéologhos	αΡκεολογκ
Αρχιτέκτονας	**Architecte**
arHite̱ktonas	αΡΣιτεκτ
Βιβλιοθηκάριος	**Bibliothécaire**
vivliothikarios	μπιμπλιοτεκεΡ
Βιβλιοπώλης	**Libraire**
vivliopo̱lis	λιμπΡεΡ
Βιολόγος	**Biologiste**
viologhos	μπιολοΖιστ
Γεωλόγος	**Géologue**
yéologhos	Ζεολογκ
Γιατρός	**Médecin**
yatros	μεντσΈ
Γλύπτης	**Sculpteur**
ghliptis	σκΟΥλτΕΡ
Γλωσσολόγος	**Linguiste**
ghlossologhos	λΈγκΟΥιστ
Γραμματέας	**Secrétaire**
ghrammatéas	σΕκΡετεΡ
Δακτυλογράφος	**Dactylo**
dhaktiloghrafos	νταктιλο
Δάσκαλος (Δασκάλα)	**Instituteur (Institutrice)**
dha̱skalos (dhaska̱la)	ΈστιτΟΥτΕΡ (ΈστιτΟΥτΡις)

Δερματολόγος
dhermatologhos

Dermatologue
ντεΡματολογκ

Δημοσιογράφος
dhimossiografos

Journaliste
ΖουΡναλιστ

Δημόσιος υπάλληλος
dhimossios ipalilos

Fonctionnaire
φΌκσιονεΡ

Διαιτητής
dhiétitis

Arbitre
αΡμπιτΡ

Διερμηνέας
dhierminéas

Interprète
ΈτεΡπΡετ

Δικαστής
dhikastis

Juge
ΖΟΥΖ

Διπλωμάτης
dhiplomatis

Diplomate
ντιπλοματ

Εθνολόγος
éthnologhos

Ethnologue
ετνολογκ

Εκδότης
ekdhotis

Editeur
εντιτΕΡ

Εκπαιδευτής (Εκπαιδεύτρια)
ekpédeftis (ekpédeftria)

Moniteur (Monitrice)
μονιτΕΡ (μονιτΡις)

Εκφορτωτής
ekfortotis

Débardeur
ντεμπαΡντΕΡ

Ελαιοχρωματιστής
éléoHromatistis

Peintre en bâtiment
π῾ΕτΡ Ά μπατιμΆ

Επιχειρηματίας
épiHirimatias

Chef d'entreprise
Σεφ ντΆτΡΕπΡιζ

Εργάτης
erghatis

Ouvrier
ουβΡιε

Εφαρμοστής
éfarmostis

Ajusteur
αΖΟΥστΕΡ

Εφημεριδοπώλης
éfiméridhopolis

Vendeur de journaux
β῾ΑντΕΡ ντΕ ΖουΡνο

Ζαχαροπλάστης
zaHaroplastis

Pâtissier
πατισιε

Ηθοποιός	**Acteur, actrice**
ithopios	ακτΕΡ, ακτΡις
Ηλεκτρολόγος	**Electricien**
ilektrologhos	ελεκτΡισίΈ
Καθηγητής	**Professeur**
kathiyitis	πΡοφεσΕΡ
Καρδιοχειρούργος	**Chirurgien cardiologue**
kardhioHirourghos	ΣιΡΟΥΡΖίΈ καΡντιολογκ
Κηπουρός	**Jardinier**
kipouros	ΖαΡντινιε
Κουρέας	**Coiffeur pour hommes**
kouréas	κουαφΕΡ πουΡομ
Κτηνίατρος	**Vétérinaire**
ktiniatros	βετεΡινεΡ
Κτίστης	**Maçon**
ktistis	μασΌ
Κομμωτής	**Coiffeur pour dames**
komotis	κουαφΕΡ πουΡ νταμ
Λογιστής	**Comptable**
loyistis	κΌταμπλ
Μαγαζάτορας	**Commerçant**
maghazatoras	κομεΡσΆ
Μάγειρας	**Cuisinier**
mayiras	κΟΥιζινιε
Μαέστρος	**Chef d'orchestre**
maestros	Σεφ ντοΡκεστΡ
Μαθηματικός	**Mathématicien**
mathimatikos	ματεματισίΈ
Μαθητής	**Elève**
mathitis	ελεβ
Μαμή	**Sage-femme**
mami	σαΖ φαμ
Μεταλλωρύχος	**Mineur**
métaloriHos	μινΕΡ

Μηχανικός	**Ingénieur**
miHanikos	ΈΖενιΕΡ
Μηχανικός αυτοκινήτων	**Mécanicien**
miHanikos aftokinitonn	μεκανισιΈ
Μουσικός	**Musicien**
moussikos	μΟΥζισιΈ
Ναυτικός	**Marin**
naftikos	μαΡΈ
Νευρολόγος	**Neurologue**
nevrologhos	νΕΡολογκ
Νοσοκόμος	**Infirmier**
nossokomos	ΈφιΡμιε
Ξυλουργός	**Charpentier**
xilourghos	ΣαΡπΆτιε
Οδηγός	**Chauffeur**
odhighos	ΣοφΕΡ
Οδοντίατρος	**Dentiste**
odhonndiatros	ντΆτιστ
Οικονομολόγος	**Economiste**
ikonomologhos	εκονομιστ
Οπωροπώλης	**Marchand de fruits et de légumes**
oporopolis	μαΡΣΆ ντΕ φΡΟΥι εντΕ λεγκΟΥμ
Παθολόγος	**Généraliste**
pathologhos	ΖενεΡαλιστ
Παντοπώλης	**Epicier**
panndopolis	επισιε
Πιανίστας	**Pianiste**
pianistas	πιανιστ
Πιλότος	**Pilote**
pilotos	πιλοτ
Ποιητής	**Poète**
piitis	ποετ

Ράπτης	**Tailleur**
raptis	ταγιΕΡ
Σεισμολόγος	**Sismologue**
sizmologhos	σισμολογκ
Σερβιτόρα	**Serveuse**
servitora	σεΡβΕζ
Σερβιτόρος	**Serveur**
servitoros	σεΡβΕΡ
Σκηνοθέτης	**Metteur en scène**
skinothétis	μετΕΡΆσεν
Σπουδαστής	**Etudiant**
spoudhastis	ετΟΥντιΆ
Συγγραφέας	**Ecrivain**
sinnghraféas	εκΡιβΈ
Συμβολαιογράφος	**Notaire**
simmvoléoghrafos	νοτεΡ
Σύμβουλος	**Conseiller**
simmvoulos	κΌσεγιε
Συνταξιούχος	**Retraité**
sinndaxiouHos	ΡΕτΡετε
Σχεδιαστής	**Dessinateur**
sHédhiastis	ντεσινατΕΡ
Ταχυδρόμος	**Facteur**
taHidhromos	φακτΕΡ
Ταχυδρομικός υπάλληλος	**Employé des postes**
taHidhromikos ipalilos	Άπλουαγιε ντε ποστ
Τεχνικός	**Technicien**
teHnikos	τεκνισίΕ
Τοπογράφος	**Topographe**
topoghrafos	τοπογκΡαφ
Τορνευτής	**Tourneur**
torneftis	τουΡνΕΡ
Τραγουδιστής	**Chanteur**
traghoudhistis	ΣΆτΕΡ

Υδραυλικός	**Plombier**
idhravlikos	πλΌμπιε
Υπουργός	**Ministre**
ipourghos	μινιστΡ
Φαρμακοποιός	**Pharmacien**
farmakopios	φαΡμασιΈ
Φοιτητής	**Etudiant**
fititis	ετΟΥντιΆ
Φύλακας	**Gardien**
filakas	γκαΡντιΈ
Φυσικός	**Physicien**
fissikos	φιζισιΈ
Φωτογράφος	**Photographe**
fotoghrafos	φοτογκΡαφ
Χασάπης	**Boucher**
Hassapis	μπουΣε
Χειρούργος	**Chirurgien**
Hirourghos	ΣιΡΟΥΡΖιΈ
Χρυσοχόος	**Joaillier**
HrissoHoos	Ζοαγιε
Χημικός	**Chimiste**
Himikos	Σιμιστ
Ψαράς	**Pêcheur**
psaras	πεσΕΡ

09. Ο ΚΑΙΡΟΣ	09. LE TEMPS
ο kéros	λΕ τΑ

Αδιάβροχο	**Imperméable**
adhiabroHo	ΈπεΡμεαμπλ
Αέρας	**Air, vent**
aéras	εΡ, βΆ
Ανατολή ηλίου	**Lever du soleil**
anatoli iliou	λΕβε ντΟΥ σολεγ(ι)
Άνεμος	**Vent**
anémos	βΆ
Άστατος καιρός	**Temps instable**
astatos kéros	τΆ Έσταμπλ
Αστραπή	**Eclair**
astrapi	εκλαΡ
Αστράφτει	**Il y a des éclairs**
astrafti	ιλια ντεζεκλεΡ
Αυγή	**Aube**
avyi	ομπ
Βρέχει	**Il pleut**
vréHi	ιλ πλΕ
Βροντάει	**Il tonne**
vronndaï	ιλ τον
Βροντή	**Tonnerre**
vronndi	τονεΡ
Βροχερός	**Pluvieux**
vroHéros	πλΟΥβιΕ
Βροχή	**Pluie**
broHi	πλΟΥι
Γλυκός	**Doux**
ghlikos	ντου
Δελτίο καιρού	**Bulletin météorologique**
dheltio kérou	μπΟΥλτΈ μετεοΡολοΖικ
Δροσερός	**Frais**
dhrosséros	φΡε

Δροσιά
dhrossia
Δροσίζει
dhrosizi
Δύση ηλίου
dhissi iliou
Είναι άσχημος ο καιρός
iné asHimos o kéros
Είναι ο δρόμος ελεύθερος από χιόνια (σε καλή κατάσταση) ;
iné o dhromos élefthéros apo Hionia (sé kali katastassi)
Είναι πέντε βαθμούς πάνω από το μηδέν (κάτω από το μηδέν)
iné penndé vathmous pano apo to midhenn (kato apo to midhenn)
Έχει άπνοια (κουφόβρααη, ομίχλη, παγωνιά, σύννεφα)

éHi apnia, koufovrassi, omiHli, paghonia, sinéfa)

Έχετε αδιάβροχο (ομπρέλα) ;

éHété adhiavroHo (ommbréla)
Έχουμε ... βαθμούς (υπό το μηδέν)
éHoumé ... vathmous (ipo to midhenn)
Ζέστη

Fraîcheur
φΡεΣΕΡ
Il fait plus frais
ιλφε πλΟΥφΡε
Coucher du soleil
κουΣε ντΟΥ σολεγ(ι)
Il fait mauvais
ιλφε μοβε
Il n'y a pas de neige sur la route (La route est en bon état) ?
ιλνιαπα ντΕ νεΖ σΟΥΡ λα Ρουτ (λαΡουτ ετΆμπονετα)
Il y a cinq degrés au-dessus de zéro (au-dessous de zéro)
ιλια σΈκ ντΕγκΡε οντΕσΟΥ ντΕ ζεΡο (οντΕσου ντΕ ζεΡο)

Il n'y a pas d'air (il fait é-touffant, il y a du brouillard, il gèle, il y a des nuages)
ιλνιαπα ντεΡ (ιλφε ετουφΆ, ι-λια ντΟΥ μπΡουγιαΡ, ιλ Ζελ, ιλια ντε νΟΥαΖ)
Vous avez un imperméable (un parapluie) ?
βουζαβε ΈνΈπεΡμεαμπλ (Έ παΡαπλΟΥι)
Il y a ... degrés au-dessus de zéro (au-dessous de zéro)
ιλια ... ντΕγκΡε οντΕσΟΥ ντΕ ζεΡο (οντΕσου ντΕ ζεΡο)
Chaleur

zesti	ΣαλΕΡ
Ζεστός	**Chaud**
zestos	Σο
Η ατμόσφαιρα είναι βαριά	**Il fait lourd**
i atmosféra iné varia	ιλφε λουΡ
Η βροχή σταμάτησε	**La pluie s'est arrêtée**
i vroHi stamatissé	λαπλΟΥι σεταΡετε
Η ζέστη είναι ανυπόφορη	**La chaleur est insupportable**
i zesti iné anipofori	λα ΣαλΕΡ ετΈσΟΥποΡταμπλ
Η οδική κατάσταση	**L'état des routes**
i odhiki katastassi	λεταντεΡουτ
Ήλιος	**Soleil**
ilios	σολεγ(ι)
Θα βρέξει	**Il va pleuvoir**
tha vrexi	ιλ βα πλΕβουαΡ
Θα έχουμε θύελλα	**On va avoir une tempête**
tha éHoume thiéla	Ό βα αβουαΡ ΟΥν τΆπετ
Θα έχουμε καταιγίδα	**Il va faire de l'orage**
tha éHoume katéyidha	ιλ βα φεΡ ντΕ λοΡαΖ
Θα κάνει πολλή παγωνιά το βράδυ	**Il va geler très fort pendant la nuit**
tha kani poli paghonia to vradhi	ιλ βα ΖΕλε τΡε φοΡ πΆντΆ λα νΟΥι
Θα κάνει ωραίο καιρό αλλά κρύο	**Il va faire beau mais froid**
tha kani oréo kéro ala krio	ιλ βα φεΡ μπο ε φΡουα
Θα κάνει ωραίο καιρό και ζέστη	**Il va faire beau et chaud**
tha kani oréo kéro ké zesti	ιλ βα φεΡ μπο εΣο
Θα συνεχιστεί η καλοκαιρία (η κακοκαιρία) ;	**Le beau temps (le mauvais temps) va continuer ?**
tha sinéHisti i kalokéria (i kakokéria)	λΕ μπο τΆ (λΕ μοβε τΆ) βα κΌτινΟΥε
Θα χιονίσει	**Il va neiger**

tha Hionissi	ιλ βα νεΖε
Θερμοκρασία	**Température**
thermokrassia	τΆπεΡατΟΥΡ
Θύελλα	**Tempête**
thiéla	τΆπετ
Κάνει (πολλή) ζέστη	**Il fait (très) chaud**
kani (poli) zesti	ιλ φε (τΡε) Σο
Κάνει θαυμάσιο (καλό, κακό) καιρό	**Il fait très beau (beau, mauvais)**
kani thavmassio (kalo, kako) kéro	ιλ φε τΡε μπο (μπο, μοβε)
Κάνει (πολύ) κρύο	**Il fait (très) froid**
kani (poli) krio	ιλ φε (τΡε) φΡουα
Κάνει ψύχρα (παγωνιά)	**Il fait frais (Il gèle)**
kani psiHra (paghonia)	ιλ φε φΡε (ιλ Ζελ)
Καύσωνας	**Canicule**
kafsonas	κανικΟΥλ
Κεραυνός	**Foudre**
kéravnos	φουντΡ
Κλίμα	**Climat**
klima	κλιμα
Λέτε να βρέξει (να χιονίσει) ;	**Vous croyez qu'il va pleuvoir (neiger) ?**
lété na vrexi (na Hionissi)	βου κΡουαγιε κιλ βα πλΕβουαΡ (νεΖε)
Μπόρα	**Orage**
bora	οΡαΖ
Νιφάδες χιονιού	**Flocons de neige**
nifadhès Hioniou	φλοκΌ ντΕ νεΖ
Ομίχλη	**Brouillard**
omiHli	μπΡουγιαΡ
Ομπρέλα	**Parapluie**
ommbréla	παΡαπλΟΥι
Πάγος	**Verglas**

paghos

Πάει για μπόρα
paï ya bora

Il va faire de l'orage
ιλ βα φεΡ ντE λοPαZ

Παγωμένος
paghoménos

Gelé
ZEλε

Παγωνιά
paghonia

Gelée
ZEλε

Πέφτει η ένταση του ανέμου
pefti i enndassi tou anémou

Le vent diminue
λEβΆ ντιμινΟΥ

Πέφτει χαλάζι
pefti Halazi

Il tombe de la grêle
ιλ τΌμπ ντE λα γκPελ

Πίεση του αέρα
piessi tou aéra

La pression de l'air
λα πPεσιΌ ντE λεP

Ποια είναι η θερμοκρασία σήμερα ;
pia iné i thermokrassia siméra

Quelle est la température aujourd'hui ?
κελελα τΆπεPατΟΥP οZουPντΟΥί

Ρεύμα αέρα
revma aéra

Courant d'air
κουPΆ ντεP

Σεισμός
sizmos

Tremblement de terre
τPΆμπλEμΆ ντE τεP

Σκοτεινός
skotinos

Sombre
σΌμπP

Συννεφιά
sinnéfia

Temps nuageux
τΆ νΟΥαZE

Τι καιρό θα κάνει ;
ti kéro tha kani

Quel temps va-t-il faire ?
κελ τΆ βα τιλ φεP

Τι καιρό κάνει ;
ti kéro kani

Quel temps fait-il ?
κελ τΆ φε τιλ

Τι προβλέπει η μετεωρολογική υπηρεσία
ti provlépi i météoroloyiki ipiressia

Que prévoit le service météorologique
κE πPεβουα λE σεPβις μετεοPολοZικ

Το βαρόμετρο ανεβαίνει (κατεβαίνει)

Le baromètre monte (descend)

to varométro anévéni (katé-véni) — λΕ μπαΡομετΡ μΌτ (ντεσΆ)

Τροπικός
tropikos
Tropical
τΡοπικαλ

Τυφώνας
tifonas
Ouragan
ουΡαγκΆ

Υγρασία
ighrassia
Humidité
ΟΥμιντιτε

Υγρός
ighros
Humide
ΟΥμιντ

Φυσάει
fissaï
Le vent souffle
λΕ βΆ σουφλ

Φωτεινός
fotinos
Clair
κλεΡ

Χαλάζι
Halazi
Grêle
γκΡελ

Χιόνι
Hioni
Neige
νεΖ

Χιονίζει
Hionizi
Il neige
ιλ νεΖ

Χιονοθύελλα
Hionothiéla
Tempête de neige
τΆπετ ντΕ νεΖ

Χιονόπτωση
Hionoptossi
Chute de neige
ΣΟΥτ ντΕ νεΖ

Χωρίς σύννεφα
Horis sinéfa
Sans nuages
σΆ νΟΥαΖ

10. Ο ΧΡΟΝΟΣ, ΟΙ ΕΠΟΧΕΣ, ΟΙ ΜΕΡΕΣ, ΟΙ ΜΗΝΕΣ
o Hronos, i époHès, i mérès, i minès

10. LE TEMPS, LES SAISONS, LES JOURS, LES MOIS
λΕ τΆ, λε σεζΌ, λε ΖουΡ, λε μουα

Αιώνας éonas	**Siècle** σιεκλ
Αιωνιότητα éoniotita	**Eternité** ετεΡνιτε
Άλλοτε aloté	**Autrefois** οτΡΕφουα
Άμεσος amessos	**Immédiat** ιμεντια
Αμέσως amessos	**Tout de suite** τουντ σΟΥιτ
Άνοιξη anixi	**Printemps** πΡΈτΆ
Από apo	**Depuis** ντΕπΟΥι
Απόγευμα apoyevma	**Après-midi** απΡεμιντι
Από καιρό σε καιρό apo kéro sé kéro	**De temps en temps** ντΕ τΆ ζΆ τΆ
Από τις επτά και πέρα apo tis epta ké péra	**A partir de sept heures** α παΡτιΡ ντΕ σε τΕΡ
Από τις τέσσερις μέχρι τις έξι apo tis tesséris méHri tis exi	**De quatre heures à six heures** ντΕ κατΡ ΕΡ α σι ζΕΡ
Απρίλιος aprilios	**Avril** αβΡιλ
Αργά argha	**Tard** ταΡ
Αργία aryia	**Congé** κΌΖε
Αρχή arHi	**Début** ντεμπΟΥ
Αργότερα arghotera	**Plus tard**

arghotéra

Αύγουστος | **Août**
avghoustos | ουτ

Αύριο (το πρωί, το από- | **Demain (matin, après-midi,**
γευμα, το βράδυ) | **soir)**
avrio (to proï, to apoyevma, to | ντΕμΈ (ματΈ, απΡεμιντι,
vradhi) | σουαΡ)

Αυτές τις μέρες | **Ces jours-ci**
aftès tis mérès | σε ΖουΡσι

Βραδιά | **Soirée**
vradhia | σουαΡε

Βράδυ | **Soir**
vradhi | σουαΡ

Γρήγορα | **Vite**
ghrighora | βιτ

Δεκαπενθήμερο | **Quinzaine**
dhékapennthiméro | κΈζεν

Δεκέμβρης | **Décembre**
dhékemmvris | ντεσΆμπΡ

Δευτέρα | **Lundi**
dheftéra | λΈντι

Δευτερόλεπτο | **Seconde**
dheftérolepto | σΕγκΌντ

Διακοπή | **Repos**
dhiakopi | ΡΕπο

Δίσεκτο έτος | **Année bissextile**
dhissekto étos | ανε μπισεξτιλ

Εβδομάδα | **Semaine**
évdhomadha | σΕμεν

Εγκαίρως | **A temps**
ennguéros | ατΆ

Εδώ και | **Depuis**
édho ké | ντΕπΟΥι

Είκοσι τέσσερις ώρες το ει- | **Vingt-quatre heures sur**
κοσιτετράωρο | **vingt-quatre**

ikossi tesséris orès to ikossi-
tétraoro

Εικοστός αιώνας
ikostos éonas

Vingtième siècle
βΈτιεμ σιεκλ

Είναι ακριβώς τρεις η ώρα
iné akrivos tris i ora

Il est trois heures précises
ιλε τρουαζΕΡ πΡεσιζ

Είναι τρεις και πέντε
iné tris ké penndé

Il est trois heures cinq
ιλε τρουαζΕΡ σΈκ

**Είναι τρεις και δέκα (και τέ-
ταρτο, και είκοσι, και είκοσι
πέντε, και μισή)**
iné tris ké dhéka (ké tétarto,
ké ikossi, ké ikossi penndé, ké
missi)

**Il est trois heures dix (et
quart, vingt, vint-cinq, et
demie)**
ιλε τρουαζΕΡ ντις (ε καΡ, βΈ,
βΈν σΈκ, εντμι)

**Είναι τέσσερις παρά είκοσι
πέντε (παρά είκοσι, παρά τέ-
ταρτο, παρά δέκα, παρά πέ-
ντε)**
iné tesséris para ikossi penndé
(para ikossi, para tétarto, para
dhéka, para penndé)

**Il est quatre heures moins
vingt-cinq (moins vingt,
moins le quart, moins dix,
moins cinq)**
ιλε κατΡΕΡ μουΈ βΈνσΈκ
(μουΈ βΈ, μουΈ λΕ καΡ,
μουΈ ντις, μουΈ σΈκ)

Είναι νωρίς (αργά)
iné noris (argha)

Il est tôt (tard)
ιλε το (ταΡ)

Είναι δώδεκα το μεσημέρι
iné dhodhéka to messiméri

Il est midi
ιλε μιντι

Είναι μεσάνυχτα
iné messaniHta

Il est minuit
ιλε μινΟΥι

Είναι δύο τη νύχτα
iné dhio ti niHta

Il est deux heures du matin
ιλε ντΕζΕΡ ντΟΥματΈ

Είναι 4 Μαΐου
iné (tesséris) maïou

C'est le 4 mai
σελΕκατΡ με

Εκκρεμές
ékrémès

Pendule
πΆντΟΥλ

Εξάμηνο
eksamino

Semestre
σΕμεστΡ

Εποχή époHi	**Saison** σεζΌ
Εργάσιμη μέρα erghassimi méra	**Jour ouvrable** ΖουΡ ουβΡαμπλ
Έτος étos	**Année** ανε
Έχετε σωστή ώρα, παρακαλώ ; éHété sosti ora, parakalo	**Vous avez l'heure exacte, s'il vous plaît ?** βου ζαβε λΕΡ εγκζακτ σιλ βου πλε
Ηλικία ilikia	**Age** αΖ
Ημερολόγιο iméroloyio	**Calendrier** καλΆντΡιε
Ημερομηνία imérominia	**Date** ντατ
Ημέρα iméra	**Jour, journée** ΖουΡ, ΖουΡνε
Ημέρα αδείας iméra adhias	**Jour de congé** ΖουΡ ντΕ κΌΖε
Θα φτάσουμε σε δυο ώρες tha ftassoumé sé dhio orès	**Nous arriverons dans deux heures** νου ζαΡιβΡΌ ντΆ ντε ζΕΡ
Ιανουάριος ianouarios	**Janvier** ΖΆβιε
Ιούλιος ioulios	**Juillet** ΖΟΥιγιε
Ιούνιος iounios	**Juin** ΖΟΥΈ
Κάθε μέρα (πρωί) kathé méra (proï)	**Tous les jours (matins)** τουλεΖουΡ (ματΈ)
Κάθε ώρα kathé ora	**Toutes les heures** τουτ λεζΕΡ
Καθυστέρηση kathistérissi	**Retard** ΡΕταΡ

Καλοκαίρι
kalokéri

Été
ετε

Καμιά φορά
kamia fora

De temps en temps
ντΕτΆζΆτΆ

Κάμποσες φορές
kammbossès forès

Plusieurs fois
πλΟΥζιΕΡ φουα

Κατά τη διάρκεια της βρα-διάς (του έτους, της ημέρας)
kata ti dhiarkia tis vradias (tou étous, tis iméras)

Pendant la soirée (l'année, la journée)
πΆντΆ λα σουαΡε (λανε, λα ΖουΡνε)

Κατά τις τρεις
kata tis tris

Vers trois heures
βεΡ τΡουα ζΕΡ

Κυριακή
kiriaki

Dimanche
ντιμΆΣ

Λεπτό
lepto

Minute
μινΟΥτ

Λεπτοδείκτης
leptodhiktis

Aiguille des minutes
εγκΟΥιγ(ι) ντε μινΟΥτ

Λίγο μετά τις εννέα
ligho méta tis ennéa

Un peu après neuf heures
ΈπΕ απΡε νΕβΕΡ

Μάιος
maïos

Mai
με

Μάρτιος
martios

Mars
μαΡς

Μεθαύριο
méthavrio

Après-demain
απΡε ντΕμΈ

Μέλλον
mélonn

Avenir
αβνιΡ

Μελλοντικός
mélonndikos

Futur
φΟΥτΟΥΡ

Μέρα παρά μέρα
méra para méra

Un jour sur deux
ΈΖουΡ σΟΥΡ ντΕ

Μεσάνυχτα
messaniΗta

Minuit
μινΟΥι

Μέσα σε μια εβδομάδα

En une semaine

messa sé mia evdhomadha	ΆνΟΥν σΕμεν
Μεσημέρι	**Début d´après-midi**
messiméri	ντεμπΟΥ νταπΡε μιντι
Μετά	**Après**
méta	απΡε
Μεταξύ πέντε και έξι η ώρα	**Entre cinq heures et six heures**
métaxi penndé ké exi i ora	ΆτΡ σΈκΕΡ ε σι ζΕΡ
Μέχρι τις 15 Δεκεμβρίου	**Jusqu'au 15 décembre**
méHri tis dhéka penndé dhékemmvriou	ΖΟΥσκο κΈζ ντεσΆμπΡ
Μέχρι τον Ιούνιο	**Jusqu'au mois de juin**
méHri tonn iounio	ΖΟΥσκο μουα ντΕ ΖΟΥΈ
Μήνας	**Mois**
minas	μουα
Μισή ώρα	**Une demi-heure**
missi ora	ΟΥν ντΕμι ΕΡ
Νοέμβρης	**Novembre**
noemmvris	νοβΆμπΡ
Νύχτα	**Nuit**
niHta	νΟΥι
Νωρίς	**Tôt**
noris	το
Οκτώβρης	**Octobre**
oktovris	οκτομπΡ
Όλη την ημέρα (την εβδομάδα)	**Toute la journée (la semaine)**
oli tinn iméra (tinn évdhomadha)	τουτ λα ΖουΡνε (λα σΕμεν)
Όλο το μήνα	**Tout le mois**
olo to mina	τουτ λΕ μουα
Ολόκληρη ώρα	**Une heure entière**
olokliri ora	ΟΥνΕΡ ΆτιεΡ
Όταν	**Quand**
otann	κΆ
Πάντα	**Toujours**
pannda	τουΖουΡ

Παραμονή	**La veille**
paramoni	λαβεγ(ι)
Παρασκευή	**Vendredi**
paraskévi	βΆντΡΕντι
Παρελθόν	**Passé**
parelthonn	πασε
Παρόν	**Présent**
paronn	πΡεζΆ
Πέμπτη	**Jeudi**
pemmpti	ΖΕντι
Περασμένος	**Passé**
pérazménos	πασε
Περιμένω	**Attendre**
périméno	ατΆντΡ
Πέρσι	**L'année dernière**
persi	λανε ντεΡνιεΡ
Πιο νωρίς	**Plus tôt**
pio noris	πλΟΥτο
Πολλή ώρα	**Longtemps**
poli ora	λΟτΆ
Πολύς καιρός	**Longtemps**
polis kéros	λΟτΆ
Πόσο θα διαρκέσει ;	**Combien de temps cela va-t-il durer ?**
posso tha dhiarkessi	κΌμπιΈ ντΕ τΆ σΕλα βατιλ ντΟΥΡε
Πόσον καιρό ;	**Combien de temps ?**
posson kéro	κΌμπιΈ ντΕ τΆ
Πότε;	**Quand ?**
poté	κΆ
Ποτέ	**Jamais**
poté	Ζαμε
Πότε-πότε	**De temps en temps**
poté poté	ντΕτΆζΆτΆ
Πότε συνέβη ;	**Quand cela s'est-il passé ?**

poté sinévi | κΆ σΕλα σετιλ πασε
Πριν | **Avant**
prinn | αβΆ
Πριν από δύο μέρες (μία ε-βδομάδα) | **Il y a deux jours (une semaine)**
prinn apo dhio mérès (mia évdhomadha) | ιλια ντΕ ZουP (ΟΥν σΕμεν)
Πριν λίγο | **Il y a peu de temps**
prinn ligho | ιλια πΕ ντΕ τΆ
Προθεσμία | **Délai**
prothesmia | ντελε
Προσωρινά | **Provisoirement**
prossorina | πΡοβιζουαΡμΆ
Προχθές | **Avant-hier**
proHthès | αβΆτιεΡ
Πρωί | **Matin**
proï | ματΈ
Πρωινός | **Matinal**
proïnos | ματιναλ
Ρολόι | **Montre**
roloï | μΌτΡ
Σάββατο | **Samedi**
savato | σαμντι
Σε μισή ώρα (μια εβδομάδα, ένα χρόνο) | **En une demi-heure (une semaine, un an)**
sé missi ora (mia évdhomadha, éna Hrono) | ΆνΟΥν ντΕμι ΕΡ (ΟΥν σΕμεν, ΈνΆ)
Σεπτέμβρης | **Septembre**
septemmvris | σεπτΆμπP
Σήμερα (το πρωί, το μεσημέρι, το απόγευμα, το βράδυ) | **Aujourd'hui (Ce matin, cet après-midi, en début d'après-midi, ce soir)**
siméra (to proï to messiméri, to apoyévma, to vradhi) | οZουPντΟΥι (σΕ ματΈ, Ά ντεμπΟΥ νταπPεμιντι, σετ απPε μιντι, σΕ σουαP)

Σήμερα είναι (τέσσερις Ιουλίου, Τρίτη)
siméra iné (tesséris iouliou, triti)

Aujourd'hui (nous sommes le 4 juillet, c'est mardi)
oΖουΡντΟΥι (νουσομ λΕ κατΡ ΖΟΥιγιε, σεμαΡντι)

Στιγμή
stighmi

Instant
ΈστΆ

Στις δέκα Ιουλίου 1981
stis dhéka iouliou Hilia éniakossia oghdhonnda éna

Le 10 juillet 1981
λΕ ντιΖΟΥιγιε μιλ νΕφ σΆ κατΡΕβΈ Έ

Στις δέκα η ώρα
stis dhéka i ora

A dix heures
αντιΖΕΡ

Συχνά
siHna

Souvent
σουβΆ

Τελευταία
téleftéa

Dernièrement
ντεΡνιεΡμΆ

Τελευταίος
téleftéos

Dernier
ντεΡνιε

Τέλος
télos

Fin
φΈ

Τετάρτη
tétarti

Mercredi
μεΡκΡΕντι

Τέταρτο
tétarto

Un quart d'heure
ΈκαΡ ντΕΡ

Την επόμενη Τρίτη
tinn époméni triti

Mardi prochain
μαΡντι πΡοΣΕ

Την ερχόμενη εβδομάδα
tinn erHoméni évdhomadha

La semaine prochaine
λα σΕμεν πΡοΣεν

Την ημέρα
tinn iméra

La journée
λα ΖουΡνε

Την ημέρα της απελευθέρωσης
tinn iméra tis apélefthérossis

Le jour de la libération
λΕΖουΡ ντΕ λα λιμπεΡασιΌ

Την μεθεπόμενη
tinn méthépoméni

Le surlendemain
λΕ σΟΥΡλΆντμΈ

Την παραμονή

La veille

tinn paramoni	λαβεγ(ι)
Την περασμένη εβδομάδα	**La semaine dernière**
tinn pérazméni évdhomadha	λα σΕμεν ντεΡνιεΡ
Την περασμένη Τρίτη	**Mardi dernier**
tinn pérazméni triti	μαΡντι ντεΡνιε
Την προπαραμονή	**L'avant-veille**
tinn proparamoni	λαβΆβεγ(ι)
Την Πρωτομαγιά	**Le 1er mai**
tinn protomaya	λΕ πΡεμιε με
Την Τρίτη	**Mardi**
tinn triti	μαΡντι
Τι μέρα είναι σήμερα ;	**Quel jour sommes-nous aujourd'hui ?**
ti méra iné siméra	κελ ΖουΡ σομ νου οΖουΡντΟΥι
Τι ημερομηνία είναι σήμερα ;	**On est le combien aujourd'hui ?**
ti imérominia iné siméra	Ό νε λΕ κΌμπιΈ οΖουΡντΟΥι
Τι ώρα είναι ;	**Quelle heure est-il ?**
ti ora iné	κελ ΕΡ ε τιλ
Το 1994	**En 1994**
to Hilia éniakossia énéninnda tesséra	Ά μιλ νΕφ σΆ κατΡΕβΈ κατοΡΖ
Το αυτοκίνητο ξεκινάει σε μισή ώρα	**La voiture part dans une demi-heure**
to aftokinito xékinaï sé missi ora	λα βουατΟΥΡ παΡ ντΆζΟΥν ντΕμι ΕΡ
Τον Απρίλη	**En avril (au mois d'avril)**
tonn aprili	Ά ναβΡιλ (ομουα νταβΡιλ)
Το ρολόι μου πάει καλά (μπροστά, πίσω)	**Ma montre marche bien (avance, retarde)**
to roloï mou paï kala (brosta, pisso)	μα μΌτΡ μαΡΣ μπιΈ (αβΆς, ΡΕταΡντ)
Το ρολόι μου σταμάτησε	**Ma montre est arrêtée**
to roloï mou stamatissé	μα μΌτΡ εταΡετε
Τότε	**Alors**

toté
αλοP

Του χρόνου
L'année prochaine
tou Hronou
λανε πΡοΣεν

Τρίμηνο
Trimestre
trimino
τΡιμεστΡ

Τρίτη
Mardi
triti
μαΡντι

Τώρα
Maintenant
tora
μ'ΕτνΆ

Φεβρουάριος
Février
févrouarios
φεβΡιε

Φέτος
Cette année
fétos
σετανε

Φθινόπωρο
Automne
fthinoporo
οτον

Χειμώνας
Hiver
Himonas
ιβεΡ

Χθες
Hier
Hthès
ιεΡ

Χρονιά
Année
Hronia
ανε

Χρονόμετρο
Chronomètre
Hronométro
κΡονομετΡ

Χρόνος
An
Hronos
Ά

Ώρα
Heure
ora
ΕΡ

Ωροδείκτης
Aiguille des heures
orodhiktis
εγκΟΥιγ(ι) ντεζΕΡ

11. ΟΙ ΑΡΙΘΜΟΙ	11. LES NOMBRES
i arithmi	λε vΟμπΡ

0. Μηδέν
midhenn

Zéro
ζεΡο

1. Ένα, μία (Πρώτος)
éna, mia (protos)

Un, une (Premier, première)
Έ, ΟΥν (πΡΕμιε, πΡΕμιεΡ)

2. Δύο (Δεύτερος)
dhio (dheftéros)

Deux (Deuxième)
ντΕ (ντΕζιεμ)

3. Τρία (Τρίτος)
tria (tritos)

Trois (Troisième)
τΡουα (τΡουαζιεμ)

4. Τέσσερα (Τέταρτος)
tesséra (tétartos)

Quatre (Quatrième)
κατΡ (κατΡιεμ)

5. Πέντε (Πέμπτος)
penndé (pemmptos)

Cinq (Cinquième)
σΈκ (σΈκιεμ)

6. Έξι (Έκτος)
exi (ektos)

Six (Sixième)
σις (σιζιεμ)

7. Επτά (Έβδομος)
epta (evdhomos

Sept (Septième)
σετ (σετιεμ)

8. Οκτώ (Όγδοος)
okto (oghdhoos)

Huit (Huitième)
ΟΥιτ (ΟΥιτιεμ)

9. Εννέα (Ένατος)
ennéa (énatos)

Neuf (Neuvième)
vΕφ (vΕβιεμ)

10. Δέκα (Δέκατος)
dhéka (dhékatos)

Dix (Dixième)
ντις (ντιζιεμ)

11. Έντεκα (Ενδέκατος)
enndéka (enndhékatos)

Onze (Onzième)
Όζ (Όζιεμ)

12. Δώδεκα (Δωδέκατος)
dhodhéka (dhodhékatos)

Douze (Douzième)
ντουζ (ντουζιεμ)

13. Δεκατρία (Δέκατος τρίτος)
dhékatria (dhékatos tritos)

Treize (Treizième)
τΡεζ (τΡεζιεμ)

14. Δεκατέσσερα (Δέκατος τέταρτος)
dhékatesséra (dhékatos

Quatorze (Quatorzième)
κατοΡζ (κατοΡζιεμ)

tétartos)

15. **Δεκαπέντε** (**Δέκατος** **Quinze** (**Quinzième**)
πέμπτος)
dhékapenndé (dhékatos κ΄Εζ (κ΄Εζιεμ)
pemmptos)

16. **Δεκαέξι** (**Δέκατος έκτος**) **Seize** (**Seizième**)
dhéka exi (dhékatos ektos) σεζ (σεζιεμ)

17. **Δεκαεπτά** (**Δέκατος** **Dix-sept** (**Dix-septième**)
έβδομος)
dhékaepta (dhékatos ντις σετ (ντις σετιεμ)
evdhomos)

18. **Δεκαοκτώ** (**Δέκατος** **Dix-huit** (**Dix-huitième**)
όγδοος)
dhékaokto (dhékatos ντιζ ΟΥιτ (ντιζ ΟΥιτιεμ)
oghdhoos)

19. **Δεκαεννέα** (**Δέκατος** **Dix-neuf** (**Dix-neuvième**)
ένατος)
dhékaennéa (dhékatos énatos) ντιζ νΕφ (ντιζ νΕβιεμ)

20. **Είκοσι** (**Εικοστός**) **Vingt** (**Vingtième**)
ikossi (ikostos) β΄Ε (β΄Ετιεμ)

21. **Είκοσι ένα** (**Εικοστός** **Vingt et un** (**Vingt et**
πρώτος) **unième**)
ikossi éna (ikostos protos) β΄Ετε΄Ε (β΄ΕτεΟΥνιεμ)

22. **Είκοσι δύο** (**Εικοστός** **Vingt-deux** (**Vingt-deuxième**)
δεύτερος)
ikossi dhio (ikostos dheftéros) β΄Εν ντΕ (β΄Εν ντΕζιεμ)

23. **Είκοσι τρία** (**Εικοστός** **Vingt-trois** (**Vingt-troisième**)
τρίτος)
ikossi tria (ikostos tritos) β΄Εν τΡουα (β΄Εν τΡουαζιεμ)

30. **Τριάντα** (**Τριακοστός**) **Trente** (**Trentième**)
triannda (triakostos) τΡΆτ (τΡΆτιεμ)

31. **Τριάντα ένα** (**Τριακο-** **Trente et un** (**Trente et**
στός πρώτος) **unième**)
triannda éna (triakostos τΡΆτε΄Ε (τΡΆτεΟΥνιεμ)

protos)

40. Σαράντα (Τεσσαρα-   **Quarante (Quarantième)**
κοστός)
sarannda (tessarakostos)   καΡΆτ (καΡΆτιεμ)

41. Σαράντα ένα (Τεσσαρα-   **Quarante et un (Quarante et**
κοστός πρώτος)   **unième)**
sarannda éna (tessarakostos   καΡΆτεΈ (καΡΆτεΟΥνιεμ)
protos)

50. Πενήντα (Πεντηκοστός)   **Cinquante (Cinquantième)**
peninnda (Penndikostos)   σΈκΆτ (σΈκΆτιεμ)

51. Πενήντα ένα (Πεντη-   **Cinquante et un (Cinquante**
κοστός) πρώτος)   **et unième)**
peninnda éna (penndikostos   σΈκΆτεΈ (σΈκΆτεΟΥνιεμ)
protos)

60. Εξήντα (Εξηκοστός)   **Soixante (Soixantième)**
eksinnda (eksikostos)   σουασΆτ (σουασΆτιεμ)

61. Εξήντα ένα (Εξηκοστός   **Soixante et un (Soixante et**
πρώτος)   **unième)**
eksinnda éna (eksikostos   σουασΆτεΈ (σουασΆτ ε
protos)   ΟΥνιεμ)

70. Εβδομήντα (Εβδομη-   **Soixante-dix (Soixante-**
κοστός)   **dixième)**
evdhominnda (evdhomi-   σουασΆτ ντις (σουασΆτ ντι-
kostos)   ζιεμ)

71. Εβδομήντα ένα   **Soixante et onze (Soixante et**
(Εβδομηκοστός πρώτος)   **onzième)**
evdhominnda éna   σουασΆτεΌζ (σουασΆτ
(evdhomikostos protos)   εΌζιεμ)

80. Ογδόντα (Ογδον-   **Quatre-vingts (Quatre-**
κοστός)   **vingtième)**
oghdhonnda (oghdhoikostos)   κατΡΕβΈ (κατΡΕβΈτιεμ)

81. Ογδόντα ένα (Ογδον-   **Quatre-vingt-un (Quatre-**
κοστός πρώτος)   **vingt-unième)**
oghdhonnda éna (oghdhoi-   κατΡΕβΈ Έ (κατΡΕβΈ

kostos protos) ΟΥνιεμ)

90. Ενενήντα (Ενενηκο- **Quatre-vingt-dix (Quatre-**
στός) **vingt-dixième)**
énéninnda (énénikostos) κατΡΕβΈ ντις (κατΡΕβΈ ντι-
ζιεμ)

91. Ενενήντα ένα (Ενενη- **Quatre-vingt-onze (Quatre-**
κοστός πρώτος) **vingt onzième)**
énéninnda éna (énénikostos κατΡΕβΈ Όζ (κατΡΕβΈ
protos) Όζιεμ)

100. Εκατό (Εκατοστός) **Cent (Centième)**
ékato (ékatostos) σΆ (σΆτιεμ)

101. Εκατόν ένα (Εκατο- **Cent un (Cent unième)**
στός πρώτος)
ékatonn éna (ékatostos σΆ Έ (σΆ ΟΥνιεμ)
protos)

110. Εκατόν δέκα (Εκα- **Cent dix (Cent dixième)**
τοστός δέκατος)
ékatonn dhéka (ékatostos σΆ ντις (σΆ ντιζιεμ)
dhékatos)

120. Εκατόν είκοσι (Εκατο- **Cent vingt (Cent vingtième)**
στός εικοστός)
ékatonn ikossi (ékatostos σΆ βΈ (σΆ βΈτιεμ)
ikostos)

125. Εκατόν είκοσι πέντε **Cent vingt-cinq (Cent**
(Εκατοστός εικοστός πέμπτος) **vingt-cinquième)**
ékatonn ikossi penndé σΆ βΈνσΈκ (σΆ βΈν σΈκιεμ)
(ékatostos ikostos pemmptos)

200. Διακόσια (Διακοσιοστός) **Deux cents (Deux centième)**
dhiakossia (dhiakossiostos) ντΕ σΆ (ντΕ σΆτιεμ)

300. Τριακόσια (Τριακο- **Trois cents (Trois centième)**
σιοστός)
triakossia (triakossiostos) τΡουα σΆ (τΡουα σΆτιεμ)

400. Τετρακόσια (Τετρακο- **Quatre cents (Quatre**
σιοστός) **centième)**

tétrakossia (tétrakossiostos)	κατΡ σΆ (κατΡ σΆτιεμ)
500. Πεντακόσια (Πεντακοσιοστός)	**Cinq cents (Cinq centième)**
penndakossia (penndakossiostos)	σΈσΆ (σΈσΆτιεμ)
600. Εξακόσια (Εξακοσιοστός)	**Six cents (Six centième)**
eksakossia (eksakossiostos)	σισΆ (σισΆτιεμ)
700. Επτακόσια (Επτακοσιοστός)	**Sept cents (Sept centième)**
eptakossia (eptakossiostos)	σετ σΆ (σετ σΆτιεμ)
800. Οκτακόσια (Οκτακοσιοστός)	**Huit cents (Huit centième)**
oHtakossia (oHtakossiostos)	ΟΥισΆ (ΟΥισΆτιεμ)
900. Εννιακόσια (Εννιακοσιοστός)	**Neuf cents (Neuf centième)**
éniakossia (éniakossiostos)	νΕφ σΆ (νΕφ σΆτιεμ)
1000. Χίλια (Χιλιοστός)	**Mille (Millième)**
Hilia (Hiliostos)	μιλ (μιλιεμ)
1001. Χίλια ένα (Χιλιοστός πρώτος)	**Mille un (Mille et unième)**
Hilia éna (Hiliostos protos)	μιλ Έ (μιλ ε ΟΥνιεμ)
2.000. Δύο χιλιάδες	**Deux mille**
dhio Hiliadhès	ντΕ μιλ
10.000. Δέκα χιλιάδες	**Dix mille**
dhéka Hiliadhès	ντι μιλ
1.000.000. Ένα εκατομμύριο (Εκατομμυριοστός)	**Un million (Millionnième)**
éna ékatomirio (ékatomiriostos)	Έ μιλίΟ (μιλιονιεμ)
1.000.000.000. Ένα δισεκατομμύριο	**Un milliard**
éna dhissékatomirio	Έ μιλιαΡ
Δύο τρίτα (2/3)	**Deux tiers**
dhio trita	ντΕ τιεΡ

Δύο (τρεις) φορές	**Deux (trois) fois**
dhio (tris) forès	ντΕ (τΡουα) φουα
Ένα δεύτερο (1/2)	**Un demi**
éna dheftéro	Έ ντΕμι
Ένα τρίτο (1/3)	**Un tiers**
éna trito	Έ τιεΡ
Ένα τέταρτο (1/4)	**Un quart**
éna tétarto	Έ καΡ
Ένα πέμπτο (1/5)	**Un cinquième**
éna pemmpto	Έ σΈκιεμ
Ένα έκτο (1/6)	**Un sixième**
éna ekto	Έ σιζιεμ
Ένα έβδομο (1/7)	**Un septième**
éna evdhomo	Έ σετιεμ
Ένα δέκατο (1/10)	**Un dixième**
éna dhékato	Έ ντιζιεμ
Ένα εκατοστό (1/100)	**Un centième**
éna ékatosto	Έ σΆτιεμ
Ένα χιλιοστό (1/1000)	**Un millième**
éna Hiliosto	Έ μιλιεμ
Ένα (τέσσερα) τοις εκατό	**Un (quatre) pour cent**
(1%, 4 %)	
éna (tesséra) tis ékato	Έ (κατΡ) πουΡ σΆ
Κλάσμα	**Fraction**
klazma	φΡακσιΌ
Μετράω	**Compter**
métrao	κΌτε
Μία δεκαριά (δωδεκάδα,	**Une dizaine (douzaine,**
εικοσαριά, τριανταριά,	**vingtaine, trentaine, centaine)**
εκατοστή)	
mia dhékaria (dhodhékadha,	ΟΥν ντιζεν (ντουζεν, βΈτεν,
ikossaria, trianndaria, ékatosti)	τΡΆτεν, σΆτεν)
Μισή δωδεκάδα	**Une demi-douzaine**
missi dhodhékadha	ΟΥν ντΕμι ντουζεν

Ο διπλός o dhiplos	**Le double** λΕ ντουμπλ
Ο τριπλός o triplos	**Le triple** λΕ τΡιπλ
Πόσα ; possa	**Combien ?** κΌμπιΕ
Το μισό to misso	**La moitié** λα μουατιε
Το σύνολο to sinolo	**Le tout** λΕ του
Τέσσερα πέμπτα (4/5) tesséra pemmpta	**Quatre cinquièmes** κατΡ σΈκιεμ
Τρία τέταρτα (3/4) tria tétarta	**Trois quarts** τΡουα καΡ

12. ΜΟΝΑΔΕΣ ΜΕΤΡΗΣΗΣ	**12. UNITÉS DE MESURE**
monadhès métrissis	ΟΥνιτε ντΕ μΕζΟΥΡ

Ακτίνα	**Rayon**
aktina	ΡεγιΟ
Βαθμός	**Degré**
vathmos	ντΕγκΡε
Βατ	**Watt**
vat	βατ
Βολτ	**Volt**
volt	βολτ
Γραμμάριο	**Gramme**
ghramario	γκΡαμ
Δεκάλιτρο	**Décalitre**
dhékalitro	ντεκαλιτΡ
Δεκατόμετρο	**Décimètre**
dhékatométro	ντεσιμετΡ
Δευτερόλεπτο	**Seconde**
dheftérolepto	σΕγκΟντ
Διάμετρος	**Diamètre**
dhiamétros	ντιαμετΡ
Εκατοστό	**Centimètre**
ékatosto	σΆτιμετΡ
Εκατοστόλιτρο	**Centilitre**
ékatostolitro	σΆτιλιτΡ
Εκατό κιλά	**Quintal**
ékato kila	κΈταλ
Ένα τέταρτο του κιλού	**Une demi-livre**
éna tétarto tou kilou	ΟΥν ντΕμι λιβΡ
Ένα τέταρτο του λίτρου	**Un quart de litre**
éna tétarto tou litrou	Έ καΡ ντΕ λιτΡ
Ίντσα	**Inch**
inntsa	ινς
Κιλό	**Kilo**
kilo	κιλο
Κυβικό εκατοστό	**Centimètre cube**

kiviko ékatosto	σΆτιμετΡ κΟΥμπ
Κυβικό μέτρο	**Mètre cube**
kiviko métro	μετΡ κΟΥμπ
Λεπτό	**Minute**
lepto	μινΟΥτ
Λίτρο	**Litre**
litro	λιτΡ
Μίλι	**Mille**
mili	μιλ
Μισό κιλό	**Une livre**
misso kilo	ΟΥν λιβΡ
Μισό λίτρο	**Un demi-litre**
misso litro	Έ ντΕμι λιτΡ
Μοίρα	**Un degré**
mira	Έ ντΕγκΡε
Ορθή γωνία	**Un angle droit**
orthi ghonia	ΈνΆγκλ ντΡουα
Περιφέρεια κύκλου	**La circonférence**
périféria kiklou	λα σιΡκΌφεΡΆς
Πόδι	**Un pied**
podhi	Έ πιε
Στρέμμα	**Mille mètres carrés**
stréma	μιλ μετΡ καΡε
Τετραγωνικό μέτρο	**Un mètre carré**
tétraghoniko métro	Έ μετΡ καΡε
Τετραγωνικό χιλιόμετρο	**Un kilomètre carré**
tétraghoniko Hiliométro	Έ κιλομετΡ καΡε
Τόνος	**Une tonne**
tonos	ΟΥν τον
Χιλιόγραμμο	**Un kilogramme**
Hilioghramo	Έ κιλογκΡαμ
Χιλιόμετρο	**Un kilomètre**
Hiliométro	Έ κιλομετΡ
Χιλιοστό	**Un millimètre**
Hiliosto	Έ μιλιμετΡ

13. ΧΡΩΜΑΤΑ, ΙΔΙΟΤΗΤΕΣ

Hromata, idhiotitès

13. COULEURS, ADJECTIFS DIVERS

κουλΕΡ, αντΖεκτιφ νιβεΡ

Αγαπητός, -ή, -ό aghapitos, aghapiti, aghapito	**Cher, chère** ΣεΡ
Άδειος, -α, -ο adhios, adhia, adhio	**Vide** βιντ
Αδέξιος, -α, -ο adhéxios, -xia, -xio	**Maladroit, maladroite** μαλαντΡουα, μαλαντΡουατ
Αδύναμος, -η, -ο adhinamos, -mi, -mo	**Faible** φεμπλ
Αδύνατος, -η, -ο adhinatos, -ti, -to	**Mince** μ'Ες
Ακριβός, -ή, -ό akrivos, -vi, -vo	**Cher, chère** ΣεΡ
Αληθινός, -ή, -ό alithinos, -ni, -no	**Vrai, vraie** βΡε
Άλλος, -η, -ο alos, ali, alo	**Autre** οτΡ
Αναγκαίος, -α, -ο anannguéos, -a, -o	**Nécessaire** νεσεσεΡ
Ανακριβής, -ής, -ές anakrivis, -vis, -vès	**Inexact, inexacte** ινεζακτ
Ανεπαρκής, -ής, -ές anéparkis, -kis, -kès	**Insuffisant, insuffisante** ΈσΟΥφιζΆ, ΈσΟΥφιζΆτ
Άνετος, -η, -ο anétos, -ti, -to	**Confortable** κΌφοΡταμπλ
Ανοιχτός, -ή, -ό aniHtos, -ti, -to	**Ouvert, ouverte** ουβεΡ, ουβεΡτ
Αντίθετος, -η, -ο anndithétos, -ti, -to	**Contraire** κΌτΡεΡ
Απαγορευμένος, -η, -ο apaghorevménos, -ni, -no	**Interdit, interdite** ΈτεΡντι, ΈτεΡντιτ
Αποτελεσματικός, -ή, -ό	**Efficace**

apotélezmatikos, -ki, -ko
εφικας

Απρόοπτος, -η, -ο
Imprévu, imprévue
aprooptos, -ti, -to
ΈπΡεβΟΥ

Αργός, -ή, -ό
Lent, lente
arghos, arghi, argho
λΆ, λΆτ

Αρκετός, -ή, -ό
Suffisant, suffisante
arkétos, -ti, -to
σΟΥφιζΆ, σΟΥφιζΆτ

Αρμόδιος, -α, -ο
Compétent, compétente
armodhios, -dhia, -dhio
κΌπετΆ, κΌπετΆτ

Άρρωστος, -η, -ο
Malade
arostos, -ti, -to
μαλαντ

Ασημής, -ιά, -ί
Argenté, argentée
assimis, -mia, -mi
αΡΖΆτε

Άσπρος, -η, -ο
Blanc, blanche
aspros, aspri, aspro
μπλΆ, μπλΆΣ

Αστείος, -α, -ο
Drôle
astios, astia, astio
ντΡολ

Άσχημος, -η, -ο
Laid, laide
asHimos, -mi, -mo
λε, λεντ

Άχρηστος, -η, -ο
Inutile
aHristos, -ti, -to
ινΟΥτιλ

Βαθύς, -ιά, -ύ
Profond, -e, foncé, -e
vathis, vathia, vathi
πΡοφΌ, πΡοφΌντ, φΌσε

Βαρύς, -ιά, -ύ
Lourd, lourde
varis, varia, vari
λουΡ, λουΡντ

Βέβαιος, -η, -ο
Sûr, -e
vénéos, vénéi, vénéo
σΟΥΡ

Βίαιος, -η, -ο
Violent, -e
viéos, viéi, viéo
βιολΆ, βιολΆτ

Βιολετί
Violet, -te
violéti
βιολε, βιολετ

Βρόμικος, -η, -ο
Sâle
vromikos, -ki, -ko
σαλ

Γαλάζιος, -α, -ο
Bleu ciel

ghalazios, -zia, -zio | μπλε σιελ

Γελοίος, -α, -ο | **Ridicule**
yélios, yélia, yélio | ΡιντικΟΥλ

Γεμάτος, -η, -ο | **Plein, pleine**
yématos, -ti, -to | πλΕ, πλεν

Γενικός, -ή, -ό | **Général, -e**
yénikos, -ki, -ko | ΖενεΡαλ

Γκρι | **Gris, grise**
gri | γκΡι, γκιζ

Γκρίζος, -α, -ο | **Gris, grise**
grizos, griza, grizo | γκΡι, γκΡιζ

Γλυκός, -ιά, -ό | **Doux, douce, sucré, -e**
ghlikos, ghlikia, ghliko | ντου, ντους, σΟΥκΡε

Γραφικός, -ή, -ό | **Pittoresque**
ghrafikos, -ki, -ko | πιτοΡεσκ

Γρήγορος, -η, -ο | **Rapide**
ghrighoros, -ri, -ro | Ραπιντ

Δημόσιος, -α, -ο | **Public, -que**
dhimossios, -ia, -io | πΟΥμπλικ

Διασκεδαστικός, -ή, -ό | **Amusant, -e**
dhiaskédhastikos, -ki, -ko | αμΟΥζΆ, αμΟΥζΆτ

Διαφορετικός, -ή, -ό | **Différent, -e**
dhiaforétikos, -ki, -ko | ντιφεΡΆ, ντιφεΡΆτ

Δίκαιος, -η, -ο | **Juste**
dhikéos, dhikéi, dhikéo | ΖΟΥστ

Δροσερός, -ή, -ό | **Frais, fraîche**
dhrosséros, -ri, -ro | φΡε, φΡεΣ

Δυνατός, -ή, -ό | **Fort, -e**
dhinatos, -ti, -to | φοΡ, φοΡτ

Δυσάρεστος, -η, -ο | **Désagréable**
dhissarestos, -ti, -to | ντεζαγκΡεαμπλ

Δύσκολος, -η, -ο | **Difficile**
dhiskolos, -li, -lo | ντιφισιλ

Ελαφρύς, -ιά, -ύ | **Léger, légère**

élafris, -fria, -fri	λεΖε, λεΖεΡ
Ενδιαφέρων, -ουσα, -ον	**Intéressant, -e**
enndhiaféronn, -oussa, -onn	ΈτεΡεσΆ, ΈτεΡεσΆτ
Εξωτερικός, -ή, -ό	**Extérieur, -e**
eksotérikos, -ki, -ko	εξτεΡιΕΡ
Έξυπνος, -η, -ο	**Intelligent, -e**
eksipnos, -ni, -no	ΈτελιΖΆ, ΈτελιΖΆτ
Επικίνδυνος, -η, -ο	**Dangereux, dangereuse**
épikinndhinos, -ni, -no	ντΆΖΕΡε, ντΆΖΕΡεζ
Επίπεδος, -η, -ο	**Plat, -e**
épipédhos, -dhi, -dho	πλα, πλατ
Επόμενος, -η, -ο	**Suivant, -e**
époménos, -ni, -no	σΟΥιβΆ, σΟΥιβΆτ
Εσωτερικός, -ή, -ό	**Intérieur, -e**
essotérikos, -ki, -ko	ΈτεΡιΕΡ
Έτοιμος, -η, -ο	**Prêt, -e**
étimos, -mi, -mo	πΡε, πΡετ
Εύθυμος, -η, -ο	**Joyeux, joyeuse**
efthimos, -mi, -mo	ΖουαγιΕ, ΖουαγιΕζ
Εύκολος, -η, -ο	**Facile**
efkolos, -li, -lo	φασιλ
Ευχαριστημένος, -η, -ο	**Content, -e**
efHaristiménos, -ni, -no	κΌτΆ, κΌτΆτ
Ευχάριστος, -η, -ο	**Agréable**
efHaristos, -ti, -to	αγκΡεαμπλ
Ζαχαρής, -ιά, -ί	**Ivoire**
zaHaris, -ria, -ri	ιβουαΡ
Ζεστός, -ή, -ό	**Chaud, -e**
zestos, -ti, -to	Σο, Σοντ
Ήσυχος, -η, -ο	**Calme**
issiHos, -Hi, -Ho	καλμ
Θαυμάσιος, -α, -ο	**Merveilleux, -euse**
thavmassios, -ia, -io	μεΡβεγιΕ, μεΡβεγιΕζ
Θορυβώδης, -ης, -ες	**Bruyant, -e**

thoriv<u>o</u>dhis, -dhis, -dhès	μπΡΟΥγιΆ, μπΡΟΥιγιΆτ
Ικαν<u>ό</u>ς, -ή, -ό	**Capable**
ikan<u>o</u>s, -ni, -no	καπαμπλ
Ίσιος, -α, -ο	**Droit, -e**
<u>i</u>ssios, <u>i</u>ssia, <u>i</u>ssio	ντΡουα, ντΡουατ
Ίσος, -η, -ο	**Égal, -e**
<u>i</u>ssos, <u>i</u>ssi, <u>i</u>sso	εγκαλ
Καθαρ<u>ό</u>ς, -ή, -ό	**Propre**
kathar<u>o</u>s, -ri, -ro	πΡοπΡ
Καινο<u>ύ</u>ριος, -α, -ο	**Nouveau, nouvelle**
kéno<u>ú</u>rios, -ria, -rio	νουβο, νουβελ
Κακ<u>ό</u>ς, -ή, -ό	**Méchant, -e**
kak<u>o</u>s, kaki, kako	μέΣΆ, μεΣΆτ
Καλ<u>ό</u>ς, -ή, -ό	**Bon, bonne**
kal<u>o</u>s, kali, kalo	μπΌ, μπον
Κασταν<u>ό</u>ς, -ή, -ό	**Châtain**
kastan<u>o</u>s, -ni, -no	ΣατΈ
Καφέ	**Marron**
kafé	μαΡΟ
Κίτρινος, -η, -ο	**Jaune**
k<u>i</u>trinos, -ni, -no	Ζον
Κλειστ<u>ό</u>ς, -ή, -ό	**Fermé**
klistos, -ti, -to	φεΡμε
Κοκκινομ<u>ά</u>λλης, -α, -ικο	**Roux, rousse**
kokinom<u>a</u>lis, -la, -liko	Ρου, Ρους
Κόκκινος, -η, -ο	**Rouge**
k<u>o</u>kinos, -ni, -no	ΡουΖ
Κομψ<u>ό</u>ς, -ή, -ό	**Élégant, -e**
komms<u>o</u>s, -psi, -pso	ελεγκΆ, ελεγκΆτ
Κοντ<u>ό</u>ς, -ή, -ό	**Court, -e, petit, -e**
konnd<u>o</u>s, -di, -do	κουΡ, κουΡτ, πΕτι, πΕπτ
Κρύος, -α, -ο	**Froid, -e**
kr<u>i</u>os, kr<u>i</u>a, kr<u>i</u>o	φΡουα, φΡουαντ
Κωμικ<u>ό</u>ς, -ή, -ό	**Comique**

komikos, -ki, -ko | κομικ
Λευκός, -ή, -ό | **Blanc, blanche**
lefkos, -ki, -ko | μπλΑ, μπλΑΣ
Λυπημένος, -η, -ο | **Triste**
lipiménos, -ni, -no | τΡιστ
Μακρύς, -ιά, -ύ | **Long, longue**
makris, makria, makri | λΟ, λΟγκ
Μαυρισμένος, -η, -ο | **Bronzé, -e**
mavrizménos, -ni, -no | μπΡΟζε
Μαύρος, -η, -ο | **Noir, -e**
mavros, -vri, -vro | νουαΡ
Μεγάλος, -η, -ο | **Grand, -e**
méghalos, -li, -lo | γκΡΑ, γκΡΑντ
Μελαχρινός -ή, -ό | **Brun, -e**
mélaHrinos, -ni, -no | μπΡΕ, μπΡΟΥν
Μενεξεδής, -ιά, -ί | **Violet, -te**
ménéksédhis, -dhia, -dhi | βιολε, βιολετ
Μικρός, -ή, -ό | **Petit, -e**
mikros, mikri, mikro | πΕτι, πΕτιτ
Μοναδικός, -ή, -ό | **Unique**
monadhikos, -ki, -ko | ΟΥνικ
Μόνος, -η, -ο | **Seul, -e**
monos, -ni, -no | σΕλ
Μπεζ | **Beige**
bez | μπεΖ
Μπλε | **Bleu, -e**
blé | μπλΕ
Νεκρός, -ή, -ό | **Mort, -e**
nékros, nékri, nékro | μοΡ, μοΡτ
Νέος, -α, -ο | **Jeune**
néos, néa, néo | ΖΕν
Ξανθός, -ή, -ό | **Blond, -e**
xanthos, xanthi, xantho | μπλΟ, μπλΟντ
Ξένος, -η, -ο | **Étranger, -ère**

xénos, xéni, xéno	ετΡΆΖε, ετΡΆΖεΡ
Ολόκληρος, -η, -ο	**Entier, -ère**
olokliros, -ri, -ro	Άτιε, ΆτιεΡ
Όμορφος, -η, -ο	**Beau, belle**
omorfos, -fi, -fo	μπο, μπελ
Ορθογώνιος, -α, -ο	**Rectangulaire**
orthoghonios, -nia, -nio	ΡεκτΆγκΟΥλεΡ
Παγωμένος, -η, -ο	**Glacé, -e**
paghoménos, -ni, -no	γκλασε
Παλιός, -ά, -ό	**Vieux, vieille**
palios, palia, palio	βιΕ, βιεγ(ι)
Παράξενος, -η, -ο	**Étrange**
paraksénos, -ni, -no	ετΡΆΖ
Περασμένος, -η, -ο	**Passé, -e**
pérazménos, -ni, -no	πασε
Πικρός, -ή, -ό	**Amer, -ère**
pikros, pikri, pikro	αμεΡ
Πλατύς, -ιά, -ύ	**Large**
platis, platia, plati	λαΡΖ
Πλήρης, -ης, -ες	**Complet, -ète**
pliris, -ris, -rès	κΌπλε, κΌπλετ
Πλούσιος, -α, -ο	**Riche**
ploussios, -sia, -sio	ΡιΣ
Ποικίλος, -η, -ο	**Varié, -e**
pikilos, -li, -lo	βαΡιε
Πολύχρωμος, -η, -ο	**Multicolore**
poliHromos, -mi, -mo	μΟΥλτικολοΡ
Πορτοκαλής, -ιά, -ί	**Orange**
portokalis, -lia, -li	οΡΆΖ
Πορφυρός, -ή, -ό	**Rouge foncé**
porfiros, -ri, -ro	ΡουΖ φΌσε
Παρόμοιος, -α, -ο	**Semblable**
paromios, -mia, -mio	σΆμπλαμπλ
Πραγματικός, -ή, -ό	**Réel, -le**

praghmatikos, -ki, -ko	Ρεελ
Πράσινος, -η, -ο	**Vert, -e**
prassinos, -ni, -no	βεΡ, βεΡτ
Ροζ	**Rose**
roz	Ροζ
Σημαντικός, -ή, -ό	**Important, -e**
simanndikos, -ki, -ko	ΈποΡτΆ, ΈποΡτΆτ
Σκληρός, -ή, -ό	**Dur, -e**
skliros, -ri, -ro	ντΟΥΡ
Σιωπηλός, -ή, -ό	**Silencieux, -euse**
siopilos, -li, -lo	σιλΆσιΕ, σιλΆσιΕζ
Σκοτεινός, -ή, -ό	**Sombre**
skotinos, -ni, -no	σΌμπΡ
Σκούρος, -α, -ο	**Foncé, -e**
skouros, -ra, -ro	φΌσε
Στενός, -ή, -ό	**Étroit, -e**
sténos, -ni, -no	ετΡουα, ετΡουατ
Στρογγυλός, -ή, -ό	**Rond, -e**
stronnguilos, -li, -lo	ΡΌ, ΡΌντ
Συνετός, -ή, -ό	**Prudent, -e**
sinétos, -ti, -to	πΡΟΥντΆ, πΡΟΥντΆτ
Τελευταίος, -α, -ο	**Dernier, -ère**
téleftéos, -téa, -téo	ντεΡνιε, ντεΡνιεΡ
Τετράγωνος, -η, -ο	**Carré, -e**
tétraghonos, -ni, -no	καΡε
Τίμιος, -α, -ο	**Honnête**
timios, -mia, -mio	ονετ
Υπέροχος, -η, -ο	**Merveilleux, -euse**
ipéroHos, -Hi, -Ho	μεΡβεγιΕ, μεΡβεγιΕζ
Φαρδύς, -ιά, -ύ	**Large**
fardhis, -dhia, -dhi	λαΡΖ
Φρέσκος, -ια, -ο	**Frais, fraîche**
freskos, -kia, -ko	φΡε, φΡεΣ
Φτηνός, -ή, -ό	**Bon marché**

ftinos, -ni, -no	μπΟ μαΡΣε
Φτωχός, -ή, -ό	**Pauvre**
ftoHos, -Hi, -Ho	ποβΡ
Φυσικός, -ή, -ό	**Naturel, -le**
fissikos, -ki, -ko	νατΟΥΡελ
Φωτεινός, -ή, -ό	**Clair, -e**
fotinos, -ni, -no	κλεΡ
Χλιαρός, -ή, -ό	**Tiède**
Hliaros, -ri, -ro	τιεντ
Χοντρός, -ή, -ό	**Gros, grosse**
Honndros, -dri, -dro	γκΡο, γκΡος
Χρήσιμος, -η, -ο	**Utile**
Hrissimos, -mi, -mo	ΟΥτιλ
Χρυσαφί	**Doré, -e**
Hrissafi	ντοΡε
Χρυσός, -ή, -ό	**Doré, -e**
Hrissos, -Hrissi, Hrisso	ντοΡε
Ψεύτικος, -η, -ο	**Faux, fausse**
pseftikos, -ki, -ko	φο, φος
Ψηλός, -ή, -ό	**Grand, -e, haut, -e**
psilos, psili, psilo	γκΡΆ, γκΡΆντ, ο, οτ
Ψημένος, -η, -ο	**Cuit, -e**
psiménos, -ni, -no	κΟΥί, κΟΥπ
Ωμός, -ή, -ό	**Cru, -e**
omos, omi, omo	κΡΟΥ
Ωραίος, -α, -ο	**Beau, belle**
oréos, -a, -a	μπο, μπελ
Ὤριμος, -η, -ο	**Mûr, -e**
orimos, -mi, -mo	μΟΥΡ
Ωχρός, -ή, -ό	**Pâle**
oHros, oHri, oHro	παλ

14. ΕΠΙΓΡΑΦΕΣ, ΤΑΜΠΕΛΕΣ
épighrafes, tammbélès

14. ENSEIGNES ET PANNEAUX
Άσεν(ιΕ) ε πανο

Αίθουσα αναμονής	**Salle d'attente**
éthoussa anamonis	σαλ ντατΆτ
Ανοιχτό	**Ouvert**
aniHto	ουβεΡ
Ανδρών	**Hommes**
anndronn	ομ
Ανελκυστήρας	**Ascenseurs**
anelkistiras	ασΆσΕΡ
Ανθοπωλείο	**Fleuriste**
annthopolio	φλΕΡιστ
Απαγορεύεται η είσοδος	**Entrée interdite**
apaghorévété i issodhos	ΆτΡε ΈτεΡντιτ
Απαγορεύεται το κάπνισμα	**Défense de fumer**
apaghorévété to kapnizma	ντεφΆς ντΕ φΟΥμε
Αρτοποιείο	**Boulangerie**
artopiio	μπουλΆΖΡι
Ασανσέρ	**Ascenseur**
asannser	ασΆσΕΡ
Βιβλιοπωλείο	**Librairie**
vivliopolio	λιμπΡεΡι
Γούνες	**Fourrures**
ghounès	φουΡΟΥΡ
Γραφείο πληροφοριών	**Bureau de renseignements**
ghrafio pliroforionn	μπΟΥΡο ντΕ ΡΆσενιΕμΆ
Γυναικών	**Femmes**
yinékonn	φαμ
Δεύτερος όροφος	**Deuxième étage**
dheftéros orofos	ντΕζιεμ εταΖ
Είσοδος	**Entrée**
issodhos	ΆτΡε
Εκπτώσεις	**Soldes**

ekptossis	σολντ
Έξοδος	**Sortie**
eksodhos	σοΡτι
Έξοδος κινδύνου	**Sortie de secours**
eksodhos kinndhinou	σοΡτι ντΕ σΕκουΡ
Έπιπλα	**Meubles**
épipla	μΕμπλ
Ζαχαροπλαστείο	**Pâtisserie**
zaHaroplastio	πατισΡι
Θέαμα ακατάλληλο για νέους κάτω των 18 ετών	**Spectacle interdit aux moins de 18 ans**
théama akatalilo ya néous kato tonn dhéka oHto étonn	σπεκτακλ ΈτεΡντι ο μουΈ ντΕ διζΟΥιτΆ
Θέαμα ακατάλληλο για ανηλίκους	**Spectacle interdit aux mineurs**
théama akatalilo ya anilikous	σπεκτακλ ΈτεΡντι ο μινΕΡ
Θέαμα ακατάλληλο για παιδιά	**Spectacle interdit aux enfants de moins de 13 ans**
théama akatalilo ya pédhia	σπεκτακλ ΈτεΡντι οζΆφΆ ντΕ μουΈ ντΕ τΡεζΆ
Θέση διάβασης	**Passage pour piétons**
thessi dhiavassis	πασαΖ πουΡ πιετΟ
Ισόγειο	**Rez-de-chaussée**
issoyio	Ρε ντΕ Σοσε
Κατάστημα αθλητικών ειδών	**Articles de sport**
katastima athlitikonn idhonn	αΡτικλ ντΕ σποΡ
Κατάστημα καλλυντικών	**Produits de beauté**
katastima kalinndikonn	πΡοντΟΥι ντΕ μποτε
Κλειστό	**Fermé**
klisto	φεΡμε
Κλειστό λόγω διακοπών	**Fermé pour les congés**
klisto logho dhiakoponn	φεΡμε πουΡ λε κΌΖε
Κρέας, ψάρι	**Viande, poisson**
kréas, psari	βιΆντ, πουασΌ

Κρεοπωλείο	Boucherie
kréopolio	μπουΣΡι
Λαχανικά	**Légumes**
laHanika	λεγκΟΥμ
Λουλούδια	**Fleurs**
louloudhia	φλΕΡ
Ξενοδοχείο	**Hôtel**
xénodhoHio	οτελ
Παντοπωλείο	**Épicerie**
panndopolio	επισΡι
Προσοχή (χρώμα)	**Attention (à la peinture)**
prossoHi (Hroma)	ατΆσίΌ (α λα π'ΕτΟΥΡ)
Πρώτες βοήθειες	**Premiers secours**
protès voïthiès	πΡΕμιε σΕκουΡ
Πρώτος όροφος	**Premier étage**
protos orofos	πΡΕμιεΡεταΖ
Στοπ	**Stop**
stop	στοπ
Στάση λεωφορείου	**Arrêt d'autobus**
stassi léoforiou	αΡε ντοτομπΟΥς
Συναγερμός	**Signal d'alarme**
sinayermos	σινιαλ νταλαΡμ
Ταμείο	**Caisse, guichet**
tamio	κες, γκιΣε
Υποδήματα	**Chaussures**
ipodhimata	ΣοσΟΥΡ
Υφασματοπωλείο	**Marchand de tissus**
ifasmatopolio	μαΡΣΆ ντΕ τισΟΥ
Φαρμακείο	**Pharmacie**
farmakio	φαΡμασι
Φρούτα	**Fruits**
frouta	φΡΟΥι

15. ΤΑΞΙΔΙ ΜΕ ΑΕΡΟΠΛΑΝΟ
taksidhi mé aéroplano

15. EN AVION
ΆναβιΟ

Αεριωθούμενο αεροπλάνο aériothouméno aéroplano	**Avion à réaction** αβίΟ α ΡεακσιΟ
Αεροδρόμιο aérodhromio	**Aéroport** αεΡοποΡ
Αεροπορία aéroporia	**Aviation** αβιασιΟ
Αεροπορική εταιρία aéroporiki étéria	**Compagnie aérienne** ΚΌπανι αεΡιεν
Αεροπορικό ατύχημα aéroporiko atiHima	**Catastrophe aérienne** καταστΡοφ αεΡιεν
Αεροσκάφος aéroskafos	**Appareil** απαΡεγ(ι)
Αεροσυνοδός aérosinodhos	**Hôtesse de l'air** οτες ντΕ λεΡ
Αεροταξί aérotaxi	**Aérotaxi** αεΡοταξι
Ακυρώνω akirono	**Annuler** ανΟΥλε
Άμεση επιβίβαση amessi épivivassi	**Embarquement immédiat** ΆμπαΡκΕμΆ ιμεντια
Αναχώρηση anaHorissi	**Départ** ντεπαΡ
Ανεβαίνω anévéno	**Monter** μΌτε
Απογείωση apoyiossi	**Décollage** ντεκολαΖ
Αποθήκη αποσκευών του αεροπλάνου apothiki aposkevonn tou aéroplanou	**Soute à bagages** σουτ α μπαγκαΖ
Από πού παίρνουν τις απο-	**Où retire-t-on les bagages ?**

σκευές ;

apo pou pernoun tis apo-
skévès

ου ΡœτιΡτΌ λε μπαγκαJ

Απόσταση
apostassi

Distance
ντιστΆς

Βαλίτσα
valitsa

Valise
βαλιζ

Δέστε τις ζώνες ασφαλείας
dhesté tis zonès asfalias

Attachez vos ceintures
αταΣε βο σΈτΟΥΡ

**Δέχεστε τα μικρά ζώα μέσα
στο αεροπλάνο ;**
dhéHesté ta mikra zoa messa
sto aéroplano

**Acceptez-vous les petits
animaux en cabine ?**
αξεπτε βου λε πœτι ζανιμο Ά
καμπιν

Διάδρομος
dhiadhromos

Allée
αλε

Διακεκριμένη θέση
dhiakékriméni thessi

Classe affaires
κλας αφεΡ

Ελικόπτερο
élikoptéro

Hélicoptère
ελικοπτεΡ

Εμπόρευμα
emmborevma

Chargement
ΣαΡJœμΆ

**Ένα εισιτήριο με επιστροφή
για ... την 13η Ιουλίου**
éna issitirio mé épistrofi ya...
tinn dhékati triti youliou

**Un billet aller-retour pour...
le 13 juillet**
Έ μπιγε αλε ΡœτουΡ πουΡ..
λœ τΡεζ JΟΥιγε

Ενδιάμεση στάση
enndhiamessi stassi

Escale
εσκαλ

Έξοδος κινδύνου
eksodhos kinndhinou

Sortie de secours
σοΡτι ντœ σœκουΡ

Επιβάτης
épivatis

Passager
πασαJε

Επικυρώνω
épikirono

Confirmer
κΌφιΡμε

Επικύρωσα την κράτηση της
θέσης μου πριν τρεις μέρες
épikirossa tinn kratissi tis
thessis mou prinn tris mérès

J'ai confirmé ma réservation
il y a 3 jours
Ζε κΌφιΡρμε μα ΡεζεΡβασιΟ
ιλια τΡουα ΖουΡ

Έχει αεροπλάνο απευθείας
για ... στις ...;
éHi aéroplano apefthias ya...
stis...

Y a-t-il un avion direct
pour... à...?
ιατιλ ΈναβίΟ ντιΡεκτ πουΡ...
α...

Η μεταβίβαση στο αεροδρό-
μιο συμπεριλαμβάνεται;
i métavivassi sto aérodhromio
simmbérilammvanété

Le transfert à l'aéroport est-
il compris?
λΕ τΡΆσφεΡ α λαεΡοποΡ ετιλ
κΌπΡι

Η μη τουριστική περίοδος
i mi touristiki périodhos

La basse saison
λα μπας σεζΟ

Η πτήση ακυρώθηκε
i ptissi akirothiké

Le vol est annulé
λΕ βολ ετανΟΥλε

Η πτήση έχει καθυστέρηση
i ptissi éHi kathistérissi

Le vol est retardé
λΕ βολ ε ΡΕταΡντε

Η σκάλα του αεροπλάνου
i skala tou aéroplanou

La passerelle
λα πασΡελ

Θα ήθελα ένα κάθισμα
μπροστά (πίσω, κοντά σ' ένα
παράθυρο, στο διάδρομο,
στη ζώνη «καπνίζοντες», στη
ζώνη «μη καπνίζοντες»)
tha ithéla éna kathizma brosta
(pisso, konnda sena parathi-
ro, sto dhiadhromo, sti zoni
kapnizonndès, sti zoni mi
kapnizonndès)

Je voudrais un siège à l'avant
(à l'arrière, près d'un
hublot, sur l'allée, dans la
zone «fumeurs», dans la
zone «non fumeurs»)
ΖΕ βουτρΡε Έ σιεΖ α λαβΆ (α
λαΡιεΡ, πΡε ντΈ ΟΥμπλο,
σΟΥΡ λαλε, ντΆ λα ζον
φΟΥμΕΡ, ντΆ λα ζον νΌ
φΟΥμΕΡ)

Θα ήθελα κάτι να πιω

Je voudrais quelque chose à
boire
ΖΕ βουτρΡε κελκΕΣοζ α μπου-
αΡ

tha ithéla kati na pio

Θα ήθελα μία κουβέρτα

Je voudrais une couverture

tha ithéla mia kouverta

ZE βουντΡε ΟΥν κουβεΡτΟΥΡ

Καμπίνα χειριστή

Cabine de pilotage

kabina Hiristi

καμπιν ντΕ πιλοταΖ

Καπνίζοντες

Fumeurs

kapnizonndès

φΟΥμΕΡ

Κάρτα επιβίβασης

Carte d'embarquement

karta épivivassis

καρτ ντΆμπαΡκΕμΆ

Κατά την πτήση

Pendant le vol

kata tinn ptissi

πΆντΆ λΕ βολ

Καταστήματα αφορολόγη-
των ειδών

Boutiques hors-taxes

katastima aforoloyitonn idhonn

μπουτικ οΡ ταξ

Κράτηση θέσης

Réservation

kratissi thessis

ΡεζεΡβασίΟ

Κυβερνήτης

Commandant de bord

kivernitis

κομΆντΆ ντΕ μποΡ

Μείνετε καθιστοί μέχρι να
σταματήσει εντελώς το αερο-
σκάφος

Restez assis jusqu'à l'arrêt
complet de l'appareil

minété kathisti méHri na
stamatissi enndélos to
aéroskafos

ρεστεζασι ΖΟΥσκα λαΡε
κΌπλε ντΕ λαπαΡεγ(ι)

Μην καπνίζετε κατά την α-
πογείωση (κατά την προ-
σγείωση, στις τουαλέτες)

Ne fumez pas pendant le
décollage (pendant l'atter-
rissage, dans les toilettes)

min kapnizété kata tinn
apoyiossi (kata tinn prosyiossi,
stis toualétès)

νΕ φΟΥμε πα πΆντΆ λΕ ντε-
κολαΖ (πΆντΆ λατεΡισαΖ,
ντΆ λε τουαλετ)

Μη καπνίζοντες

Non fumeurs

mi kapnizonndès

νΌ φΟΥμΕΡ

Μπορείτε να αλλάξετε την
κράτηση της θέσης μου;

Pouvez-vous changer ma
réservation?

borité na alaksété tinn kratissi
tis thessis mou

πουβε βου ΣΆΖε μα ΡεζεΡβα-
σίΟ

Μπορώ να κρατήσω αυτή τη

Est-ce que je peux garder cette

βαλίτσα σαν χειραποσκευή;
boro na kratisso afti ti valitsa
sann Hiraposkévi

valise comme bagage à main ?
εσκΕ ΖΕ πΕ γκαΡντε σετ βα-
λιζ κομ μπαγκαΖα μΕ

Οι επιβάτες αποβιβάζονται

i épivatès apovivazonndé

Les passagers sont en train de débarquer
λε πασαΖε σΟτΆτΡΈ ντΕ ντε-
μπαΡκε

Ομαδικό εισιτήριο
omadhiko issitirio

Billet de groupe
μπιγε ντΕ γκΡουπ

Παράθυρο
parathiro

Hublot
ΟΥμπλΟ

Παρακαλούμε να επιστρέ-
ψετε στις θέσεις σας
parakaloumé na epistrepsété
stis thessis sas

Veuillez regagner vos places

βΕγε ΡΕγκανιε βο πλας

Πάρτε αυτό, είναι κατά της
ναυτίας
parté afto, iné kata tis naftias

Prenez cela, c'est contre le mal de l'air
πΡΕνε σΕλα σε κΌτΡ λΕ μαλ
ντΕ λεΡ

Πετώ
péto

Voler
βολε

Πιλότος
pilotos

Pilote
πιλοτ

Πίστα
pista

Piste
πιστ

Πλήρωμα
pliroma

Équipage
εκιπαΖ

Ποια είναι η θερμοκρασία
στο έδαφος;
pia iné i thermokrassia sto
édhafos

Quelle est la température au sol?
κελε λα τΆπεΡατΟΥΡ ο σολ

Πόση ώρα σταματά το αερο-
πλάνο στο ...;
possi ora stamata to aéroplano
sto...

Combien de temps l'avion s'arrête-t-il à...?
κΌμπίΈ ντΕ τΆ λαβίΟ σαΡετ
τιλ α

Πόσο κοστίζει το εισιτήριο για ...;
posso kostizi to issitirio ya...
Πόσο κοστίζει το υπέρβαρο;
posso kostizi to ipervaro
Πότε έρχεται το αεροπλάνο από ...;
poté erHété to aéroplano apo...
Πότε πρέπει να είμαι εκεί;
poté prépi na imé éki
Πότε φεύγει το αεροπλάνο;
poté févyi to aéroplano
Πότε φθάνουμε στο ...;

poté ftanoumé sto
Ποτό
poto
Πού είναι η αίθουσα αναμονής (τα αφορολόγητα είδη, το γραφείο πληροφοριών);
pou iné i éthoussa anamonis (ta aforoloyita idhi, to ghrafio pliroforionn)
Πρέπει να αναβάλω το ταξίδι
prépi na anavalo to taxidhi
Πρέπει να δηλώσω αυτή την αποσκευή (να πληρώσω υπέρβαρο);
prépi na dhilosso afti tinn aposkévi (na plirosso ipervaro)
Προσγείωση
prosyiossi
Προσδεθείτε
prosdhéthité

Combien coûte le billet pour...?
κΌμπι'Ε κουτ λε μπιγε πουΡ
Combien coûte la surcharge?
κΌμπι'Ε κουτ λα σΟΥΡΣαΡΖ
A quelle heure arrive l'avion en provenance de...?
α κελΕΡ αΡιβ λαβι'Ο Ά πΡοβνΆς ντΕ
A quelle heure dois-je être là ?
α κελΕΡ ντουαΖ ετΡ λα
A quelle heure l'avion part-il?
α κελΕΡ λαβι'Ο παΡτιλ
A quelle heure arrivons-nous à...?
α κελΕΡ αριβ'Ο νου α
Boisson
μπουασΟ
Où se trouve la salle d'attente (la boutique hors-taxes, le bureau de renseignements)?
ου σΕ τΡουβ λα σαλ ντατΆτ (λα μπουτικ οΡ ταξ, λΕ μπΟΥΡο ντΕ ΡΆσενιΕμΆ)
Je dois annuler mon voyage
ΖΕ ντουα ζανΟΥλε μΌ βουαγιαΖ
Dois-je faire enregistrer ce bagage (payer une surcharge)?
ντουαΖ φεΡ ΆΡΕΖιστΡε σΕ μπαγκαΖ (πεγε ΟΥν σΟΥΡΣαΡΖ)
Aterrissage
ατεΡισαΖ
Attachez vos ceintures
αταΣε βο σΈτΟΥΡ

Πτήση	**Vol**
ptissi	βολ
Πώς μπορώ να πάω στο αε-	**Pour aller à l'aéroport?**
ροδρόμιο;	
pos boro na pao sto	πουΡ αλε α λαεΡοποΡ
aérodhromio	
Σας παρακαλούμε, για τη	**Nous vous prions, pour**
δική σας ασφάλεια, να μεί-	**votre sécurité, de rester assis**
νετε στις θέσεις σας μέχρι να	**jusqu'à l'extinction de**
σβήσει η επιγραφή «Προσ-	**l'inscription «Attachez vos**
δεθείτε»	**ceintures»**
sas parakaloumé, ya ti dhiki	νου βου πΡιΟ πουΡ βοτΡ
sas asfalia, na minété stis	σεκΟΥΡιτε ντΕ Ρεστε ασι
thessis sas méHri na svissi i	ΖΟΥσ-κα λεξΈκοιΟ ντΕ
épighrafi prosdhéthité	λΈσκΡιπσιΌ αταΣε βο σΈτΟΥΡ
Σε ποια πόρτα γίνεται η επι-	**A quelle porte a lieu**
βίβαση;	**l'embarquement?**
sé pia porta yinéte i épivivassi	ακελποΡταλιΕ λΆμπαΡκΕμΆ
Σερβίρεται γεύμα στο αερο-	**Le déjeuner est-il servi à**
πλάνο;	**bord?**
servirété yevma sto aéroplano	λΕ ντεΖΕνε ετιλ σεΡβι α μποΡ
Σε τι ύψος πετάμε;	**A quelle altitude sommes-**
	nous?
sé to ipsos pétamé	α κελ αλτιτΟΥντ σομ νου
Σταματά το αεροπλάνο στο ...;	**L'avion s'arrête-t-il à...?**
stamata to aéroplano sto	λαβιΟ σαΡετ τιλ α
Στιούαρτ	**Steward**
stiouart	στιουαΡτ
Συγκυβερνήτης	**Copilote**
sinnkivernitis	κοπιλοτ
Συμπληρωματικό εισιτήριο	**Supplément**
simmbliromatiko issitirio	σΟΥπλεμΆ
Σωσίβιο	**Gilet de sauvetage**
sossivio	Ζιλε ντΕ σοβταΖ
Τα ακουστικά μου δεν λει-	**Mes écouteurs ne marchent**

τουργούν
ta akoustika mou dhenn litourghoun

pas
με ζεκουτΕΡ νΕ μαρΣ πα

Τα σωσίβια βρίσκονται κάτω από τα καθίσματά σας
ta sossivia vriskonndé kato apo ta kathizmata

Votre gilet de sauvetage est sous votre siège
βοτΡ Ζιλε ντΕ σοβταΖ ε σου βοτΡ σιεΖ

Ταχύτητα
taHitita

Vitesse
βιτες

Τελευταία αναγγελία
téleftéa anannguélia

Dernier appel
ντεΡνιε Ραπελ

Τι ώρα γίνεται η επιβίβαση;
ti ora yinéte i épivivassi

A quelle heure a lieu l'embarquement?
α κελ ΕΡ α λιΕ λΆμπαΡκΕμΆ

Το αεροπλάνο για ... φεύγει σε δέκα λεπτά
to aéroplano ya... févyi sé dhéka lepta

L'avion à destination de... part dans dix minutes
λαβιΌ α ντεστινασιΌ ντΕ... παΡ ντΆ ντι μινΟΥτ

Τουριστική θέση
touristiki thessi

Classe touriste
κλας τουΡιστ

Τσάντα
tsannda

Sac
σακ

Υπάρχει ακόμη θέση στο αεροπλάνο;
iparHi akomi thessi sto aéroplano

Y a-t-il encore de la place sur le vol?
ιατιλ ΆκοΡ ντΕ λα πλας σΟΥΡ λΕ βολ

Υψόμετρο
ipsométro

Altitude
αλτιτΟΥντ

Χειραποσκευή
Hiraposkévi

Bagage à main
μπαγκαΖ α μΈ

Χρόνος πτήσης
Hronos ptissis

Temps de vol
τΆ ντΕ βολ

Ωράριο δρομολογίων
orario dhromoloyionn

Horaire
οΡεΡ

16. ΤΑΞΙΔΙ ΜΕ ΠΛΟΙΟ
taxidhi mé plio

16. EN BATEAU
Ά μπατο

Άγκυρα	**Ancre**
annguira	ΆκΡ
Ακτή	**Côte**
akti	κοτ
Ακυρώνω	**Annuler**
akirono	ανΟΥλε
Αμπάρι	**Câle**
ammbari	καλ
Αναχώρηση	**Départ**
anaHorissi	ντεπαΡ
Ανεβαίνω	**Monter**
anévéno	μΌτε
Αποβάθρα	**Quai**
apovathra	κε
Αποβίβαση	**Débarquement**
apovivassi	ντεμπαΡκΕμΆ
Από ποιο λιμάνι θα πάρω το πλοίο για...;	**A quel port dois-je prendre le bateau pour...?**
apo pio limani tha paro to plio ya	α κελ ποΡ ντουαΖ πΡΆντΡ λΕ μπατο πουΡ
Από πού φεύγει το πλοίο;	**D'où part le bateau?**
apo pou févyi to plio	ντου παΡ λΕ μπατο
Αποσκευές	**Bagages**
aposkévès	μπαγκαΖ
Αύρα	**Brise**
avra	μπΡιζ
Άφιξη	**Arrivée**
afixi	αΡιβε
Βαλίτσα	**Valise**
valitsa	βαλιζ
Βάρκα	**Barque**
varka	μπαΡκ

Βάρκα διάσωσης
varka dhiassossis

Canot de sauvetage
κανο ντΕ σοβταΖ

Βίζα
viza

Visa
βιζα

Γέφυρα
yéfira

Pont
πΟ

Γραμμή
grami

Ligne
λινι(Ε)

Διαβατήριο
dhiavatirio

Passeport
πασποΡ

Εισιτήριο
issitirio

Billet
μπιγε

Ενδιάμεση στάση
enndhiamessi stassi

Escale
εσκαλ

Επιβάτης
épivatis

Passager
πασαΖε

Επιβίβαση
épivivassi

Embarquement
ΆμπαΡκΕμΆ

Επικύρωση
épikirossi

Confirmation
κΌφιΡμασίΟ

Έχω ναυτία
éΗο naftia

Avoir le mal de mer
αβουαΡ λΕ μαλ ντΕ μεΡ

Θάλασσα
thalassa

Mer
μεΡ

Θαλάσσιος
thalassios

Maritime
μαΡιτιμ

Καθυστέρηση
kathistérissi

Retard
ΡΕταΡ

Καμπίνα
kabina

Cabine
καμπιν

Κανάλι
kanali

Canal
καναλ

Κάνουμε μια κρουαζιέρα με πλοίο;

Si nous faisions une croisière?

kanoumé mia krouaziéra mé plio	σι νου φΕζίΟ ΟΥν κΡουαζιεΡ	
Καπετάνιος	**Capitaine**	
kapétanios	καπιτεν	
Καπνίζοντες	**Fumeurs**	
kapnizonndès	φΟΥμΕΡ	
Κατάστρωμα	**Pont**	
katastroma	πΌ	
Κατεβαίνω	**Descendre**	
katévéno	ντεσΆντΡ	
Κιγκλίδωμα	**Bastingage**	
kinnklidhoma	μπαστΈγκαΖ	
Κόμβος	**Noeud**	
kommvos	νΕ	
Κουβέρτα	**Couverture**	
kouverta	κουβεΡτΟΥΡ	
Κουκέτα	**Couchette**	
koukéta	κουΣετ	
Κουπί	**Rame**	
koupi	Ραμ	
Κράτηση θέσης	**Réservation**	
kratissi thessis	ΡεζεΡβασίΟ	
Κρουαζιέρα	**Croisière**	
krouaziéra	κΡουαζιεΡ	
Κύμα	**Vague**	
kima	βαγκ	
Κύτος	**Cale**	
kitos	καλ	
Λιμάνι	**Port**	
limani	ποΡ	
Μαούνα	**Péniche**	
maouna	πενιΣ	
Μη καπνίζοντες	**Non fumeurs**	
mi kapnizonndès	νΌ φΟΥμΕΡ	
Μίλι	**Mille**	

mili | μιλ

Μπορείτε να μου δώσετε τα δρομολόγια των πλοίων για... | **Pouvez-vous me donner l'horaire des traversées pour...?**
borité na mou dhossété ta dhromoloya tonn plionn ya... | πουβε βου μΕ ντονε λοΡεΡ ντε τΡαβεΡσε πουΡ

Μπροστινό κατάστρωμα | **Pont avant**
brostino katastroma | πΌ αβΆ

Ναυτιλιακή εταιρία | **Compagnie maritime**
naftiliaki étéria | κΌπανι μαΡιτιμ

Ναύτης | **Mousse**
naftis | μους

Ναυτία | **Mal de mer**
naftia | μαλ ντΕ μεΡ

Ναυτικό μίλι | **Mille marin**
naftiko mili | μιλ μαΡΈ

Ναυτικός | **Marin**
naftikos | μαΡΈ

Νησί | **Ile**
nissi | ιλ

Ξαπλώστρα | **Chaise-longue**
xaplostra | Σεζ λΌγκ

Παλαμάρι | **Amarres**
palamari | αμαΡ

Πέλαγος | **Le large**
pélaghos | λΕ λαΡΖ

Πηδάλιο | **Gouvernail**
pidhalio | γκουβεΡναγ(ι)

Πλήρωμα | **Équipage**
pliroma | εκιπαΖ

Πλώρη | **Proue**
plori | πΡου

Πορεία | **Route**
poria | Ρουτ

Πόσο διαρκεί το ταξίδι;	**Combien de temps dure la traversée?**
posso dhiarki to taxidhi	κΌμπίΈ ντΕ τΆ ντΟΥΡ λα τΡαβεΡσε
Πότε έρχεται το πλοίο από...;	**Quand arrive le bateau en provenance de...?**
poté erHété to plio apo	κΆ αΡιβ λΕ μπατο Ά πΡοβνΆς ντΕ
Πότε πρέπει να είμαστε στο πλοίο;	**Quand devons-nous être au bateau?**
poté prépi na imasté sto plio	κΆ ντΕβΌ νου ετΡ ο μπατο
Πότε φεύγει το επόμενο πλοίο για...;	**Quand part le prochain bateau à destination de...?**
poté févyi to epoméno plio ya...	κΆ παΡ λΕ πΡοΣΈ μπατο α ντεστινασιΌ ντΕ
Πού είναι το ναυτιλιακό πρακτορείο;	**Où se trouve l'agence maritime?**
pou iné to naftiliako praktorio	ου σΕ τΡουβ λαΖΆς μαΡιτιμ
Προκυμαία	**Jetée**
prokiméa	ΖΕτε
Πρύμνη	**Poupe**
primni	πουπ
Ρυμουλκό	**Remorqueur**
rimoulko	ΡΕμοΡκΕΡ
Σεζλόγκ	**Chaise-longue**
sezlonng	Σεζ λΌγκ
Σημαδούρα	**Bouée**
simadhoura	μπουε
Σημαία	**Pavillon**
siméa	παβιγιΌ
Σκάλα	**Passerelle**
skala	πασΡελ
Σκοινί	**Cordage**
skini	κοΡνταΖ

Συμπληρωματικό εισιτήριο simmbliromatiko issitirio	**Supplément** σΟΥπλεμΆ
Σωσίβια βάρκα sossivia varka	**Canot de sauvetage** κανο ντΕ σοβταΖ
Σωσίβιο sossivio	**Bouée de sauvetage** μπουε ντΕ σοβταΖ
Ταξιδέψατε καλά; taxidhepsaté kala	**Vous avez fait bon voyage?** βου ζαβε φε μπΌ βουαγιαΖ
Ταξιδιώτης taxidhiotis	**Voyageur** βουαγιαΖΕΡ
Τελωνείο télonio	**Douane** ντουαν
Τι ώρα είναι η αναχώρηση (η επιβίβαση, η άφιξη); ti ora iné i anaHorissi (i épivivassi, i afixi)	**A quelle heure est le départ (l'embarquement, l'arrivée)?** α κελ ΕΡ ε λΕ ντεπαΡ (λΆμπαΡκΕμΆ, λαΡιβε)
Το κατάρτι to katarti	**Le mât** λΕ μα
Τουαλέτες toualétès	**Les toilettes** λε τουαλετ
Τραπεζαρία trapézaria	**La salle à manger** λα σαλ α μΆΖε
Τρικυμία trikimia	**Tempête** τΆπετ
Υπάρχουν ακόμα ελεύθερες καμπίνες; iparHoun akoma éléfthérès kabinès	**Y a-t-il encore des cabines disponibles?** ιατιλ ΆκοΡ ντε καμπιν ντισπο-νιμπλ
Φάρος faros	**Phare** φαΡ
Φινιστρίνι finistrini	**Hublot** ΟΥμπλο
Ωράριο δρομολογίων orario dhromoloyionn	**Horaire** οΡεΡ

17. ΤΑΞΙΔΙ ΜΕ ΑΥΤΟΚΙΝΗΤΟ
taxidhi mé aftokinito

17. EN VOITURE
Ά βουατΟΥΡ

Άδεια κυκλοφορίας adhia kikloforias	**Carte grise** καΡτ γκΡιζ
Αλλαγή λαδιών alayi ladhionn	**Vidange** βιντΆΖ
Αλυσίδα alissidha	**Chaîne** Σεν
Αμάξωμα amaxoma	**Carrosserie** καΡοσΡι
Αμόλυβδη amolivdhi	**Essence sans plomb** εσΆς σΆ πλΟ
Αμορτισέρ amortisser	**Amortisseur** αμοΡτισΕΡ
Αμπραγιάζ ammbrayiaz	**Embrayage** ΆμπΡεγιαΖ
Αναφλεκτήρας anaflektiras	**Bougie** μπουΖι
Αναχώρηση anaHorissi	**Départ** ντεπαΡ
Ανεμιστήρας anémistiras	**Ventilateur** βΆτιλατΕΡ
Ανταλλακτικά anndalaktika	**Pièces de rechange** πιες ντΕ ΡΕΣΆΖ
Αντανακλαστήρας anndanaklastiras	**Cataphote** καταφοτ
Αντικαθιστώ anndikathisto	**Remplacer** ΡΆπλασε
Αντιψυκτικό anndipsiktiko	**Antigel** ΆτιΖελ
Αντλία πετρελαίου (νερού, βενζίνης, λαδιού, ιντζεξιόν) anndlia pétréléou (nérou, vennzinis, ladhiou, inntzek-	**Pompe à gasole (à eau, à essence, à huile, à injection)** πΌπ α γκαζολ (α ο, α εσΆς, α ΟΥιλ, α ΈΖεκσίΟ)

sionn)

Αξελερατέρ
axélérater

Accélérateur
αξελεΡατΕΡ

Άξονας διεύθυνσης (μετά-δοσης, του τιμονιού)

axonas dhiefthinnsis (méta-dhossis, tou timoniou)

Arbre de direction (de transmission, Colonne de direction)

αΡμπΡ ντΕ ντιΡεκσιΌ (ντΕ τΡΆσμισιΌ, κολον ντΕ ντιΡεκσιΌ)

Απαγορεύεται η στάθμευση
apaghorévété i stathmefsi

Stationnement interdit
στασιονμΆ ΈτεΡντι

Αποθαμβωτής
apothammvotis

Dégivreur
ντεΖιβΡΕΡ

Αποσταγμένο νερό
apostaghméno néro

Eau distillée
ο ντιστιλε

Αποσυνδεμένος
aposinndhéménos

Débranché
ντεμπΡΆΣε

Αργά
argha

Lentement
λΆτμΆ

Αργός
arghos

Lent
λΆ

Αριθμός του ασφαλιστηρίου
arithmos tou asfalistiriou

Numéro de police d'assurance
νΟΥμεΡο ντΕ πολις ντασΟΥΡΆς

Αριστερά
aristéra

A gauche
α γκοΣ

Ασθενοφόρο
asthénoforo

Ambulance
ΆμπΟΥΛΆς

Αυτό το λάστιχο θέλει φτιάξιμο
afto to lastiHo théli ftiaximo

Ce pneu doit être réparé
σΕ πνΕ ντουα ετΡ ΡεπαΡε

Αυτός είναι ο δρόμος για...;
aftos iné o dhromos ya

C'est bien la route de...
σε μπιΈ λα Ρουτ ντΕ...

Αυτός ερχόταν από δεξιά (α-ριστερά, απέναντι)

aftos erHotann apo dhexia

Il arrivait de la droite (de la gauche, d'en face)

ιλ αΡιβε ντΕ λα ντΡουατ (ντΕ

(aristéra, apénanndi)

Αυτός πήγαινε στη μέση του δρόμου
aftos piyéné sti messi tou dhromou

Il roulait au milieu de la route
ιλ Ρουλε ο μιλιΕ ντΕ λα Ρουτ

Αυτός πήγαινε σαν τρελός
aftos piyéné sann trélos

Il roulait comme un fou
ιλ Ρουλε κομ Έ φου

Άφιξη
afixi

Arrivée
αΡιβε

Βάζω μπροστά
vazo brosta

Démarrer
ντεμαΡε

Βαλβίδα
valvidha

Soupape
σουπαπ

Βγάλτε τη μίζα
vghalté ti miza

Coupez le contact
κουπε λΕ κΌτακτ

Βενζινάδικο
venndhinadhiko

Station-service
στασιΟ σεΡβις

Βενζίνη
venndhini

Essence
εσΆς

Βεντιλατέρ
venndilater

Ventilateur
βΆτιλατΕΡ

Βίδα
vidha

Écrou
εκΡου

Βοηθήστε με λίγο, σας παρακαλώ
voïthisté mé ligho sas parakalo

Pouvez-vous m'aider, s'il vous plaît?
πουβε βου μεντε σιλ βου πλε

Βραχυκύκλωμα
vraHikikloma

Court-circuit
κουΡ σιΡκΟΥι

Βρόμικος
vromikos

Sale
σαλ

Γαλλικό κλειδί
ghaliko klidhi

Clé anglaise
κλε Άγλεζ

Γεμίζω
yémizo

Recharger, remplir
ΡΕΣαΡΖε, ΡΆπλιΡ

Γέφυρα
yéfira

Pont
πΌ

Γκάζι
gazi

Accélérateur
αξελεΡατΕΡ

Γρανάζι
ghranazi

Pignon
πινίΟ

Γρασάρισμα
ghrassarizma

Graissage
γκΡεσαΖ

Γράσο
ghrasso

Graisse
γκΡες

Γρύλος
ghrilos

Cric
κΡι

Δακτυλίδι
dhaktilidhi

Segment
σεγκμΆ

Δείκτης λειτουργείας του φλας
dhiktis litouryias tou flas

Lampe-témoin de fonction-nement des clignotants
λΆπ τεμουΈ ντΕ φΌκσιονμΆ ντε κλινιοτΆ

Δείκτης βενζίνης (λαδιού)
dhiktis vennzinis (ladhiou)

Jauge à essence (à huile)
ZοΖ α εσΆς (α ΟΥιλ)

Δε βλέπετε το σήμα;
dhenn vlépété to sima

Vous ne voyez pas le panneau?
βου νΕ βουαγε πα λε πανο

Δεν ακούσατε την κόρνα;
dhenn akoussaté tinn korna

Vous n'avez pas entendu le klaxon?
βου ναβε παζΆτΆντΟΥ λΕ κλαξον

Δεν λειτουργούν τα φρένα
dhenn litourghounn ta fréna

Les freins ne marchent plus
λε φΡΈ νΕ μαΡΣ πλΟΥ

Δεν λειτουργεί
dhenn litouryi

ça ne marche pas
σα νΕ μαΡΣ πα

Δεν μπορώ να βάλω ταχύτητα

dhenn boro na valo taHitita

Je n'arrive pas à passer les vitesses

ZE ναΡιβ πα α πασε λε βιτες

Δεξιά

A droite

dhexia

Δέχεστε να είστε μάρτυρας;
dhéHesté na isté martiras

Διάβαση βουνού
dhiavassi vounou

Διακόπτης μίζας
dhiakoptis mizas

Διανομέας
dhianoméas

Διασταύρωση
dhiastavrossi

Διαφορικό
dhiaforiko

Διόδια
dhiodhia

Δίπλα
dhipla

Δισκόφρενο
dhiskofréno

Διωστήρας
dhiostiras

Δοχείο βενζίνης (λαδιού, πετρελαίου)
dhoHio vennzinis (ladhiou, pétréléou)

Δρόμος (φιδίσιος)
dhromos (fidhissios)

Δυναμό
dhinamo

Δώστε μου τα χαρτιά του αυτοκινήτου (την πράσινη κάρτα, την ασφάλεια...)
dhosté mou ta Hartia tou aftokinitou (tinn prassini

α ντΡουατ

Acceptez-vous de témoigner?
αξεπτε βου ντE τεμουανιε

Col
κολ

Contact
κʼΟτακτ

Distributeur
ντιστΡιμπΟΥτΕΡ

Carrefour
καΡφουΡ

Différentiel
ντιφεΡΆσιελ

Péage
πεαΖ

A côté
α κοτε

Frein à disques
φΡΈ α ντισκ

Bielle
μπιελ

Réservoir d'essence (Carter, Réservoir de gasole)
ΡεζεΡβουαΡ ντεσΆς (καΡ-τεΡ, ΡεζεΡβουαΡ ντE γκαζολ)

Route (qui serpente)
Ρουτ (κι σεΡπΆτ)

Dynamo
ντιναμο

Donnez-moi les papiers de la voiture (la carte verte, la police d'assurance...)
ντονε μουα λε παπιε ντE λα βουατΟΥΡ (λα καΡτ βεΡτ, λα

karta, tinn asfalia...)

Δώστε μου τα χαρτιά σας
(την άδεια οδήγησης...)
dhosté mou ta Hartia sas (tinn adhia odhiyissis...)

Εγώ πήγαινα δεξιά
égho piyéna dhexia

Είναι καλός ο δρόμος;
iné kalos o dhromos

Είναι σπασμένη μια σούστα
iné spazméni mia sousta

Είναι ένα επείγον περιστατικό
iné éna épighonn péristatiko

Είναι τρύπιο το λάστιχο
iné tripio to lastiHo

Είστε ανοιχτά τη νύχτα;
isté aniHta ti niHta

Είχα δικαίωμα προσπέρασης
iHa dhikéoma prospérassis

Είχα ένα αυτοκινητιστικό α-
τύχημα
iHa éna aftokinistiko atiHima

Είχα ένα χτύπημα πλευρικά
iHa éna Htipima plevrika

Έκανα ζημιά στο αμάξωμα
ékana zimia sto amaxoma

Έκανα μία παρέκκλιση για
να αποφύγω έναν πεζό (πο-
δηλάτη, σκύλο, αυτοκίνητο...)
ékana mia paréklissi ya na apofigho énann pézo (podhilati, skilo, aftokinito)

Εκδρομή

πολις ντασΟΥΡΆς...)

Donnez-moi vos papiers
(votre permis de conduire...)
ντονε μουα βο παπιε (βοτΡ περΜι ντΕ κΌντΟΥιΡ...)

Je tenais ma droite
ΖΕ τΕνε μα ντΡουατ

La route est bonne?
λα Ρουτ ε μπον

Une suspension est morte
ΟΥν σΟΥσπΆσιΟ ε μοΡτ

C'est un cas urgent
σετΈκα ΟΥΡΖΆ

Le pneu est crevé
λΕ πνΕ ε κΡΕβε

Vous ouvrez la nuit?
βου ζουβΡε λα νΟΥι

J'avais le droit de doubler

Ζαβε λΕ ντΡουα ντΕ ντουμπλε

J'ai eu un accident de la
route
Ζε ΟΥ Ένα ξιντΆ ντΕ λα Ρουτ

On m'a heurté sur le côté
Ό μα ΕΡτε σΟΥΡ λΕ κοτε

J'ai endommagé la carrosserie
Ζε ΆντομαΖε λα καΡοσΡι

J'ai fait un écart pour éviter
un piéton (un cycliste, un
chien, une voiture...)
Ζε φε Έ νεκαΡ πουΡ εβιτε Έ πιετΌ (Έ σικλιστ, ΟΥν βουατΟΥΡ...)

Excursion

ekdhromi

Εκκεντροφόρος άξονας
ékenndroforos axonas

Ελατήριο
élatirio

Ελαττωματικός
élatomatikos

**Ελέγχετε τη στάθμη των υ-
γρών των φρένων;**
élennHété ti stathmi tonn
ighronn tonn frénonn

Έμβολο
emmvolo

Έμεινα από βενζίνη
émina apo vennzini

Εμπρός
emmbros

Εξάτμιση
eksatmissi

**Εξήντα λίτρα πετρέλαιο, πα-
ρακαλώ**
eksinnda litra pétréléo,
parakalo

Εξωτερικό καθρεφτάκι
eksotériko kathreftaki

Επιδιορθώνω
épidhiorthono

Επισκευή
épiskévi

Έσβησε η μηχανή
esvissé i miHani

Εσωτερικό καθρεφτάκι
essotériko kathreftaki

Ευθεία

εξκΟΥΡσίΟ

Arbre à cames
αΡμπΡ α καμ

Ressort
ΡΕσοΡ

Défectueux
ντεφεκτΟΥΕ

**Vous contrôlez le niveau du
liquide de frein?**
βου κΌτΡολε λε νιβο ντΟΥ
λικιντ ντΕ φΡΕ

Piston
πιστΟ

Je suis en panne d'essence
ΖΕ σΟΥι ζΑ παν ντεσΆς

L'avant
λαβΆ

Pot d'échappement
πο ντεΣαπμΑ

**Soixante litres de gasole, s'il
vous plaît**
σουσΆτ λιτΡ ντΕ γκαζολ σιλ
βου πλε

Rétroviseur extérieur
ΡετΡοβιζΕΡ εξτεΡιΕΡ

Réparer
ΡεπαΡε

Réparation
ΡεπαΡασιΟ

Le moteur a calé
λΕ μοτΕΡ α καλε

Rétroviseur intérieur
ΡετΡοβιζΕΡ ΈτεΡιΕΡ

Tout droit

efthia | του ντΡουα

Ευθυγράμμιση | **Réglage du parallélisme**

efthighramissi | ΡεγλαΖ ντΟΥ παΡαλελιζμ

Ευθύνη | **Responsabilité**

efthini | ΡεσπΟσαμπιλιτε

Ευθύς δρόμος | **Ligne droite**

efthis dhromos | λινι(Ε) ντΡουατ

Έχει κανένα γκαράζ (χώρο στάθμευσης) εδώ; | **Y a-t-il un garage (un parking) près d'ici;**

éHi kanéna garaz (Horo stathmefsis) édho | ιατιλ Έ γκαΡαΖ (Έ παΡκινγκ) πΡε ντισι

Έχει πέσει η μπαταρία, χρειά-άζεται φόρτιση | **La batterie est à plat, il faut la recharger**

éHi pessi i bataria, Hriazété fortissi | λα μπατΡι ετα πλα, ιλ φο λα ΡΕΣαΡΖε

Έχετε την καλοσύνη να ειδο-ποιήσετε την αστυνομία; | **Auriez-vous l'amabilité de prévenir la police?**

éHété tinn kalossini na idhopiissété tinn astinomia | οΡιεβου λαμαμπιλιτε ντΕ πΡεβνιΡ λα πολις

Έχετε άδεια οδήγησης (α-νταλλακτικά για..., φαρμα-κείο); | **Vous avez un permis de conduire (des pièces de rechange pour..., une trousse de secours)?**

éHété adhia odhiyissis (anndalaktika ya, farmakio) | βουζαβε Έ πεΡμι ντΕ κΌν-τΟΥιΡ (ντε πιες ντΕ ΡΕΣΑΖ πουΡ, ΟΥν τΡους ντΕ σΕκουΡ)

Έχω τραυματιστεί | **Je suis blessé**

éHo travmatisti | ΖΕ σΟΥι μπλεσε

Ζεσταίνεται πολύ | **Le moteur chauffe trop**

zesténété poli | λΕ μοτΕΡ Σοφ τΡο

Ζικλέρ | **Gicleur**

zikler | ΖικλΕΡ

Ζώνη ασφαλείας | **Ceinture de sécurité**

zoni asfalias | σΈτΟΥΡ ντΕ σεκΟΥΡιτε

Ηλεκτρικό σύστημα
ilektriko sistima
Circuit électrique
σιΡκΟΥι ελεκτΡικ

Η μπαταρία είναι τελείως πεσμένη
i bataria iné telios pezméni
La batterie est à plat
λα μπατΡι ετα πλα

Ήταν δικό σας σφάλμα
itann dhiko sas sfalma
C'est de votre faute
σε ντΕ βοτΡ φοτ

Θαμπώνω
thammbono
S'embuer
σΆμπΟΥε

Θα σταματήσουμε στο ...
tha stamatissoumé sto
Nous allons nous arrêter à...
νου ζαλΟ νου ζαΡετε α

Θέλω είκοσι λίτρα σούπερ (ένα μπιτόνι λάδι)
thélo ikossi litra souper (éna bitoni ladhi)
Mettez-moi vingt litres de super (un bidon d'huile)
μετε μουα βΈ λιτΡ ντΕ σΟΥπεΡ (Έ μπιντΌ ντΟΥιλ)

Θέλω να νοικιάσω ένα (ελαφρό/δυνατό) αυτοκίνητο για δύο μέρες (με /χωρίς οδηγό)
thélo na nikiasso éna (élafro/dhinato) aftokinito ya dhio mérès (mé/Horis odhigho)
Je voudrais louer une voiture (de petite/grosse cylindrée) pour deux jours avec (sans) chauffeur
ZE βουντΡε λουε ΟΥν βουατΟΥΡ (ντΕ πΕτιτ/γκΡος σιλΈντΡε) πουΡ ντΕ ZουΡ (αβεκ/σΆ ΣοφΕΡ)

Θέρμανση
thermannsi
Chauffage
ΣοφαΖ

Θερμοστάτης
thermostatis
Thermostat
τεΡμοστα

Θόρυβος
thorivos
Bruit
μπΡΟΥι

Κάθισμα
kathizma
Siège
σιεΖ

Κάθισμα μπροστινό (πισινό)
kathizma brostino (pissino)
Siège avant (arrière)
σιεΖ αβΆ (αΡιεΡ)

Καλέστε γρήγορα ένα ασθενοφόρο (ένα γιατρό, την α-
Appelez vite une ambulance (un médecin, la police...)

στυνομία...)
kalesté ghrighora éna
asthénoforo (éna yatro, tinn
astinomia...)

απλε βιτ ΟΥν ΆμπΟΥλΆς (Έ
μεντσΈ, λα πολις...)

Κάλυμμα κυλίνδρου
kalima kilinndhrou

Joint de culasse
ΖουΈ ντΕ κΟΥλας

**Κάλυμμα των αποσκευών
του αυτοκινήτου**
kalima tonn aposkévonn tou
aftokinitou

Bâche

μπαΣ

Κάναμε ένα πολύ καλό ταξίδι
kanamé éna poli kalo taxidhi

Nous avons fait bon voyage
νουζαβΌ φε μπΌ βουαγιαΖ

**Κανόνες οδικής κυκλοφο-
ρίας**
kanonès odhikis kikloforias

**Les règles du code de la
route**
λε Ρεγκλ ντΟΥ κοντ ντΕ λα Ρουτ

Κάνουμε μια μικρή στάση εδώ;
kanoumé mia mikri stassi
édho

On s'arrête un peu ici?
Ό σαΡετ Έ πΕ ισι

**Κάνω όπισθεν (στροφή επι-
τόπου)**
kano opisthenn (strofi épi topou)

**Faire marche arrière (demi-
tour)**
φεΡ μαΡΣ αΡιεΡ (ντΕμι τουΡ)

Καπό
kapo

Le capot
λΕ καπο

Καρμπιρατέρ
karburater

Le carburateur
λΕ καΡμπΟΥΡατΕΡ

Καροσερί
karosséri

La carrosserie
λα καΡοσΡι

Κατσαβίδι
katsavidhi

Tournevis
τουΡνΕβις

Κατεύθυνση
katefthinnsi

Direction
ντιΡεκσιΌ

Κεραία
kéréa

Antenne
Άτεν

Κεφαλή κυλίνδρου

Culasse

kéfali kilinndrou	kΟΥλας
Κιβώτιο διεύθυνσης (ταχυτήτων)	**Boîte de direction (de vitesses)**
kivotio diefthinnsis (taHititonn)	μπουατ ντΕ ντιΡεκσιΟ (ντΕ βιτες)
Κινητήρας	**Moteur**
kinitiras	μοτΕΡ
Κλάξον	**Avertisseur**
klaxonn	αβεΡτισΕΡ
Κλειδαριά	**Serrure**
klidharia	σεΡΟΥΡ
Κλειδί (της μίζας)	**Clé (de contact)**
klidhi (tis mizas)	κλε (ντΕ κΌτακτ)
Κλιματισμός	**Climatisation**
klimatizmos	κλιματιζασιΟ
Κοκοράκι	**Culbuteur**
kokoraki	κΟΥλ μπΟΥτΕΡ
Κολλημένο	**Coincé**
koliméno	κουΈσε
Κοντέρ	**Compteur de vitesse**
konnder	κΌτΕΡ ντΕ βιτες
Κόρνα	**Avertisseur**
korna	αβεΡτισΕΡ
Κυκλοφορία	**Circulation**
kikloforia	σιΡκΟΥλασιΟ
Κύλινδρος	**Cylindre**
kilinndhros	σιλΈντΡ
Κύριος δρόμος	**Route principale**
kirios dhromos	Ρουτ πΡΈσιπαλ
Λάδι	**Huile**
ladhi	ΟΥιλ
Λάμπα	**Ampoule**
lammba	Άπουλ
Λασπωτήρας	**Garde-boue**

laspotiras

Λάστιχο (χιονιού)
lastiHo (Hioniou)

Λίμα
lima

Λίπανση
lipannsi

Λιπαντικό
lipanndiko

Λιώνω τη μπιέλα
liono ti biéla

Λουρί του βεντιλατέρ
louri tou venndilater

Λωρίδα κυκλοφορίας
loridha kikloforias

Μάρτυρας
martiras

Μάσκα
maska

Με στράβωσαν τα φώτα
mé stravossann ta fota

Μετάδοση
métadhossi

Μετασχηματιστής
métasHimatistis

Μετρητής χιλιομέτρων
métritis Hiliométronn

Μην εμποδίζετε τη διέλευση
minn   emmbodhizété ti
diélefsi

Μήπως ήσασταν μάρτυρας;
mipos issastann martiras

Μήπως πηγαίνετε για ...;
mipos piyénété ya...

γκαΡντ μπου

Pneu (neige)
πνΕ (νεΖ)

Lime
λιμ

Graissage
γκΡεσαΖ

Lubrifiant
λΟΥμπΡιφιΆ

Couler une bielle
κουλε ΟΥν μπιελ

Courroie de ventilateur
κουΡουα ντΕ βΆτιλατΕΡ

Couloir de circulation
κουλουαΡ ντΕ σιΡκΟΥλασιΌ

Témoin
τεμουΈ

Calandre
καλΆντΡ

Les phares m'ont ébloui
λε φαΡ μΌ εμπλουι

Transmission
τΡΆσμισιΌ

Transformateur
τΡΆσφοΡματΕΡ

Compteur de vitesse
κΌτΕΡ ντΕ βιτες

Vous gênez la circulation
βου Ζενε λα σιΡκΟΥλασιΌ

Vous avez été témoin?
βουζαβε ετε τεμουΈ

Vous n'allez pas à ... par hasard?
βου ναλε πα α... παΡ αζαΡ

Μήπως πρέπει να αλλάξω το μπουζί;
mipos prépi na alaxo to bouzi

Dois-je remplacer cette bougie?
ντουαΖ ΡΆπλασε σετ μπουΖι

Μηχανή
miHani

Moteur
μοτΕΡ

Μηχανικός
miHanikos

Mécanicien
μεκανισιΈ

Μια καινούρια σαμπρέλα, παρακαλώ
mia kénouria sammbréla parakalo

Mettez une nouvelle chambre à air, s'il vous plaît
μετε ΟΥν νουβελ ΣΆμπΡ α εΡ σιλ βου πλε

Μίζα
miza

Démarreur
ντεμαΡΕΡ

Μονόδρομος
monodhromos

Sens unique
σΆς ΟΥνικ

Μοτέρ
moter

Moteur
μοτΕΡ

Μοχλός ταχύτητων
moHlos taHititonn

Levier de vitesses
λΕβιε ντΕ βιτες

Μπαταρία
bataria

Batterie
μπατΡι

Μπιέλα
biéla

Bielle
μπιελ

Μπλεγμένος
bleghménos

Bloqué
μπλοκε

Μπομπίνα
bobina

Bobine d'allumage
μπομπιν νταλΟΥμαΖ

Μπορείτε να κολλήσετε αυτή τη σαμπρέλα (να με ρυμουλκήσετε, να μου πλύνετε το αυτοκίνητο, να το επισκευάσετε, να το γεμίσετε, να αλλάξετε αυτό το λάστιχο, να γεμίσετε τη μπαταρία, να κα-

Pouvez-vous réparer cette chambre à air (me remorquer, me faire un lavage , la réparer, faire le plein, changer ce pneu, recharger la batterie, nettoyer le carburateur, nettoyer le

θαρίσετε το καρμπιρατέρ/το παρμπρίζ, να ρυθμίσετε τα φώτα, να με βοηθήσετε να αλλάξω αυτή τη ρόδα /να σπρώξω, να μου δανείσετε έ-να γρύλο, ν'αλλάξετε τα λά-δια, να γεμίσετε αυτό το δο-χείο, να ελέγξετε το νερό και τα λάδια /τον αέρα στα λά-στιχα /τα φρένα/το καρμπι-ρατέρ, να ρίξετε λίγο νερό στο ψυγείο, να μου κάνετε έ-να γενικό σέρβις μέχρι αύριο);

borité na kolissété afti ti sammbréla (na mé rimoul-kissété, na mou plinété to aftokinito, na to épiskévassété, na to yémissété, na alaxété afto to lastiHo, na yémissété ti bataria, na katharissété to karbirater/to parbriz, na rithmissété ta fota, na mé voïthissété na alaxo afti ti rodha/na sproxo, na mou dhanissété éna ghrilo, nalaxété ta ladhia, na yémissété afto to dhoHio, na élennxété to néro ké ta ladhia / tonn aéra sta lastiHa /ta fréna/to karbirater, na rixété ligho néro sto psiyio, na mou kanété éna yéniko servis méHri avrio

Μπορείτε να με πάτε στο...

borité na mé paté sto...

pare-brise, régler les phares, m'aider à changer cette roue/à pousser , me prêter un cric, faire la vidange, remplir ce bidon, vérifier l'eau et l'huile/la pression des pneus/les freins/le carburateur, mettre un peu d'eau dans le radiateur, me faire une révision complète pour demain)?

πουβε βου ΡεπαΡε σετ ΣΆμπΡ α εΡ (μΕ ΡΕμοΡκε, μΕ φεΡ Έ λαβαΖ, λα ΡεπαΡε, φεΡ λΕ πλΈ, ΣΆΖε σΕ πνΕ, ΡΕΣαΡΖε λα μπατΡι, νετουαγε λΕ καΡμπΟΥΡατΕΡ/λΕ παΡ μπΡιΖ, Ρεγκλε λε φαΡ, μεντε α ΣΆΖε σετ Ρου/α πουσε, μΕ πΡετε Έ κΡι, φεΡ λα βιντΆΖ, ΡΆπλιΡ σΕ μπιντΌ, βεΡιφιε λο ε λΟΥιλ/λα πΡεσιΌ ντε πνΕ/λε φΡΈ/λΕ καΡμπΟΥΡατΕΡ, μετΡ Έ πΕ ντο ντΆ λΕ ΡαντιατΕΡ, μΕ φεΡ ΟΥν ΡεβιζιΌ κΌπλετ πουΡ ντΕμΈ)

Pouvez-vous me conduire à...?

πουβε βου μΕ κΌντΟΥιΡ α

Μπορείτε να μου το δείξετε στο χάρτη;
borité na mou to dhixété sto Harti

Pouvez-vous m'indiquer sur la carte?
πουβε βου μ'Εντικε σΟΥΡ λα καΡτ

Μπορείτε να τους πείτε πού βρίσκομαι και ότι το αυτοκίνητό μου έχει βλάβη;
borité na tous pité pou vriskomé ké oti to aftokinito mou éHi vlavi

Pouvez-vous leur dire où je me trouve et que ma voiture est en panne?
πουβε βου λΕΡ ντι± ου ΖΕ μΕ τΡουβ ε κΕ μα βουατΟΥΡ ετΆ παν

Μπορούμε να καλέσουμε την οδική βοήθεια;
boroumé na kalessoumé tinn odhiki voïthia

Peut-on faire venir le secours routier?
πΕτΌ φεΡ βΕνιΡ λΕ σΕκουΡ Ρουτιε

Μπορώ να ανοίξω το παράθυρο;
boro na anixo to parathiro

Est-ce que je peux ouvrir la fenêtre?
εσκΕ ΖΕ πΕ ουβΡιΡ λα φΕνετΡ

Μπορώ να αφήσω το αυτοκίνητο εδώ (να κλείσω το παράθυρο, να χρησιμοποιήσω το τηλέφωνο;
boro na afisso to aftokinito édho (na klisso to parathiro, na Hrissimopiisso to tiléfono)

Je peux laisser ma voiture ici (fermer la fenêtre, me servir du téléphone)?
ΖΕ πΕ λεσε μα βουατΟΥΡ ισι (φεΡμε λα φΕνετΡ, μΕ σεΡβιΡ ντΟΥ τελεφον)

Μπουζί
bouzi

Bougie
μπουΖι

Μπουλόνι
bouloni

Boulon
μπουλΟ

Μπροστινός άξονας
brostinos axonas

Cardan
καΡντΆ

Να αλλάξετε τα λάδια, παρακαλώ
na alaxété ta ladhia, parakalo

Faites-moi une vidange, s'il vous plaît
φετμουαΟΥν βιντΆΖ σιλβουπλε

Να το γεμίσετε σούπερ, πα-
ρακαλώ
na to yémissété souper, para-
kalo

**Faites le plein de super, s'il
vous plaît**
φετ λΕ πλΈ ντΕ σΟΥπεΡ σιλ
βου πλε

Νερό (αποσταγμένο)
néro (apostaghméno)

Eau (distillée)
ο (ντιστιλε)

Νοσοκομείο
nossokomio

Hôpital
οπιταλ

Ντεπόζιτο νερού τζαμιών
dépozito nérou tzamionn

Lave-glace
λαβ γλας

Ντεπόζιτο της βενζίνης
dépozito tis vennzinis

Réservoir d'essence
ΡεζεΡβουαΡ ντεσΆς

Ντίζα
diza

Tige
τιΖ

Ντουλαπάκι
doulapaki

Boîte à gants
μπουατ α γκΆ

Ξεβιδώνω
xévidhono

Dévisser
ντεβισε

Ξεπαγώνω
xépaghono

Dégivrer
ντεΖιβΡε

Ξεσφιγμένος
xesfighménos

Desserré
ντεσεΡε

Οδικός κώδικας
odhikos kodhikas

Code de la route
κοντ ντΕ λα Ρουτ

Οδικός χάρτης
adhikos Hartis

Carte routière
καΡτ ΡουτιεΡ

Οδός άνευ (μετά) διοδίων
odhos anef (méta) dhiodhionn

Route sans (avec) péage
Ρουτ σΆ (αβεκ) πεαΖ

Οροφή
orofi

Toit
τουα

Όχημα βυτιοφόρο
oHima vitioforo

Camion-citerne
καμιΟ σιτεΡν

Πάγος
paghos

Verglas
βεΡγλα

Παραμορφωμένος	**Déformé**
paramorfoménos	ντεφοΡμε
Παρέκκλιση	**Écart**
paréklissi	εκαΡ
Παρμπρίζ	**Pare-brise**
parbriz	παΡ μπΡιζ
Πατάω γκάζι	**Accélérer**
patao gazi	αξελεΡε
Πατάω το αμπραγιάζ	**Embrayer**
patao to ammbrayiaz	ΆμπΡεγε
Πατάω το ντεμπραγιάζ	**Débrayer**
patao to débrayiaz	ντεμπΡεγε
Πάτωμα	**Plancher**
patoma	πλΆΣε
Πένσα	**Pince**
pennsa	πΈς
Πεντάλι του γκαζιού (του φρένου, του αμπραγιάζ)	**Accélérateur (Pédale de frein, Embrayage)**
pédali tou gaziou (tou frénou, tou ammbrayiaz)	αξελεΡατΕΡ (πενταλ ντΕ φΡΈ, ΆμπΡεγιαΖ)
Πετάχτηκε στο δρόμο	**Il a traversé la route d'un seul coup**
pétaHtiké sto dhromo	ιλ α τΡαβεΡσε λα Ρουτ ντΈ σΕλ κου
Πετρέλαιο	**Gasole**
pétréléo	γκαζολ
Πετρελαιομηχανή	**Moteur diésel**
pétréléomiHani	μοτΕΡ ντιεζελ
Πίεση λάστιχου	**Pression des pneus**
piessi lastiHou	πΡεσιΌ ντε πνΈ
Πινακίδα	**Plaque d'immatriculation**
pinakidha	πλακ ντιματΡικΟΥλασιΌ
Πιστόνι	**Piston**
pistoni	πιστΌ

Πίσω pisso	L'arrière λαΡιεΡ
Πίσω κάθισμα (παράθυρο, φώτα) pisso kathiszma (parathiro, fota)	Banquette (Lunette , Feux) arrière μπΆκετ (λΟΥνετ, φΕ) αΡιεΡ
Πλαίσιο plessio	Châssis Σασι
Πλύσιμο plissimo	Lavage λαβαΖ
Ποιες είναι οι ώρες στάθμευσης; piès iné i orès stathmefsis	De quelle heure à quelle heure le parking est-il ouvert? ντΕ κελ ΕΡ α κελ ΕΡ λΕ παΡκινγκ ετιλ ουβεΡ
Ποιο είναι το μέγιστο επιτρεπόμενο όριο ταχύτητας στη Γαλλία; pio iné to méyisto épitrépoméno orio taHititas sti ghalia	Quelle la vitesse maximum permise en France? κελ ε λα βιτες μαξιμομ περΜιζ Ά φΡΆς
Πορτμπαγκάζ portbagaz	Coffre κοφΡ
Πόσο είναι από εδώ μέχρι ...; posso iné apo édho méHri...	C'est loin d'ici à... σε λουΈ ντισι
Πόσο είναι το ενοίκιο αυτού του αυτοκινήτου για μία μέρα; posso iné to énikio aftou tou aftokinitou ya mia méra	Combien coûte la location de cette voiture pour une journée? κΌμπιΈ κουτ λα λοκασιΟ ντΕ σετ βουατΟΥΡ πουΡ ΟΥν ΖουΡνε
Πόσο έχει το πάρκινγκ για μία νύχτα; posso éHi to parking ya mia niHta	Quel est le prix du garage par nuit? κελ ε λΕ πΡι ντΟΥ γκαΡαΖ παΡ νΟΥι

Πόσο θα μείνουμε εδώ;

Combien de temps allons-nous rester ici?

posso tha minoumé édho

κΌμπιΈ ντΕ τΆ αλΌ νου Ρε-στε ισι

Πόσο θα στοιχίσει η επι-σκευή;

Combien va coûter la réparation?

posso tha stiHissi i épiskévi

κΌμπιΈ βα κουτε λα ΡεπαΡα-σιΌ

Πόσο κοστίζει;

Combien cela coûte-t-il?

posso kostizi

κΌμπιΈ σΕλα κουτ τιλ

Πόσο μπορώ να αφήσω το αυτοκίνητό μου εδώ;

Pendant combien de temps est-ce que je peux laisser ma voiture ici?

posso boro na afisso to aftokinito mou édho

πΆντΆ κΌμπιΈ ντε τΆ εσκΕ ΖΕ πΕ λεσε μα βουατΟΥΡ ισι

Πότε θα είναι έτοιμο, παρα-καλώ;

Quand la voiture sera-t-elle prête, s'il vous plaît?

poté tha iné étimo parakalo

κΆ λα βουατΟΥΡ σΕΡατελ πΡετ σιλ βου πλε

Πότε θα φθάσουμε στο ...;

A quelle heure arriverons-nous à...?

poté tha ftassoumé sto...

α κελ ΕΡ αΡιβΡΌ νου α...

Πότε κλείνετε;

A quelle heure fermez-vous?

poté klinété

α κελ ΕΡ φεΡμε βου

Πού είναι το επόμενο βενζι-νάδικο;

Où se trouve la prochaine station-service?

pou iné το époméno venndhinadhiko

ου σΕ τΡουβ λα πΡοΣεν στα-σιΌ σεΡβις

Πού έχει ανοιχτό βενζινάδι-κο;

Où y a-t-il une station-service ouverte?

pou éHi aniHto venndhina-dhiko

ου ιατιλ ΟΥν στασιΌ σεΡβις ουβεΡτ

Πού θα μπορούσα να φάω;

Où pourrais-je déjeuner?

pou tha boroussa na fao

ου πουΡεΖ ντεΖΕνε

Πού μπορώ να αφήσω το αυτοκίνητό μου (να παρκά-ρω, να βρω λίγο νερό/μηχα-νικό;

pou boro na afisso to aftikinito mou (na parkaro, na vro ligho néro/miHaniko)

Où puis-je garer ma voiture (stationner , trouver un peu d'eau/un mécanicien)?

ου πΟΥιΖ γκαΡε μα βου-ατΟΥΡ (στασιονε, τΡουβε Έ πΕ ντο/Έ μεκανισιΈ)

Πού μπορώ να κάνω ένα τη-λεφώνημα;

pou boro na kano éna tiléfonima

Où pourrais-je téléphoner?

ου πουΡεΖ τελεφονε

Πράσινη κάρτα

prassini karta

Carte verte

καΡτ βεΡτ

Πρέπει να σας αφήσω εγ-γύηση;

prépi na sas afisso ennghiissi

Dois-je verser une caution?

ντουαΖ βεΡσε ΟΥν κοσιΌ

Προβολέας (ομίχλης)

provoléas (omiHlis)

Phare (anti-brouillard)

φαΡ (Άτι μπΡουγιαΡ)

Προσοχή (χώρος εργοταξίου, γλιστερή επιφάνεια...)

prosoHi (Horos erghotaxiou, ghlistéri épifania)

Attention (chantier, route glissante...)

ατΆσιΌ (ΣΆτιε, Ρουτ γλισΆτ)

Προσπέρασμα

prospérazma

Dépassement

ντεπασμΆ

Πρόστιμο

prostimo

Amende

αμΆντ

Προτεραιότητα

protéréotita

Priorité

πΡιοΡιτε

Προφυλακτήρας

profilaktiras

Pare-chocs

παΡ Σοκ

Πτώση λίθων

ptossi lithonn

Chute de pierres

ΣΟΥτ ντΕ πιεΡ

Πώς μπορώ να πάω στο ...;

pos boro na pao sto

Pour aller à...?

πουΡ αλε ᾳ

Ραδιόφωνο	Radio
radiofono	Ραντιο
Ρεζέρβα	Roue de secours
rézerva	Ρου ντΕ σΕκουΡ
Ρεζερβουάρ	Réservoir
rézervouar	ΡεζεΡβουαΡ
Ρελαντί	Ralenti
rélanndi	ΡαλΆτι
Ρόδα	Roue
rodha	Ρου
Ρολόι	Montre
roloï	μΌτΡ
Ρουλεμάν	Roulement
roulémann	ΡουλμΆ
Ρυθμίζω	Régler
rithmizo	Ρεγλε
Ρυμουλκούμενο	Remorque
rimoulkouméno	ΡΕμοΡκ
Ρυμουλκώ	Remorquer
rimoulko	ΡΕμοΡκε
Σαμπρέλα	Chambre à air
sammbréla	ΣΆμπΡ α εΡ
Σασί	Châssis
sassi	Σασι
Σασμάν αυτόματο	Boîte de vitesses automatique
sasmann aftomato	μπουατ ντΕ βιτες οτοματικ
Σε πόσα χιλιόμετρα είναι το κοντινότερο βενζινάδικο;	A combien de kilomètres se trouve le poste à essence le plus proche?
sé possa Hiliométra iné to konndinotéro venndhinadhiko	α κΌμπίΈ ντΕ κιλομετΡ σΕ τΡουβ λΕ ποστ α εσΆς λΕ πλΟΥ πΡοΣ
Σήματα κυκλοφορίας	Signalisation routière
simata kikloforias	σινιαλιζασίΌ ΡουτιεΡ

Σηματοδότης φωτεινός	Feu rouge
simatodhotis fotinos	φΕ ΡουΖ
Σιδηροδρομική διάβαση (μη) φυλασσόμενη	**Passage à niveau (non) gardé**
sidhirodhromiki dhiavassi (mi) filassomeni	πασαΖ α νιβο (νΌ) γκαΡντε
Σκοινί ρυμούλκησης	**Câble de remorquage**
skini rimoulkissis	καμπλ ντΕ ΡΕμοΡκαΖ
Σκουριασμένος	**Rouillé**
skouriazménos	Ρουγε
Σούπερ	**Super carburant**
souper	σΟΥπεΡ καΡμπΟΥΡΆ
Σούστα	**Ressort de suspension**
sousta	ΡΕσοΡ ντΕ σΟΥσπΆσιΌ
Σπάω	**Casser**
spao	κασε
Σταματώ	**S'arrêter**
stamato	σαΡετε
Στάση	**Arrêt**
stassi	αΡε
Σταυροδρόμι	**Carrefour**
stavrodhromi	καΡφουΡ
Στοπ	**Feu de stop**
stop	φΕ ντΕ στοπ
Στουπί	**Étoupe**
stoupi	ετουπ
Στρίβω	**Tourner**
strivo	τουΡνε
Στριμωγμένο	**Coincé**
strimoghménos	κουΈσε
Στρίψτε αριστερά (δεξιά)	**Tournez à gauche (à droite)**
stripsté aristéra (dhexia)	τουΡνε α γκοΣ (α ντΡουατ)
Στροφαλοφόρος άξονας	**Vilebrequin**
strofaloforos axonas	βιλμπΡΕκΈ

Στροφή	**Virage**
strofi	βιPαZ
Στροφόμετρο	**Compte-tours**
strofométro	κΌτ τουP
Συμπεριλαμβάνεται και η βενζίνη στην τιμή;	**L'essence est-elle comprise dans le prix de location?**
simmbérilammvanété ké i vennzini stinn timi	λεσΆς ετελ κΌπPιζ ντΆ λΕ πPι ντΕ λοκασιΌ
Συμπυκνωτής	**Condensateur**
simmbiknotis	κΌντΆσατΕP
Συμπλέκτης	**Embrayage**
simmblektis	ΆμπPεγιαZ
Συρτό επιστέγασμα	**Toit ouvrant**
sirto épistéghazma	τουα ουβPΆ
Συσπανσιόν	**Suspension**
sispannsionn	σΟΥσπΆσιΌ
Σύστημα ανάφλεξης	**Bobine d'allumage**
sistima anaflexis	μπομπιν νταλΟΥμαZ
Σύρμα	**Fil de fer**
sirma	φιλ ντΕ φεP
Σφίγγω	**Serrer**
sfinngo	σεPε
Σφυρί	**Marteau**
sfiri	μαPτο
Σωλήνα της εξάτμισης	**Pot d'échappement**
solina tis eksatmissis	πο ντεΣαπμΆ
Σώμα της μηχανής	**Bloc-cylindre**
soma tis miHanis	μπλοκ σιλΈντP
Ταμπλό	**Tableau de bord**
tablo	ταμπλο ντΕ μποP
Τάπα	**Bouchon**
tapa	μπουσΌ
Τασάκι	**Cendrier**
tassaki	σΆντPιε

Τανάλια
tanalia
Τάσι
tassi
Ταχύτητα
taHitita
Τζάμι
tzami
Τιμόνι
timoni
Τι ώρα κλείνουν τα βενζινά-δικα;
ti ora klinoun ta venndhina-dhika
Το αμπραγιάζ πατινάρει
to ammbrayaz patinari
Το αυτοκίνητό μου δεν ξεκι-νά (έχει βλάβη)
to aftokinito mou (dhenn xékina, éHi vlavi)
Το έφερα για πλύσιμο και λίπανση
to éféra ya plissimo ké lipannsi
Το καλοριφέρ δεν λειτουργεί
to kalorifer dhenn litouryi
Το κιβώτιο ταχυτήτων στά-ζει λάδι
to kivotio taHititonn stazi ladhi
Τούνελ
tounel
Το ταμπούρο του φρένου
to tammbouro tou frénou
Το ψυγείο στάζει

Tenailles
τΕναγ(ι)
Enjoliveur
ΆΖολιβΕΡ
Vitesse
βιτες
Glace
γλας
Volant
βολΆ
A quelle heure les stations-service ferment-elles?
α κελ ΕΡ λε στασιΌ σεΡβις φεΡμΕτελ
L'embrayage patine
λΆμπΡεγιαΖ πατιν
La voiture ne démarre pas (est en panne)
λα βουατΟΥΡ νΕ ντεμαΡ πα (ετΆ παν)
C'est pour un lavage et un graissage
σε πουΡ Έ λαβαΖ ε Έ γκΡεσαΖ
Le chauffage ne marche pas
λΕ ΣοφαΖ νΕ μαΡΣ πα
Il y a une fuite d'huile à la boîte de vitesse
ιλια ΟΥν φΟΥιτ ντΟΥιλ α λα μπουατ ντΕ βιτες
Tunnel
τΟΥνελ
Le tambour de frein
λΕ τΆμπουΡ ντΕ φΡΈ
Le radiateur fuit

to psiyio stazi

Τραύμα
travma

Τραυματίας
travmatias

Τρέμω
trémo

Τρέχει το ψυγείο
tréHi to psiyio

Τρέχουν τα λάδια
tréHoun ta ladhia

Τροχαία
troHéa

Τροχονόμος
troHonomos

Τροχός μπροστινός (πίσω τροχός)
troHos brostinos (pisso troHos)

Υαλοκαθαριστήρας
ialokatharistiras

Υγρό φρένων
ighro frénonn

Υλικές ζημιές
ilikès zimiès

Υπάρχουν πολλοί μάρτυρες
iparHoun poli martirès

Υπάρχουν τραυματίες
iparHoun travmatiès

Υπάρχει δυνατότητα να ει-δοποιήσεις την Τροχαία;
iparHi dhinatotita na idhopiissis tinn troHéa

Υπάρχει κανένα συνεργείο

λΕ ΡαντιατΕΡ φΟΥι

Blessure
μπλεσΟΥΡ

Blessé
μπλεσε

Vibrer
βιμπΡε

Le radiateur fuit
λΕ ΡαντιατΕΡ φΟΥι

Il y a une fuite d'huile
ιλια ΟΥν φΟΥιπ ντΟΥιλ

Police de la route
πολις ντΕ λα Ρουτ

Agent de police
αΖΆ ντΕ πολις

Roue avant (roue arrière)

Ρου αβΆ (Ρου αΡιεΡ)

Essuie-glaces
εσΟΥι γλας

Liquide de freins
λικιντ ντΕ φΡΕ

Dommages matériels
μτομαΖ ματεΡιελ

Il y a plusieurs témoins
ιλια πλΟΥζιΕΡ τεμουΈ

Il y a des blessés
ιλια ντε μπλεσε

Peut-on prévenir la Police de la route?
πΕτΌ πΡεβνιΡ λα πολις ντΕ λα Ρουτ

Y a-t-il un garage près d'ici?

εδώ κοντά;
iparHi kanéna sineryio édho konnda | ιατιλ Έ γκαΡαΖ πΡε ντισι

Υπάρχει υπηρεσία οδικής βοήθειας;
iparHi ipiressia odhikis voïthias | **Y a-t-il un service de dépannage?**
ιατιλ Έ σεΡβις ντΕ ντεπαναΖ

Υπέρβαση
ipervassi | **Infraction**
ΈφΡακσιΌ

Υπερβολική ταχύτητα
ipervoliki taHitita | **Excès de vitesse**
εξσε ντΕ βιτες

Φανάρι
fanari | **Phare**
φαΡ

Φθαρμένος
ftharménos | **Usé**
ΟΥζε

Φίλτρο αέρα (βενζίνης, λαδιού)
filtro aéra (vennzinis, ladhiou) | **Filtre à air (à essence, à huile)**
φιλτΡ α εΡ (α εσΆς, α ΟΥιλ)

Φλας
flas | **Clignotant**
κλινιοτΆ

Φλάτζα
flatza | **Joint d'étanchéité**
ΖουΈ ντετΆΣεϊτε

Φλάτζα του σταυρού
flatza tou stavrou | **Joint de cardan**
ΖουΈ ντΕ καΡντΆ

Φορτηγό
fortigho | **Camion**
καμιΌ

Φορτίζω
fortizo | **Recharger**
ΡΕΣαΡΖε

Φρένα
fréna | **Freins**
φΡΈ

Φτάνει το λάδι που έχει;
ftani to ladhi pou éHi | **Y a-t-il assez d'huile?**
ιατιλ ασε ντΟΥιλ

Φτερό
ftéro | **Aile**
ελ

Φως του σαλονιού	**Plafonnier**
fos tou saloniou	πλαφονιε
Φώτα	**Éclairage**
fota	εκλεΡαΖ
Φώτα χαμηλά (μεσαία, μακρινά, στοπ, στάθμευσης, αλάρμ, της όπισθεν)	**Feux de position (de croisement, de route, de stop, de stationnement, de détresse, de recul)**
fota Hamila (messéa, makrina, stop, stathmefsis, alarm, tis opisthenn)	φΕ ντΕ ποζισιΌ (ντΕ κΡουαζμΆ, ντΕ Ρουτ, ντΕ στοπ, ντΕ στασιονμΆ, ντΕ ντετΡες, ντΕ ΡεκΟΥλ)
Χειρόφρενο	**Frein à main**
Hirofréno	φΡΈ α μΈ
Χερούλι της πόρτας	**Poignée de porte**
Hérouli tis portas	πουανιε ντΕ ποΡτ
Χρειάζομαι ένα ...	**Je voudrais...**
Hriazomé éna...	ΖΕ βουντΡε
Χωνί του διαφορικού	**Pont arrière**
Honi tou dhiaforikou	πΌ αΡιεΡ
Χώρος στάθμευσης	**Parking**
Horos stathmefsis	παΡκινγκ
Ψήξη	**Refroidissement**
psixi	ΡΕφΡουαντισμΆ
Ψυγείο	**Radiateur**
psiyio	ΡαντιατΕΡ

18. ΤΑΞΙΔΙ ΜΕ ΜΟΤΟΣΙΚΛΕΤΑ
taksidhi mé motosikléta

18. EN MOTO
Ά μοτο

Ακτίνα	**Rayon**
aktina	ΡεγιΌ
Αλυσίδα	**Chaîne**
alissidha	Σεν
Γκάζι	**Poignée des gaz**
gazi	πουανιε ντΕ γκαζ
Κάθισμα	**Selle**
kathizma	σελ
Λασπωτήρας	**Garde-boue**
laspotiras	γκαΡντ μπου
Μαρσπιέδες	**Repose-pieds**
marspiédhès	ΡΕποζ πιε
Μοτοποδήλατο	**Motocyclette**
motopodhilato	μοτοσικλετ
Μοτοσικλέτα	**Motocyclette**
motosikléta	μοτοσικλετ
Μοτοσικλετιστής	**Motocycliste**
motosiklétistis	μοτοσικλιστ
Μπουκάλες	**Fourche avant**
boukalès	φουΡΣ αβΆ
Μπροστινός άξονας	**Cardan**
brostinos axonas	καΡντΆ
Σέλα	**Selle**
séla	σελ
Σταντ	**Béquille**
stannd	μπεκιγ(ι)
Τιμόνι	**Guidon**
timoni	γκιντΌ
Χερούλι	**Poignée**
Hérouli	πουανιε
Ψαλίδι	**Fourche arrière**
psalidhi	φουΡΣ αΡιεΡ

19. ΤΑΞΙΔΙ ΜΕ ΤΡΕΝΟ
taksidhi mé tréno

19. EN TRAIN
Ά τΡΕ

Αίθουσα αναμονής
éthoussa anamonis

Salle d'attente
σαλ ντατΆτ

Αλλαγή
alayi

Changement
ΣΑΖμΑ

Αναχώρηση
anaHorissi

Départ
ντεπαΡ

Ανταπόκριση
anndapokrissi

Correspondance
κοΡεσπΌντΆς

Απλό εισιτήριο
aplo issitirio

Aller simple
αλε σΈπλ

Αποβάθρα
apovathra

Quai
κε

Αποσκευές
aposkévès

Bagages
μπαγκαΖ

Απωλεσθέντα αντικείμενα
apolesthennda anndikiména.

Objets perdus
ομπΖε πεΡντΟΥ

Αυτή η θέση είναι πιασμένη;
afti i thessi iné piazméni

Cette place est-elle libre?
σετ πλας ετελ λιμπΡ

Αυτό το τρένο πηγαίνει κατευθείαν στο...;
afto to tréno piyéni katefthiann sto

Est-ce que le train pour... est direct?
εσκΕ λΕ τΡΈ πουΡ... ε ντιΡεκτ

Άφιξη
afixi

Arrivée
αΡιβε

Βαγόνι (Βαγκονλί, Βαγκον-ρεστοράν)
vaghoni (vagonnli, vagonn-restorann)

Wagon (Wagon-lit, Wagon-restaurant)
βαγκΌ (βαγκΌλι, βαγκΌ-Ρε-στοΡΆ)

Βαλίτσα
valitsa

Valise
βαλιζ

Γραφείο αποσκευών
ghrafio aposkévonn

Consigne
κΌσινι(Ε)

Διάδρομος
dhiadhromos

Couloir
κουλουαΡ

Διαμέρισμα
dhiamérizma

Compartiment
κΌπαΡτιμΆ

Δίχτυ
dhiΗti

Filet
φιλε

Είσοδος
issodhos

Entrée
ΆτΡε

Εισιτήριο πρώτης (δεύτε-
ρης) θέσης
issitirio protis (dheftéris)
thessis

Billet de première (seconde)
classe
μπιγε ντΕ πΡΕμιεΡ (σΕγκΌντ)
κλας

Εκτροχιάστηκε
ektroΗiastiké

Le train a déraillé
λΕ τΡΈ α ντεΡαγε

Ελεγκτής
élennktis

Contrôleur
κΌτΡολΕΡ

Ένα εισιτήριο για Παρίσι,
παρακαλώ
éna issitirio ya parissi parakalo

Un billet pour Paris, s'il
vous plaît
Έ μπιγε πουΡ παΡι σιλ βου πλε

Έξοδος
eksodhos

Sortie
σοΡτι

Εξπρές
exprès

Rapide
Ραπιντ

Επιστροφή
épistrofi

Retour
ΡΕτουΡ

Θα ήθελα ένα απλό εισιτή-
ριο (ένα εισιτήριο με επι-
στροφή, μία κουκέτα στη
δεύτερη θέση, μία θέση βα-
γκονλί)
tha ithéla éna aplo issitirio
(éna issitirio mé épistrofi, mia
koukéta sti dheftéri thessi, mia
thessi vagonnli)

Je voudrais un aller simple
(un aller-retour, une
couchette en seconde, une
place dans un wagon-lit)

ΖΕ βουντΡε Έ ναλε σΈπλ (Έ
ναλε ΡΕτουΡ, ΟΥν κουΣετ Ά
σΕγκΌντ, ΟΥν πλας ντΆ ζΈ
βαγκΌλι)

Θέση	**Place**
thessi	πλας
Θυρίδα	**Guichet**
thiridha	γκιΣε
Καθυστέρηση	**Retard**
kathistérissi	ΡΕταΡ
Καπνίζοντες	**Fumeurs**
kapnizonndès	φΟΥμΕΡ
Καροτσάκι για τις αποσκευές	**Chariot à bagages**
karotsakia ya tis aposkévès	ΣαΡιο α μπαγκαΖ
Κατευθείαν	**Direct**
katefthiann	ντιΡεκτ
Κουκέτα	**Couchette**
koukéta	κουΣετ
Κουπέ	**Compartiment**
koupé	κΌπαΡτιμΆ
Κρατήσεις θέσεων	**Réservation**
kratissis thesséonn	ΡεζεΡβασιΌ
Κυλικείο	**Buffet**
kilikio	μπΟΥφε
Κυλιόμενη σκάλα	**Escalator**
kilioméni skala	εσκαλατοΡ
Μη καπνίζοντες	**Non fumeurs**
mi kapnizonndès	νΌ φΟΥμΕΡ
Μήπως πρέπει να αλλάξω βαγόνι;	**Faut-il changer de wagon?**
mipos prépi na alaxo vaghoni	φοτιλ ΣΆΖε ντΕ βαγκΌ
Μπορείτε να μου δείξετε πού είναι ο σιδηροδρομικός σταθμός;	**Pouvez-vous m'indiquer où est la gare, s'il vous plaît?**
borité na mou dhixété pou iné o sidhirodhromikos stathmos	πουβε βου μΈντικε ου ε λα γκαΡ σιλ βου πλε
Μπουφές	**Buffet**
boufès	μπΟΥφε

Παράθυρο	**Fenêtre**
parathiro	φΕνετΡ
Περίπτερο	**Kiosque**
périptéro	κιοσκ
Πίνακας των δρομολογίων	**Horaire**
pinakas tonn dhromoloyionn	οΡεΡ
Πληροφορίες	**Renseignements**
pliroforiès	ΡΆσενιΕμΆ
Πόρτα	**Portière**
porta	ποΡτιεΡ
Πότε φτάνει το τρένο στο...;	**A quelle heure est-ce que le train arrive à...?**
poté ftani to tréno sto	α κελ ΕΡ ες κΕ λΕ τΡΕ αΡιβ α
Πού βγάζουν εισιτήρια;	**Où prend-on les billets?**
pou vghazoun issitiria	ου πΡΆτΌ λε μπιγε
Πού βρίσκεται (-ονται) η α- ποθήκη για τις αποσκευές (οι πληροφορίες, οι τουαλέ- τες, το κυλικείο);	**Où se trouve(nt) la consigne à bagages (le bureau de renseignements, les toilettes, le buffet de la gare)?**
pou vriskété i apothiki ya tis aposkévès (i pliroforiès, i toualétès, to kilikio)	ου σΕ τΡουβ λα κΌσιν(ιΕ) α μπαγκαΖ, λΕ μπΟΥΡο ντΕ ΡΆσενιΕμΆ, λε τουαλετ, λΕ μπΟΥφε ντΕ λα γκαΡ)
Πρέπει να αλλάξω τρένο;	**Je dois changer de train?**
prépi na alaxo tréno	ΖΕ ντουα ΣΆΖε ντΕ τΡΕ
Σταθμάρχης	**Chef de gare**
stathmarHis	Σεφ ντΕ γκαΡ
Σε πόση ώρα φτάνουμε;	**Dans combien de temps arrivons-nous?**
sé possi ora ftanoumé	ντΆ κΌμπιΕ ντΕ τΆ αΡιβΌ νου
Σιδηροδρομικός σταθμός	**Gare**
sidhirodhromikos stathmos	γκαΡ
Συγγνώμη, αυτή η θέση εί- ναι πιασμένη	**Excusez-moi, cette place est réservée**

---

sighnomi, afti i thessi iné piazméni
Συμπληρωματικό εισιτήριο
simmbliromatiko issitirio
Ταχεία
taHia
Τι ώρα φτάνει το τρένο α-πό...;
ti ora ftani to tréno apo...
Τι ώρα φτάνει στο...;
ti ora ftani sto...
Τι ώρα φεύγει το τρένο;
ti ora févyi to tréno
Το τρένο έχει καθυστέρηση
to tréno éHi kathistérissi
Υπάρχει έκπτωση για τα παιδιά (εστιατόριο στο τρένο);

iparHi ekptossi ya ta pédhia (estiatorio sto tréno)
Υπάρχουν καροτσάκια για τις αποσκευές (κουκέτες);
iparHoun karotsakia ya tis aposkévès(koukétès)

εξκΟΥζε μουα σετ πλας ε Ρε-ζεΡβε
Supplément
σΟΥπλεμΆ
Rapide
Ραπιντ
A quelle heure arrive le train de...?
α κελ ΕΡ αΡιβ λΕ τΡΈ ντΕ...
A quelle heure arrive-t-il à...?
α κελ ΕΡ αΡιβ τιλ α...
A quelle heure part le train?
α κελ ΕΡ παΡ λΕ τΡΈ
Le train a du retard
λΕ τΡΈ α ντΟΥ ΡΕταΡ
Y a-t-il une réduction pour les enfants (un wagon-restaurant)?

ιατιλ ΟΥν ΡεντΟΥκσιΌ πουΡ λεζΆφΆ (Έ βαγκΌ ΡεστοΡΆ)
Y a-t-il des chariots pour les bagages (des couchettes)?
ιατιλ ντε ΣαΡιο πουΡ λε μπα-γκαΖ (ντε κουΣετ)

taksidhi mé léoforio

20. EN AUTOBUS, EN AUTOCAR
Ά νοτομπΟΥς, Ά νοτοκαΡ

Άνοδος
anodhos

Montée
μΌτε

Ανταπόκριση
anndapokrissi

Correspondance
κοΡεσπΌντΆς

Αποσκευή
aposkévi

Bagage
μπαγκαΖ

Αργό
argho

Lent
λΆ

Γεμάτο
yémato

Plein
πλΈ

Γρήγορο
ghrighoro

Rapide
Ραπιντ

Εισιτίριο
issitirio

Billet
μπιγε

Είσοδος
issodhos

Entrée
ΆτΡε

Έξοδος
eksodhos

Sortie
σοΡτι

Έχετε ένα χάρτη των δρομο-λογίων (τις ώρες των δρομο-λογίων);
éHété éna Harti tonn dhromoloyionn (tis orès tonn dhromoloyionn)

Avez-vous un plan du réseau (un horaire)?
αβε βου Έ πλΆ ντΟΥ Ρεζο (Έ νοΡεΡ)

Θα ήθελα ένα εισιτίριο για...
tha ithéla éna issitirio ya...

Je voudrais un billet pour...
ΖΕ βουντΡε Έ μπιγε πουΡ

Μπορείτε να με ειδοποιήσε-τε πότε να κατέβω;
borité na mé idhopiissété poté na katévo

Pouvez-vous me prévenir quand je devrai descendre?
πουβε βου μΕ πΡεβνιΡ κΆ ΖΕ ντΕβΡε ντεσΆντΡ

Θυρίδα

Guichet

thiridha
γκιΣε

Κάθοδος
Descente
kathodhos
ντεσΆτ

Μισή τιμή εισιτηρίου
Demi-tarif
missi timi issitiriou
ντΕμι ταΡιφ

Μπορείτε να μου δείξετε
Pouvez-vous m'indiquer où
πού είναι ο σταθμός των λε-
se trouve la gare routière, s'il
ωφορείων, παρακαλώ;
vous plaît?
borité na mou dhixété pou iné
πουβε βου μ'Εντικε ου σΕ
o stathmos tonn léoforionn
τΡουβ λα γκαΡ ΡουτιεΡ σιλ
parakalo
βου πλε

Μπορείτε να σταματήσετε
Pouvez-vous vous arrêter à...?
στο...;
borité na stamatissété sto
πουβε βου βου ζαΡετε α

Μπορώ να κλείσω (ανοίξω)
Est-ce que je peux fermer
λίγο το παράθυρο;
(ouvrir) un peu la vitre?
boro na klisso (anixo) ligho to
εσκΕ ΖΕ πΕ φεΡμε (ουβΡιΡ)
parathiro
Έ πΕ λα βιτΡ

Οδηγός
Chauffeur
odhighos
ΣοφΕΡ

Πλήρες
Complet
plirès
κΌπλε

Πληροφορίες
Renseignements
pliroforiès
ΡΆσενιΕμΆ

Πόσο κάνει η διαδρομή μέ-
Combien coûte le trajet
χρι...;
jusqu' à...?
posso kani i dhiadhromi
κΌμπιΈ κουτ λΕ τΡαΖε
méHri
ΖΟΥσκα

Πού βγάζουν εισιτήρια;
Où prend-on les billets?
pou vghazoun issitiria
ου πΡΆτΌ λε μπιγε

Πούλμαν
Autocar
poulmann
οτοκαΡ

Πότε φεύγει το πρώτο (τε-
Quand part le premier
λευταίο) λεωφορείο για ...;
(dernier) autobus pour...?

poté févyi to proto (téleftéo)
léoforio ya...

Πού είμαστε εδώ;
pou imasté édho

Πού είναι η στάση του λεω-
φορείου (των ταξί);
pou iné i stassi tou léoforiou
(tonn taxi)

Πού σταματάει το λεωφο-
ρείο για φαγητό;
pou stamataï to léoforio ya
fayito

Προαιρετική στάση
proérétiki stassi

Προάστιο
proastio

Προορισμός
proorizmos

Σταθμός λεωφορείων
stathmos léoforionn

Στάση
stassi

Συμπληρωματικό εισιτήριο
simmbliromatiko issitirio

Τιμή εισιτηρίου
timi issitiriou

Τι ώρα περνάει (φεύγει) το
λεωφορείο;
ti ora pernaï (févyi) to léoforio

Ωράριο δρομολογίων
orario dhromoloyionn

Où sommes-nous?
ου σομ νου

Où est l'arrêt du bus (la
station des taxis)?
ου ε λαΡε ντΟΥ μπΟΥς (λα
στασίΟ ντε ταξι)

Où s'arrête le car pour le
déjeuner?
ου σαΡετ λΕ καΡ πουΡ λΕ
ντεΖΕνε

Arrêt facultatif
αΡε φακΟΥλτατιφ

Banlieue
μπΆλιΕ

Destination
ντεστινασίΟ

Gare routière
γκαΡ ΡουτιεΡ

Arrêt
αΡε

Supplément
σΟΥπλεμΆ

Tarif
ταΡιφ

A quelle heure passe (part)le
bus?
α κελ ΕΡ πας (παΡ) λΕ μπΟΥς

Horaire
οΡεΡ

21. ΣΤΟ ΤΕΛΩΝΕΙΟ
sto tèlonio

21. A LA DOUANE
α λα ντουαν

Άγαμος
aghamos

Célibataire
σελιμπατεΡ

Άδεια κυκλοφορίας
adhia kikloforias

Carte grise
καΡτ γκΡιζ

Άδεια οδήγησης
adhia odhiyissis

Permis de conduire
πεΡμι ντΕ κΌντΟΥιΡ

Ανάστημα
anastima

Taille
ταγ(ι)

Αναχώρηση
anaHorissi

Départ
ντεπαΡ

Ανοίξτε το πορτμπαγκάζ (τη βαλίτσα), παρακαλώ
anixtè to portbgaz (ti valitsa) parakalo

Ouvrez le coffre (la valise), s'il vous plaît
ουβΡε λΕ κοφΡ (λα βαλιζ) σιλβουπλε

Αριθμός διαβατηρίου
arithmos dhiavatiriou

Numéro de passeport
νΟΥμεΡο ντΕ πασποΡ

Άρωμα
aroma

Parfum
παΡφΈ

Αυτές είναι οι αποσκευές μου
aftès iné i aposkévès mou

Voilà mes bagages
βουαλα με μπαγκαΖ

Αυτά είναι χωρίς δασμό
afta iné Horis dhazmo

Ces objets ne sont pas taxés
σε ζομπΖε νΕ σΌ πα ταξε

Βίζα
visa

Visa
βιζα

Γι' αυτό πρέπει να πληρώσετε δασμό
ya afto prépi na plirossété dhazmo

Pour cela, vous devez payer une taxe
πουΡ σΕλα βου ντΕβε πεγιε ΟΥν ταξ

Γούνα
ghouna

Fourrure
φουΡΟΥΡ

Δασμός για εισαγωγή εμπορεύματος (για εξαγωγή ε-

Taxe d'importation (d'exportation, de douane)

μπορεύματος, τελωνείου)
dhazmos ya issaghoyi emm-
borevmatos (ya éksaghoyi
emmborevmatos, téloniou)

ταξ ντΈποΡτασιΌ (ντεξ-
ποΡτασιΌ, ντΕ ντουαν)

**Δεν έχω πιστοποιητικό εμ-
βολίου**
dhenn éΗο pistopiitiko
emmvoliazmou

**Je n'ai pas de certificat de
vaccination**
ΖΕνεπα ντΕ σεΡτιφικα ντΕ
βαξινασιΌ

Δεν έχω τίποτα άλλο
dhenn éΗο tipota alo

Je n'ai rien d'autre
ΖΕ νε ΡιΈ ντοτΡ

Δεν έχω τίποτα να δηλώσω
dhenn éΗο tipota na dhilosso

Je n'ai rien à déclarer
ΖΕ νε ΡιΈ ναντεκλαΡε

Δήλωση τελωνείου
dhilossi téloniou

Déclaration en douane
ντεκλαΡασιΌ Ά ντουαν

Διαβατήριο
dhiavatirio

Passeport
πασποΡ

Εθνικότητα
éthnikotita

Nationalité
νασιοναλιτε

Είναι για δώρο
iné ya dhoro

C'est un cadeau
σετΈ καντο

Είσοδος
issodhos

Entrée
ΆτΡε

Εκτελωνισμός
ektélonizmos

Dédouanement
ντεντουανμΆ

Έλεγχος διαβατηρίου
élennΗos dhiavatiriou

Contrôle des passeports
κΌτΡολ ντε πασποΡ

Ενθύμιο
ennthimio

Souvenir
σουβνιΡ

Έντυπο
enndipo

Formulaire
φοΡμΟΥλεΡ

Έξοδος
eksodhos

Sortie
σοΡτι

Επάγγελμα
épannguelma

Profession
πΡοφεσιΌ

Επώνυμο
éponimo

Nom de famille
νΌντ φαμιγ(ι)

Έχετε τίποτε να δηλώσσετε ;

éHété tipoté na dhilossété

Vous avez quelque chose à déclarer ?
βουζαβε κελκΕΣοζ α ντεκλαΡε

Έχω δύο αρώματα (δύο μπουκάλια κρασί, ένα κουτί πούρα)

éHo dhio aromata (dhio boukalia krassi, éna kouti poura

J'ai deux flacons de parfum (deux bouteilles de vin, une boîte de cigares)
Ζε ντΕ φλακΌ ντΕ παΡφΈ (ντΕ μπουτεγ(ι) ντΕ βΈ, ΟΥν μπουατ ντΕ σιγκαΡ)

Έχω έρθει εδώ για διακοπές (για δουλειές)

éHo erthi édho ya dhiakopès (ya dhouliès)

Je suis ici en vacances (pour affaires)
ΖΕ σΟΥι ζισι ΆβακΆς (πουΡαφεΡ)

Έχω κάνει εμβόλιο κατά της ευλογιάς (της χολέρας)

éHo kani emmvolio kata tis évloyas (tis Holéras)

Je suis vacciné contre la variole (le choléra)
ΖΕ σΟΥι βαξινε κΌτΡ λα βαΡιολ (λΕ κολερα)

Θα μείνω μόνο λίγες μέρες (μια εβδομάδα, ένα μήνα)

tha mino mono liyès mérès (mia evdhomadha, éna mina)

Je vais rester quelques jours (une semaine, un mois) seulement
ΖΕ βε Ρεστε κελκΕ ΖουΡ (ΟΥν σΕμεν, Έ μουα) σΕλμΆ

Κανονισμοί
kanonizmi

Règlement
ΡεγκλΕμΆ

Καπνός
kapnos

Tabac
ταμπα

Κοσμήματα
kozmimata

Bijoux
μπιΖου

Κούτα με τσιγάρα
kouta mé tsighara

Cartouche de cigarettes
καΡτουΣ ντΕ σιγκαΡετ

Κρασί
krassi

Vin
βΈ

Μπορείτε να περιμένετε στο μπαρ μέχρι να τελειώσουν όλοι;
borité na périménété sto bar méHri na téliossounn oli

Vous pouvez attendre au bar que tout le monde ait fini ?
βου πουβε ατΆντΡ ο μπαΡ κΕ του λΕ μΌντ ε φινι

Μπορώ να τηλεφωνήσω στην πρεσβεία;
boro na tiléfonisso stinn presvia

Est-ce que je peux téléphoner à l'ambassade ?
ες κΕ ΖΕ πΕ τελεφονε α λΆμπασαντ

Μπορώ να φύγω;
boro na figho

Est-ce que je peux partir ?
ες κΕ ΖΕ πΕ παΡτιΡ

Οι τελωνειακές διατυπώσεις είναι απλές
i téloniakès dhiatipossis iné aplès

Les formalités douanières sont simples
λε φοΡμαλιτε ντουανιεΡ σΌ σΈπλ

Οικογενειακή κατάσταση
ikoyéniaki katastassi

Situation de famille
σιτΟΥασιΌ ντΕ φαμιγ(ι)

Οινοπνευματώδες ποτό
inopnevmatodhès poto

Boisson alcoolisée
μπουασΌ αλκολιζε

Όνομα
onoma

Prénom
πΡενΌ

Όνομα της μητέρας (του πατέρα)
onoma tis mitéras (tou patéra)

Prénom de la mère (du père)
πΡενΌ ντΕ λα μεΡ (ντΟΥ πεΡ)

Ορίστε η ταυτότητά μου (τα διαβατήριά μας, οι αποσκευές μας)
oristé i taftotita mou (ta diavatiria mas, i aposkevès mas)

Voilà ma carte d'identité (nos passeports, nos bagages)
βουαλα μα καΡτ ντιντΆτιτε (νο πασποΡ, νο μπαγκαΖ)

Πατρικό επώνυμο
patriko éponimo

Nom de jeune fille
νΌ ντΕ ΖΕν φιγ(ι)

Πινακίδα αυτοκινήτου
pinakidha aftokinitou

Plaques d'immatriculation
πλακ ντιματΡικΟΥλασιΌ

Πιστοποιητικό εμβολιασμού
pistopiitiko emmvoliazmou

Certificat de vaccination
σεΡτιφικα ντΕ βαξινασιΌ

Πιστωτική κάρτα
pistotiki karta

Carte de crédit
καΡτ ντΕ κΡεντι

Πόσα χρήματα έχετε μαζί
σας ;
possa Hrimata éHété mazi sas

**Combien d'argent avez-vous
sur vous ?**
κΌμπιΈ νταΡΖΆ αβεβου
σΟΥΡ βου

Ποσό
posso

Somme
σομ

Πόσο δασμό θα πληρώσω
γι' αυτό ;
posso dhazmo tha plirosso
yafto

**Qu'est-ce que je vais payer
comme taxe pour ça ?**
κες κΕ ΖΕ βε πεγιε κομταξ
πουΡ σα

Πόσο επιτρέπεται χωρίς δα-
σμό ;
posso épitrépété Horis
dhazmo

**A combien a-t-on droit sans
payer de taxes ?**
ακΌμπιΈ ατΌ ντΡουα σΆ πε-
γιε ντΕ ταξ

Πόσο θα μείνετε ;

posso tha minété

**Combien de temps allez-
vous rester ?**
κΌμπιΈ ντΕ τΆ αλεβου Ρεστε

Πού μπορώ να πάρω τις α-
ποσκευές ;
pou boro na paro tis aposkévès

**Où puis-je retirer mes
bagages s'il vous plaît ?**
ουπΟΥιΖ ΡΕτιΡε με μπαγκαΖ
σιλ βου πλε

Πρέπει να εκτελωνίσω
αυτό (να πληρώσω δασμό γι'
αυτό, να υπογράψω) ;
prépi na ektélonisso afto (na
plirosso dhazmo yafto, na
ipoghrapso)

**Est-ce que je dois dédouaner
ça (payer une taxe pour ça,
signer) ?**
ες κΕ ΖΕ ντουα ντεντουανε σα
(πεγιε ΟΥν ταξ πουΡ σα, σινιε)

Προσωπικά είδη
prossopika idhi

Affaires personnelles
αφεΡ πεΡσονελ

Συμπληρώστε αυτό το πι-
στοποιητικό
simmblirosté afto to pisto-

Remplissez ce certificat

ΡΆπλισε σΕ σεΡτιφικα

piitiko

Συνάλλαγμα sinalaghma	**Devises** ντΕβιζ
Σύνορο sinoro	**Frontière** φΡΌτιεΡ
Ταξιδεύω για δουλειές taxidhévo ya dhouliès	**Je voyage pour affaires** ΖΕ βουαγιαΖ πουΡ αφεΡ
Τα παιδιά είναι γραμμένα στο διαβατήριό μου ta pédhia iné ghraména sto diavatirio mou	**Les enfants sont inscrits sur mon passeport** λεζΆφΆ σΌτΈσκΡι σΟΥΡ μΌ πασποΡ
Τα χαρτιά μου, παρακαλώ ta Hartia mou parakalo	**Mes papiers, s'il vous plaît** μεπαπιε σιλβουπλε
Τα χαρτιά του αυτοκινήτου ta Hartia tou aftokinitou	**Les papiers de la voiture** λεπαπιε ντΕ λα βουατΟΥΡ
Ταυτότητα taftotita	**Carte d'identité** καΡτ ντιντΆτιτε
Τελείωσα τη δουλειά με το τελωνείο téliossa ti dhoulia mé to télonio	**J'en ai fini avec la douane** ΖΆνε φινι αβεκ λα ντουαν
Τελωνειακοί δασμοί téloniaki dhazmi	**Taxes douanières** ταξ ντουανιεΡ
Τελωνειακός έλεγχος téloniakos élennHos	**Contrôle douanier** κΌτΡολ ντουανιε
Τι έχετε εκεί μέσα; ti éHété éki messa	**Qu'est-ce que vous avez là-dedans ?** κες κΕ βου ζαβε λα ντΕντΆ
Το αυτοκίνητο είναι έτοιμο to aftokinito iné étimo	**La voiture est prête** λα βουατΟΥΡ ε πΡετ
Το διαβατήριό σας, παρακαλώ to diavatirio sas parakalo	**Votre passeport, s'il vous plaît** βοτΡ πασποΡ σιλβουπλε
Τόπος (γέννησης, διαμονής)	**Lieu de (naissance, résidence)**

topos (yénissis, dhiamonis)   λιΕ ντΕ (νεσΆς, ΡεζιντΆς)

Τσιγάρα   **Cigarettes**
tsighara   σιγκαΡετ

Υπογραφή   **Signature**
ipoghrafi   σινιατΟΥΡ

Υπογράφω   **Signer**
ipoghrafo   σινιε

Χρώμα μαλλιών (ματιών)   **Couleur de cheveux (des yeux)**
Hroma malionn (mationn)   κουλΕΡ ντΕ ΣΕβΕ (ντεζιΕ)

22. ΣΤΗΝ ΤΡΑΠΕΖΑ	**22. A LA BANQUE**
stinn trapéza	α λα μπΆκ

Αλλάζω χρήματα	**Changer de l'argent**
alazo Hrimata	ΣΆΖε ντΕ λαΡΖΆ
Απόδειξη	**Reçu**
apodhixi	ΡΕσΟΥ
Γαλλικό φράγκο	**Franc français**
ghaliko franngo	φΡΆ φΡΆσε
Γραμμάτιο	**Traite**
γηραματιο	τΡετ
Δολάριο	**Dollar**
dholario	ντολαΡ
Δραχμή	**Drachme**
dhraHmi	ντΡακμ
Εισπράττω	**Encaisser**
isprato	ΆκεσΕ
Έμβασμα	**Virement**
emmvazma	βιΡμΆ
Έντυπο	**Formulaire**
enndipo	φοΡμΟΥλεΡ
Επιταγή	**Chèque**
épitayi	Σεκ
Ευρωτσέκ	**Eurochèques**
evrotsek	ΕΡοΣεκ
Θα ήθελα να αλλάξω ελληνικές δραχμές	**Je voudrais changer des drachmes**
tha ithéla na alakso ellinikès dhraHmès	ΖΕβουντΡε ΣΆΖε ντε ντΡακμ
Θυρίδα	**Guichet**
thiridha	γκιΣε
Κατάθεση	**Versement**
katathessi	βεΡσΕμΆ
Κέρματα	**Pièces de monnaie**
kermata	πιες ντΕ μονε

Λεφτά
lefta
Argent
αΡΖΆ

Λογαριασμός
loghariazmos
Compte
κΌτ

Λυπάμαι, δεν έχω ψιλά

lipamé dhenn éHo psila
Je suis désolé, je n'ai pas de monnaie
ΖΕ σΟΥι ντεζολέ ΖΕ νε πα ντΕ μονε

Μεταφορά λογαριασμού
métafora loghariazmou
Versement
βεΡσΕμΆ

Μετρητά
métrita
Espèces
εσπες

Μπλοκ επιταγών
blok épitaghonn
Carnet de chèques
καΡνε ντΕ Σεκ

Μπορείτε να με βοηθήσετε να συμπληρώσω το έντυπο (να μου αλλάξετε αυτό το πεντακοσάρικο, να μου δώσετε εκατοστάρικα, να μου χαλάσετε ένα πεντοχίλιαρο)
borité na mé voïthissété na simmblirosso to enndipo (na mou alaksété afto to penndakossariko, na mou dhossété ékatostarika, na mou Halassété éna penndoHiliaro)
Pourriez-vous m'aider à remplir ce formulaire (me changer ce billet de cinq cents, me donner des billets de cent, me faire la monnaie de ce billet de cinq mille) ?
πουΡιε βου μεντε α ΡΆπλιΡ σΕ φοΡμΟΥλεΡ (μΕ ΣΆΖε σΕ μπιγιε ντΕ σΈσΆ, μΕ ντονε ντε μπιγιε ντΕ σΆ, μΕ φεΡ λα μονε ντΕ σΕ μπιγιε ντΕ σΈεκ μιλ)

Νόμισμα
nomizma
Monnaie
μονε

Παίρνω χρήματα
perno Hrimata
Retirer de l'argent
ΡΕτιΡε ντΕ λαΡΖΆ

Πληρωμή
pliromi
Paiement
πεμΆ

Πληρώνω
plirono
Payer
πεγιε

Ποσό posso	**Somme** σομ
Πόσο πάει το φράγκο σήμερα; posso païe to franngo siméra	**Quel est le cours du franc aujourd'hui?** κελ ε λΕ κουΡ ντΟΥ φΡΆ οΖουΡντΟΥι
Πού είναι η τράπεζα (η θυρίδα ανταλλαγής χρημάτων); pou iné i trapéza (i thiridha anndalayis Hrimatonn)	**Où est la banque (le guichet du change)?** ου ε λα μπΆκ (λΕ γκιΣε ντΟΥ ΣΆΖ)
Πρέπει να υπογράψω; prépi na ipoghrapso	**Dois-je signer?** ντουαΖ σινιε, ου
Προμήθεια promithia	**Commission** κομισίΟ
Ρέστα resta	**Monnaie** μονε
Συνάλλαγμα sinalaghma	**Devises** ντΕβιζ
Ταμείο tamio	**Caisse** κες
Ταξιδιωτική επιταγή taxidhiotiki épitayi	**Chèque de voyage** Σεκ ντΕ βουαγιαΖ
Τιμή συναλλάγματος timi sinalaghmatos	**Le cours des devises** λΕ κουΡ ντε ντΕβιζ
Τι πρέπει να κάνω; ti prépi na kano	**Qu'est-ce que je dois faire?** κες κΕ ΖΕ ντουα φεΡ
Τι ώρα ανοίγει η πλησιέστερη τράπεζα; ti ora aniyi i plissiestéri trapéza	**A quelle heure ouvre la banque la plus proche?** α κελ ΕΡ ουβΡ λαμπΆκ λα πλΟΥ πΡοΣ
Υπογραφή ipoghrafi	**Signature** σινιατΟΥΡ
Υπογράφω	**Signer**

ipoghrafo
Φράγκο
franngo
Χαρτονόμισμα
Hartonomizma
Χρήματα
Hrimata
Ψιλά
psila

σινιε
Franc
φΡΆ
Billet de banque
μπιγιε ντΕ μπΆκ
Argent
αΡΖΆ
Monnaie
μονε

23. ΣΤΟ ΞΕΝΟΔΟΧΕΙΟ	23. A L'HOTEL
sto xénodhoHio	α λοτελ

Αερισμός	**Ventilation**
aérizmos	βΆτιλασιΌ
Αλληλογραφία	**Courrier**
aliloghrafia	κουΡιε
Αναχωρώ το πρωί	**Je pars demain matin**
anaHoro to proï	ΖΕ παΡ ντΕμΈ ματΈ
Ανεβάστε μου τις αποσκευές μου, παρακαλώ	**Veuillez monter mes bagages, s'il vous plaît**
anévasté mou tis aposkévès mou, parakalo	βΈγε μΌτε με μπαγκαΖ σιλ βου πλε
Ανελκυστήρας	**Ascenseur**
anelkistiras	ασΆσΕΡ
Ανεμιστήρας	**Ventilateur**
anémistiras	βΆτιλατΕΡ
Ασπρόρουχα	**Linge**
asprorouHa	λΈΖ
Αυτό το δωμάτιο μ'αρέσει	**Cette chambre me plaît**
afto to dhomatio maressi	σετ ΣΆμπΡ μΕ πλε
Άφιξη	**Arrivée**
afixi	αΡιβε
Βάζο	**Vase**
vazo	βαζ
Βολτάζ	**Voltage**
voltaz	βολταΖ
Βρύση	**Robinet**
vrissi	Ρομπινε
Γεμάτο	**Complet**
yémato	κΌπλε
Γεύμα	**Déjeuner**
yevma	ντεΖΕνε
Για πρωινό, θέλω καφέ με	**Pour le petit-déjeuner, je vou-**

γάλα (κακάο, τσάι, καφέ χω-
ρίς γάλα, ψωμί με βούτυρο
και μαρμελάδα, αυγά μελά-
τα, αυγά τηγανιτά, γιαούρτι
με μέλι...)

ya proïno, thélo kafé mé ghala
(kakao, tsaï, kafé Horis ghala,
psomi mé voutiro ké
marméladha, avgha mélata,
avgha tighanita, yaourti mé
méli...)

Γκαρσόνι
garsoni
Δείπνο
dhipno
Δεν έρχεται ζεστό νερό
dhenn erHété zesto néro
Δεν έχει φως στο δωμάτιό μου

dhenn éHi fos sto dhomatio
mou
**Δεν λειτουργεί (το καζανά-
κι, το σιφόνι της τουαλέτας)**
dhenn litouryi (to kazanaki, to
sifoni tis toualétas)
**Δέχεστε τις επιταγές (τα
ευρωτσέκ, τις πιστωτικές
κάρτες) ;**
dhéHesté tis épitayès (ta
évrotsek, tis pistotikès épitayès)
Διεύθυνση
dhiefthinnsi

drais du café au lait (du cacao, du
thé, un café noir, du pain, du
beurre et de la confiture, des
oeufs mollets, des oeufs sur
le plat, du yaourt avec du
miel...)

πουΡ λΕ πΕτι ντεΖΕνε ΖΕ
βουντΡε ντΟΥ καφε ο λε
(ντΟΥ κακαο, ντΟΥ τε, Έ καφε
νουαΡ, ντΟΥ π'Ε, ντΟΥ μπΕΡ
ε ντΕ λα κΌφιτΟΥΡ, ντε ζε
μολε (ντε ζΕ σΟΥΡ λΕ πλα),
ντΟΥ γιαουΡτ αβεκ ντΟΥ μελ)

Garçon
γκαΡσΌ
Dîner
ντινε
L'eau chaude ne vient pas
λο Σοντ νΕ βί'Ε πα
**Il n'y a pas de lumière dans
ma chambre**
ιλ νι α πα ντΕ λΟΥμιεΡ ντΆ μα
ΣΆμπΡ
**La chasse d'eau (le siphon des
toilettes) ne fonctionne pas**
λα Σας ντο (λΕ σιφΌ ντε του-
αλετ) νΕ φΌκσιον πα
**Vous acceptez les chèques (les
euro-chèques, les cartes de
crédit) ?**
βου ζαξεπτε λε Σεκ (λε
ζΕΡοΣεκ, λε καΡτ ντΕ κΡεντι)
Direction
ντιΡεκσιΌ

Διακόπτης
dhiakoptis

Interrupteur
ΈτεΡΟΥπτΕΡ

Διαμέρισμα
dhiamérizma

Appartement
απαΡτΕμΆ

Διαρροή
dhiaroï

Fuite
φΟΥιτ

Δωμάτιο (διπλό, με μπάνιο, με ντους, με ζεστό νερό, με θέα προς τον κήπο/τη θάλασσα, με μπαλκόνι, στον πρώτο /τελευταίο όροφο, στον όροφο, στο ισόγειο, για ... άτομα, για ένα βράδυ, για δύο ημέρες...)

Chambre à deux lits (avec salle de bains, avec douche, avec eau chaude, donnant sur le jardin/la mer, avec balcon, au premier/dernier étage, à l'étage, au rez-de-chaussée, pour ... personnes, pour une nuit, pour deux jours...)

dhomatio (dhiplo, mé banio, mé dous, mé zesto néro, mé théa pros tonn kipo/ti thalassa, mé balkoni, stonn proto /téléftéo orofo, stonn orofo, sto issoyo, ya ... atoma, ya éna vradhi, ya dhio mérès...)

ΣΆμπΡ α ντΕ λι (αβεκ σαλ ντΕ μπΈ, αβεκ ντουΣ, αβεκ ο Σοντ, ντονΆ σΟΥΡ λΕ ΖαΡντΈ/λα μεΡ, αβεκ μπαλκΌ, ο πΡΕμιε/ντεΡνιε ΡεταΖ, αλεταΖ, ο Ρε ντΕ Σοσε, πουΡ ... πεΡσον, πουΡ ΟΥν νΟΥι, πουΡ ντΕ ΖουΡ...)

Είμαστε τέσσερις
imasté tesséris

Nous sommes quatre
νου σομ κατΡ

Είναι έτοιμο το δωμάτιο ;
iné étimo to dhomatio

La chambre est-elle prête ?
λα ΣΆμπΡ ετελ πΡετ

Είναι πολύ ακριβό
iné poli akrivo

C'est très cher
σε τΡε ΣεΡ

Ελάτε μαζί μου
élaté mazi mou

Suivez-moi
σΟΥιβε μουα

Ένα λεπτό, παρακαλώ
éna lepto, parakalo

Un instant, s'il vous plaît
Έ ν'ΕστΆ σιλ βου πλε

Ενοικιάζονται δωμάτια
énikiazonndé dhomatia

Chambres à louer
ΣΆμπΡ α λουε

Εξυπηρέτηση
eksipirétissi

Service
σεΡβις

Εξώπορτα
eksoporta

Porte d'entrée
ποΡτ ντΆτΡε

Επιβάρυνση
épivarinnsi

Supplément
σΟΥπλεμΆ

Επιτρέπονται τα ζώα ;
épitréponndé ta zoa

Vous acceptez les animaux ?
βου ζαξεπτε λε ζανιμο

Εστιατόριο του ξενοδοχείου
estiatorio tou xénodhoHiou

Restaurant de l'hôtel
ΡεστοΡΆ ντΕ λοτελ

Έχασα το κλειδί
éHassa to klidhi

J'ai perdu la clé
Ζε πεΡντΟΥ λα κλε

Έχει ασανσέρ ;
éHi assannser

Y a-t-il un ascenseur ?
ιατιλ Έ νασΆσΕΡ

Έχει βουλώσει η αποχέτευση του μπάνιου (της τουαλέτας)
éHi voulossi i apoHétefsi tou baniou (tis toualétas)

L'évacuation de la salle de bains (des toilettes) est bouchée
λεβακΟΥασίΟ ντΕ λα σαλ ντΕ μπΈ (ντε τουαλετ) ε μπουΣε

Έχει έκπτωση για τα παιδιά ;

éHi ekptossi ya ta pédhia

Y a-t-il un tarif réduit pour les enfants ?
ιατιλ Έ ταΡιφ ΡεντΟΥι πουΡ λε ζΆφΆ

Έχει κανένα γκαράζ (πάρκινγκ) εδώ γύρω ;
éHi kanéna garaz (parking) édho yiro

Y a-t-il un garage (un parking) près d'ici ?
ιατιλ Έ γκαΡαΖ (Έ παΡκινγκ) πΡε ντισι

Έχετε ελεύθερα δωμάτια ;

éHété élefthéra dhomatia

Vous avez des chambres libres ?
βουζαβε ντε ΣΆμπΡ λιμπΡ

Έχετε ένα μονό (διπλό) δω-

Avez-vous une chambre à un

μάτιο ελεύθερο ;
éHété éna mono (dhiplo) dhomatio élefthéro

lit (à deux lits)?
αβε βου ΟΥν ΣΆμπΡ α Έ λι (α ντΕ λι)

Έχετε κανένα παράπονο ;

éHété kanéna parapono

Avez-vous à vous plaindre de quelque chose ?
αβε βου α βου πλΈντΡ ντΕ κελκΕΣοζ

Έχετε γραμματόσημα, καρτ ποστάλ ;
éHété ghramatossima, kart postal

Avez-vous des timbres, des cartes postales ?
αβε βου ντε τΈμπΡ, ντε καΡτ ποσταλ

Έχετε χρηματοκιβώτιο ;
éHété Hrimatokivotio

Avez-vous un coffre-fort ?
αβε βου Έ κοφΡ φοΡ

Έχω κανένα γράμμα ;
éHo kanéna ghrama

Y a-t-il du courrier pour moi?
ιατιλ ντΟΥ κουΡιε πουΡ μουα

Έχω κλείσει ένα δωμάτιο στο ξενοδοχείο σας
éHo klissi éna dhomatio sto xénidhoHio

J'ai réservé une chambre dans votre hôtel
Ζε ΡεζεΡβε ΟΥν ΣΆμπΡ ντΆ βοτΡ οτελ

Έχω μερικά παράπονα

éHo mérika parapona

J'ai quelque reproches à vous faire
Ζε κελκΕ ΡΕπΡοΣ α βου φεΡ

Ζέστη
zesti

Chaleur
ΣαλΕΡ

Ζεστό νερό
zesto néro

Eau chaude
ο Σοντ

Η βρύση στάζει
i vrissi stazi

Le robinet fuit
λΕ Ρομπινε φΟΥι

Ήθελα να παραπονεθώ για ...
ithéla na paraponétho ya...

Je voudrais me plaindre de...
ΖΕ βουντΡε μΕ πλΈντΡ ντΕ

Η θέρμανση δεν λειτουργεί

i thermannsi dhenn litouryi

Le chauffage ne fonctionne pas
λΕ ΣοφαΖ νΕ φΌκσιον πα

Ηλεκτρική ασφάλεια (λάμπα, συσκευή)
ilektriki asfalia (lammba, siskévi)

Plomb (Ampoule électrique, Appareil électrique)
πλΟ (Άπουλ ελεκτΡικ, απαΡεγ(ι) ελεκτΡικ)

Ηλεκτρικό ρεύμα
ilektriko revma

Courant électrique
κουΡΆ ελεκτΡικ

Ηλεκτρικός διακόπτης
ilektrikos dhiakoptis

Interrupteur
ΈτεΡΟΥπΕΡ

'Ησυχο δωμάτιο
issiHo dhomatio

Chambre calme
ΣΆμπΡ καλμ

Θα είμαι στην αίθουσα αναμονής (στο μπαρ)
tha imé stinn éthoussa anamonis (sto bar)

Je serai dans la salle d'attente (au bar)
ΖΕ σΕΡε ντΆ λα σαλ ντατΆτ (ο μπαΡ)

Θα επιστρέψω σε δέκα λεπτά
tha épistrépso sé dhéka lepta

Je reviens dans dix minutes
ΖΕ ΡΕβίΕ ντΆ ντι μινΟΥτ

Θα ήθελα άλλη μία κουβέρτα (ένα μαξιλάρι)
tha ithéla ali mia kouverta (éna maxilari)

Je voudrais une couverture (un oreiller)
ΖΕ βουντΡε ΟΥν κουβεΡτΟΥΡ (Έ νοΡεγε)

Θα ήθελα ένα δίκλινο δωμάτιο (ένα ήσυχο δωμάτιο, ένα ξενοδοχείο που να έχει και εστιατόριο)
tha ithéla éna dhiklino dhomatio (éna issiHo dhomatio, éna xénodhoHio pou na éHi ké estiatorio)

Je voudrais une chambre à deux lits (une chambre calme, un hôtel qui ait un restaurant)
ΖΕ βουντΡε ΟΥν ΣΆμπΡ α ντΕ λι (ΟΥν ΣΆμπΡ καλμ, Έ νοτελ κι ε Έ ΡεστοΡΆ)

Θα ήθελα να τηλεφωνήσω
tha ithéla na tiléfonisso

Je voudrais téléphoner
ΖΕ βουντΡε τελεφονε

Θα σας δω στο σαλόνι του ξενοδοχείου αύριο το πρωί
tha sas dho sto saloni tou

Je vous verrai demain matin dans le salon de l'hôtel
ΖΕ βου βεΡε ντΕμΈ ματΈ ντΆ

xénodhoHio avrio to proï | λΕ σαλΌ ντΕ λοτελ

Θέρμανση | **Chauffage**
thermannsi | ΣοφαΖ

Θυρωρός | **Portier**
thiroros | ποΡυε

Καζανάκι | **Chasse d'eau**
kazanaki | Σας ντο

Καθαρίζω | **Nettoyer**
katharizo | νετουαγε

Καθαρίστρια δωματίων | **Femme de chambre**
katharistria dhomationn | φαμ ντΕ ΣΆμπΡ

Καθρέφτης | **Miroir**
kathreftis | μιΡουαΡ

Κάλυμμα του κρεβατιού | **Couvre-lit**
kalima tou krévatiou | κουβΡλι

Καλώς ήλθατε | **Soyez les bienvenus**
kalos irthaté | σουαγε λε μπιΈβΕνΟΥ

Καμαριέρα | **Femme de chambre**
kamariéra | φαμ ντΕ ΣΆμπΡ

Καναπές | **Canapé**
kanapès | καναπε

Καρέκλα | **Chaise**
karékla | ΣεΖ

Κεντρική θέρμανση | **Chauffage central**
kenndriki thermannsi | ΣοφαΖ σΆτΡαλ

Κλειδαριά | **Serrure**
klidharia | σεΡΟΥΡ

Κλειδί | **Clé**
klidhi | κλε

Κλειδώνω | **Fermer à clé**
klidhono | φεΡμε α κλε

Κλιματισμός | **Climatisation**
klimatizmos | κλιματιζασιΟ

Κοιμάμαι	**Dormir**
kimamé	ντοRμιR
Κομοδίνο	**Table de nuit**
komodhino	ταμπλ ντE νOYι
Κουβέρτα (μάλλινη)	**Couverture (en laine)**
kouverta (malini)	κουβεRτOYP (Ά λεν)
Κουδούνι	**Sonnette**
koudhouni	σονετ
Κουρτίνα	**Rideau**
kourtina	Pιντο
Κρεβάτι	**Lit**
krévati	λι
Κρεμάστρα	**Cintre**
krémastra	σΈτP
Κρύο νερό	**Eau froide**
krio néro	ο φPουαντ
Λάμπα	**Lampe**
lammba	λΆπ
Λείπει (Λείπουν)	**Il manque...**
lipi (lipoun)	ιλ μΆκ
Λογαριασμός	**Note**
loghariazmos	νοτ
Λουτρό	**Salle de bains**
loutro	σαλ ντE μπΈ
Μαξιλάρι	**Oreiller**
maxilari	οPεγε
Μαξιλαροθήκη	**Taie d'oreiller**
maxilarothiki	τε ντοPεγε
Με πρωινό;	**Le petit-déjeuner est-il compris ?**
mé proïno	λE πEτι ντεZEνε ετιλ κΌπPι
Μήνυμα	**Message**
minima	μεσαZ

Μονόκλινο
monoklino

Μπαλκόνι
balkoni

Μπανιέρα
baniéra

Μπάνιο
banio

Μπιντές
bidès

Μπορείτε να αφαιρέσετε μία
κουβέρτα (να καλέσετε ένα
ταξί, να με ξυπνήσετε στις έ-
ξι το πρωί, να μου δείξετε το
δωμάτιο, να μου φέρετε το
πρωινό στο δωμάτιο γιατί εί-
μαι άρρωστος, να με συνδέ-
σετε με την πρεσβεία, να μου
δείξετε ένα άλλο δωμάτιο,
να μου φυλάξετε αυτά τα
πράγματα αξίας, να τοποθε-
τήσετε ένα άλλο κρεβάτι / έ-
να κρεβάτι παιδικό);

borité na aféressété mia
kouverta (na kalessété éna
taxi, na mé xipnissété stis éksi
to proï, na mou dhixété to
dhomatio, na mou férété to
proïno sto dhomatio yati imé
arostos, na mé sinndhessété
mé tinn presvia, na mou
dhixété éna alo dhomatio, na
mou filaxété afta ta praghmata

Chambre à un lit
ΣΆμπ Ρ α Έ λι

Balcon
μπαλκΌ

Baignoire
μπενουαΡ

Salle de bains
σαλ ντΕ μπΈ

Bidet
μπιντε

Pourriez-vous enlever une
couverture (appeler un taxi,
me réveiller à six heures du
matin, me montrer la
chambre, m'apporter le
petit-déjeuner dans ma chambre
parce que je suis malade, me
donner l'ambassade, me
montrer une autre chambre,
mettre ces objets en lieu sûr,
mettre un lit supplé-
mentaire/un lit pour enfant) ?

πουΡιε   βου   Άλβε   ΟΥν
κουβεΡτΟΥΡ (απλε Έ ταξι, μΕ
Ρεβεγε α σι ζΕΡ ντΟΥ ματΈ, μΕ
μΌτΡε λα ΣΆμπΡ, μαποΡτε λΕ
πΕτι ντεΖΕνε ντΆ μα ΣΆμπΡ
παΡσΕ κΕ ΖΕ σΟΥι μαλαντ, μΕ
ντονε λΆμπασαντ, μΕ μΌτΡε ΟΥν
οτΡ ΣΆμπΡ, μετΡ σε ζομπΖε Ά
λιΕ   σΟΥΡ,   μετΡ   Έ   λι

axias, na topothétissété éna alo
krévati/éna krévati pédhiko)

σΟΥπλεμΆτεΡΓΕλι πουΡ ΆφΆ)

Μπορώ να αφήσω τις απο-
σκευές μου εδώ ;

Est-ce que je peux laisser
mes bagages ici ?

boro na afisso tis aposkévès
mou édho

εσκΕ ΖΕ πΕ λεσε με μπαγκαΖ
ισι

Μπορώ να δω το δωμάτιο ;

Est-ce que je peux voir la
chambre ?

boro na dho to dhomatio

εσκΕ ΖΕ πΕ βουαΡ λα ΣΆμπΡ

Μου αρέσει το δωμάτιο

La chambre me plaît

mou aressi to dhomatio

λα ΣΆμπΡ μΕ πλε

Μου φέρνετε, παρακαλώ....

Pourriez-vous m'apporter,
s'il vous plaît...

mou fernété parakalo

πουΡιε βου μαποΡτε σιλ βου πλε

Νερό

Eau

néro

ο

Νιπτήρας

Lavabo

niptiras

λαβαμπο

Ντουλάπα

Armoire

doulapa

αΡμουαΡ

Ντους

Douche

dous

ντουΣ

Ξενοδοχείο (παραλιακό)

Hôtel (au bord de la mer)

xénodhoHio (paraliako)

οτελ (ο μποΡ ντΕ λα μεΡ)

Ο θυρωρός θα πάρει τις α-
ποσκευές σας

Le portier va prendre vos
bagages

o thiroros tha pari tis
aposkévès sas

λΕ ποΡτιε βα πΡΆντΡ βο μπα-
γκαΖ

Οι ασφάλειες έχουν καεί

Les plombs ont sauté

i asfaliès éHoun kaï

λε πλΌ Ό σοτε

Οικογένεια

Famille

ikoyénia

φαμιγ(ι)

Ομπρέλα πλίου

Parasol

ommbréla iliou	παΡασολ
Όροφος	**Etage**
orofos	εταΖ
Παιδικό κρεβάτι	**Lit d'enfant**
pédhiko krévati	λι ντΆφΆ
Παντελόνι	**Pantalon**
panndéloni	π'ΑταλΟ
Πάπλωμα	**Couette**
paploma	κουετ
Παράθυρο	**Fenêtre**
parathiro	φΕνετΡ
Παρακαλώ, ετοιμάστε μου το λογαριασμό	**Pourriez-vous préparer ma note, s´il vous plaît**
parakalo étimasté mou to loghariazmo	πουΡιε βου πΡεπαΡε μα νοτ σιλ βου πλε
Παρακαλώ, συμπληρώστε αυτό το έντυπο	**Veuillez remplir ce formulaire, s'il vous plaît**
parakalo simmblirosté afto to enndipo	βΕγε Ρ'ΑπλιΡ σΕ φοΡμΟΥλεΡ σιλ βου πλε
Παραλία	**Plage**
paralia	πλαΖ
Παράπονα	**Plainte**
parapona	πλΈτ
Περιλαμβάνονται όλα ;	**Tout est compris ?**
périlammvanonndé ola	του τε κΌπΡι
Περιμένω ένα τηλεφώνημα από...	**J'attends un coup de fil de...**
périméno éna tiléfonima apo	ΖατΆ Έ κουντ φιλ ντΕ
Πετσέτα προσώπου (του μπάνιου)	**Serviette de toilette (de bain)**
petséta prossopou (tou baniou)	σεΡβιετ ντΕ τουαλετ (ντΕ μπΈ)
Πισίνα	**Piscine**

pissina

Πλήρες πρωινό
plirès proïno

Πληροφορία
pliroforia

Ποια είναι η τιμή αυτού του δωματίου ;
pia iné i timi aftou tou dhomatiou

Ποιες είναι οι ώρες φαγητού ;

piès iné i orès fayitou

Πολυθρόνα
polithrona

Πόρτα
porta

Πορτατίφ
portatif

Πόση είναι η ηλεκτρική τάση εδώ ;

possi iné i ilektriki tassi édho

Πόσο κάνουν όλα, παρακαλώ ;

posso kanoun ola parakalo

Πόσο κοστίζει η φουλ πανσιόν (η ντεμί πανσιόν) ;
posso kostizi i foul pannsionn (i démi pannsionn)

Πόσο κοστίζει το δωμάτιο την ημέρα (την εβδομάδα) ;

posso kostizi to dhomatio tinn

πισιν

Petit-déjeuner complet
πΕτι ντεΖΕνε κΌπλε

Renseignement
ΡΆσενιΕμΆ

Quel est le prix de cette chambre ?
κελ ε λΕ πΡι ντΕ σετ ΣΆμπΡ

Quelles sont les heures des repas ?
κελ σΌ λε ζΕΡ ντε ΡΕπα

Fauteuil
φοτΕγ(ι)

Porte
ποΡτ

Lampe de chevet
λΆπ ντΕ ΣΕβε

Quel est le voltage ici ?

κελ ε λΕ βολταΖ ισι

Quel est le prix de tout ça, s'il vous plaît ?
κελ ε λΕ πΡι ντΕ του σα σιλ βου πλε

Combien coûte la pension complète (la demi-pension) ?
κΌμπιΈ κουτ λα πΆσιΌ κΌπλετ (λα ντΕμι πΆσιΌ)

Quel est le prix de cette chambre par jour (par semaine) ?
κελ ε λΕ πΡι ντΕ σετ ΣΆμπΡ παΡ

iméra (tinn évdhomadha)

Πόσο πρέπει να πληρώσω ;
posso prépi na plirosso

Πού είναι το γκαράζ ;
pou iné to garaz

Πού είναι το δωμάτιο εκατόν τρία (το τηλέφωνο, ο τηλεφωνικός θάλαμος, το εσπατόριο) ;
pou iné to dhomatio ékatonn tria (to tiléfono, o tiléfonikos thalamos, to estiatorio)

Πουρμπουάρ
pourbouar

Προτιμώ ένα δωμάτιο σε υψηλό όροφο (με θέα στη θάλασσα, που να βλέπει στον κήπο/στην αυλή/στο δρόμο, που να μην έχει ήλιο το απόγευμα)
protimo éna dhomatio sé ipsilo orofo (mé théa sti thalassa, pou na vlépi stonn kipo/stinn avli/sto dhromo, pou na minn éHi ilio to apoyevma)

Πρωινό
proïno

Πώς λειτουργει αυτό ;
pos litouryi afto

Ρεσεψιόν
ressepsionn

Σαπούνι

ΖουΡ (παΡ σΕμεν)

Qu'est-ce que je vous dois ?
κες κΕ Ζο βου ντουα

Où se trouve le garage ?
ου σΕ τΡουβ λΕ γκαΡαΖ

Où se trouve la chambre cent trois (le téléphone, la cabine téléphonique, le restaurant) ?
ου σΕ τΡουβ λα ΣΆμπΡ σΆ τΡουα (λΕ τελεφον, λα καμπιν τελεφονικ, λΕ ΡεστοΡΆ)

Pourboire
πουΡμπουαΡ

Je préférerais une chambre à un étage élevé (qui donne sur la mer/le jardin/la cour/la rue, où il n'y a pas de soleil l'après-midi)
ΖΕ πΡεφεΡεΡε ΟΥν ΣΆμπΡ α Ε νεταΖ ελβε (κι ντον σΟΥΡ λα μεΡ/λΕ ΖαΡντΈ/λα κουΡ/λα ΡΟΥ ου ιλ νιαπα ντΕ σολεγ(ι) λαπΡε μιντι)

Petit-déjeuner
πΕτι ντεΖΕνε

Comment ça marche ?
κομΆ σα μαΡΣ

Réception
ΡεσεπσιΌ

Savon

sapouni

Σβήνω

svino

Σεζλόγκ

sezlonng

Σεντόνι

senndoni

Σε ποιον όροφο βρίσκεται ;

sé pionn orofo vriskété

Σερβιτόρος (Σερβιτόρα)

servitoros (servitora)

Σκάλα

skala

Σκέπασμα κρεβατιού

sképazma krévatiou

Σπίρτο

spirto

Σταχτοδοχείο

staHtodhoHio

Στείλτε μου ένα μπουκάλι μεταλλικό νερό (ένα ποτήρι, το πρωινό μου στο δωμάτιό μου στις εννέα)

stilté mou éna boukali métaliko néro (éna potiri, to proïno mou sto dhomatio mou stis ennéa)

Στρώμα

stroma

Συρτάρι

sirtari

Σύστημα αερισμού

sistima aérizmou

σαβΟ

Éteindre

ετΈντΡ

Chaise longue

Σεζ λΟγκ

Drap

ντΡα

A quel étage est-ce ?

α κελ εταΖ ες

Serveur (Serveuse)

σεΡβΕΡ (σεΡβΕζ)

Escalier

εσκαλιε

Couvre-lit

κουβΡλι

Allumette

αλΟΥμετ

Cendrier

σΆντΡιε

Faites-moi porter une bouteille d'eau plate (un verre, le petit-déjeuner dans ma chambre à neuf heures)

φετ μουα ποΡτε ΟΥν μπουτεγ(ι) ντο πλατ (Ε βεΡ, λΕ πΕτι ντεΖΕνε ντΆ μα ΣΆμπΡ ανΕβΕΡ)

Matelas

ματλα

Tiroir

τιΡουαΡ

Climatisation

κλιματιζασιΟ

Τα δωμάτια έχουν τηλεόρα- | Y a-t-il la télévision (le
ση (τηλέφωνο); | téléphone) dans les chambres?

ta dhomatia éHoun tiléorassi (tiléfono) | ιατιλ λα τελεβιζιΌ (λΕ τελεφον) ντΆ λε ΣΆμπΡ

Ταξιδιωτική επιταγή | **Chèque de voyage**

taxidhiotiki épitayi | Σεκ ντΕ βουαγιαΖ

Τασάκι | **Cendrier**

tassaki | σΆντΡιε

Τάση ρεύματος | **Voltage**

tassi revmatos | βολταΖ

Ταυτότητα | **Carte d'identité**

taftotita | καΡτ νταντΆιτε

Τζάκι | **Cheminée**

tzaki | ΣΕμινε

Τζάμι | **Vitre**

tzami | βιτΡ

Τηλέφωνο | **Téléphone**

tiléfono | τελεφον

Τηλεφωνικός θάλαμος | **Cabine téléphonique**

tiléfonikos thalamos | καμπιν τελεφονικ

Τι αριθμός είναι το δωμάτιό μου; | **Quel est le numéro de ma chambre?**

ti arithmos iné to dhomatio mou | κελ ε λΕ νΟΥμεΡο ντΕ μα ΣΆμπΡ

Τιμή | **Prix**

timi | πΡι

Τι σας οφείλω; | **Qu'est-ce que je vous dois?**

ti sas ofilo | κεσ κΕ ΖΕ βου ντουα

Τι ώρα πρέπει να ελευθερώσω το δωμάτιο; | **A quelle heure dois-je libérer la chambre?**

ti ora prépi na élefthérosso to dhomatio | α κελ ΕΡ ντουαΖ λιμπεΡε λα ΣΆμπΡ

Το διακόσια πέντε, παρακαλώ ;

to dhiakossia penndé parakalo

Le deux cent cinq, s'il vous plaît ?

λΕ ντΕ σΆ σΈκ σιλ βου πλε

Το δωμάτιο έχει κεντρική θέρμανση ;

to dhomatio éHi kenndriki thermannsi

Y a-t-il le chauffage central dans la chambre ?

ιατιλ λΕ ΣοφαΖ σΆτΡαλντΆλα ΣΆμπΡ

Το κλειδί, παρακαλώ

to klidhi parakalo

La clé, s'il vous plaît

λα κλε σιλ βου πλε

Το παράθυρο δεν ανοίγει (κλείνει)

to parathiro dhenn aniyi (klini)

On ne peut pas ouvrir (fermer) la fenêtre

Ὁ νΕ πΕ πα ουβΡιΡ (φεΡμε) λα φΕνετΡ

Τουαλέτα γυναικών (α- ντρών)

toualéta yinékonn (anndronn)

Toilettes   pour   dames (hommes)

τουαλετ πουΡ νταμ (ομ)

Τραπεζαρία

trapézaria

Salle à manger

σαλ α μΆΖε

Υπάρχει τηλεόραση ;

iparHi tiléorassi

Y a-t-il la télévision ?

ιατιλ λα τελεβιζιΌ

Υπάρχουν δωμάτια με λουτρό, με ντους ;

iparHoun dhomatia mé loutro (mé dous)

Y a-t-il des chambres avec salle de bain (avec douche) ?

ιατιλ ντε ΣΆμπΡ αβεκ σαλ ντΕ μπΈ (αβεκ ντουΣ)

Υπάρχουν ελεύθερα δωμάτια ;

iparHoun élefthéra dhomatia

Y a-t-il des chambres libres ?

ιατιλ ντε ΣΆμπΡ λιμπΡ

Υπηρεσία

ipiressia

Service

σεΡβις

Ύπνος

ipnos

Sommeil

σομεγ(ι)

Υπογράψετε εδώ, παρακαλώ

ipoghrapsété édho parakalo

Veuillez signer ici, s'il vous plaît

βΕγε σινιε ισι σιλ βου πλε

Υποδοχή
ipodhoHi

Φεύγω απόψε (αύριο)
févgho apopsé (avrio)

Φιλοδώρημα
filodhorima

Φωτισμός
fotizmos

Χαλάκι του κρεβατιού
Halaki tou krévatiou

Χαλί
Hali

Χαρτί υγείας
Harti iyias

Ψησταριά
psistaria

Ψυγείο
psiyio

Accueil
ακΕγ(ι)

Je pars ce soir (demain)
ΖΕ παΡ σΕ σουαΡ (ντΕμΕ)

Pourboire
πουΡμπυαΡ

Éclairage
εκλεΡαΖ

Descente de lit
ντεσΆτ ντΕ λι

Tapis
ταπι

Papier hygiénique
παπιε ιΖιενικ

Grill-room
γκΡιλρουμ

Réfrigérateur
ΡεφΡιΖεΡατΕΡ

24. ΕΞΟΠΛΙΣΜΟΣ ΤΟΥ ΤΡΑΠΕ-ΖΙΟΥ
eksoplizmos tou trapéziou

24. LE SERVICE ET LA TABLE
λΕ σεΡβις ε λα ταμπλ

Αλατιέρα
alatiéra

Salière
σαλιεΡ

Ανοιχτήρι (για κρασί)
aniHtiri (ya krassi)

Tire-bouchon
τιΡ μπουΣΌ

Ανοιχτήρι (για μπίρα)
aniHtiri (ya bira)

Décapsuleur
ντεκαπσΟΥΛΕΡ

Ανοιχτήρι (για κονσέρβες)
aniHtiri (ya konnservès)

Ouvre-boîtes
ουβΡ μπουατ

Αυγοθήκη
avghothiki

Coquetier
κοκτιε

Δίσκος
dhiskos

Plateau
πλατο

Κανάτα
kanata

Carafe
καΡαφ

Καραφάκι
karafaki

Pichet
πιΣε

Κουβέρ
kouver

Couvert
κουβεΡ

Κουταλάκι
koutalaki

Cuillère à café
κΟΥιγιεΡ α καφε

Κουτάλι
koutali

Cuillère à soupe
κΟΥιγιεΡ α σουπ

Μαχαίρι
maHéri

Couteau
κουτο

Μπουκάλι
boukali

Bouteille
μπουτεγ(ι)

Οδοντογλυφίδα
odhonndoghlifidha

Cure-dents
κΟΥΡ ντΆ

Πετσέτα

Serviette

petséta

Πιρούνι
pirouni

Πιατάκι (φλιτζανιού)
piataki (flitzaniou)

Πιάτο (βαθύ, ρηχό)
piato (vathi, riHo)

Ποτήρι (του κρασιού, του νε-
ρού, της μπίρας, της σαμπά-
νιας)
potiri (tou krassiou, tou nérou,
tis biras, tis sammbanias)

Σερβίτσιο
servitsio

Τασάκι
tassaki

Τραπέζι
trapézi

Τραπεζομάντιλο
trapézomanndilo

Τσαγερό
tsayéro

Φλιτζάνι
flitzani

Ψωμιέρα
psomiéra

σεΡβιετ

Fourchette
φουΡΣετ

Soucoupe
σουκουπ

Assiette (creuse, plate)
ασιετ (κΡΕζ, πλατ)

Verre (à vin, à eau, à bière,
à champagne)

βεΡ (α βΆ, α ο, α μπιεΡ, α
ΣΆπαν(ιΕ)

Couvert
κουβεΡ

Cendrier
σΆντΡιε

Table
ταμπλ

Nappe
ναπ

Théière
τεγιεΡ

Tasse
τας

Corbeille à pain
κοΡμπεγ(ι) α π'Ε

25. ΣΤΟ ΕΣΤΙΑΤΟΡΙΟ, ΣΤΟ ΚΑΦΕΝΕΙΟ	25. AU RESTAURANT, AU CAFÉ
sto estiatorio, sto kafénio	ο ΡεστοΡΆ, ο καφε

Αγγουροσαλάτα	**Salade de concombres**
anngourossalata	σαλαντ ντΕ κΌκΌμπΡ
Αγριογούρουνο	**Sanglier**
aghrioghourouno	σΆγκλιε
Αεριούχο μεταλλικό νερό	**Eau gazeuse**
aériouΗo métaliko néro	ο γκαζΕζ
Αλάτι	**Sel**
alati	σελ
Αλκοόλ	**Alcool**
alkool	αλκολ
Αλλαντικά	**Charcuterie**
alanndika	ΣαΡκυτΡι
Αλμυρό	**Salé**
almiro	σαλε
Αναψυκτικά	**Rafraîchissements**
anapsiktika	ΡαφΡεΣισμΆ
Άνοστο	**Fade**
anosto	φαντ
Αντσούγια	**Anchois**
anndsouya	ΆΣουα
Αρνάκι	**Agneau**
arnaki	ανιο
Αρνίσιο μπούτι	**Gigot**
arnissio bouti	Ζιγκο
Αστακός	**Homard**
astakos	ομαΡ
Αυγά (μελάτα, τηγανιτά, σφιχτά, βραστά, μάτια)	**Oeufs (à la coque, sur le plat, cuits durs, sur le plat)**
avgha (mélata, tighanita,	Ε (α λα κοκ, σΟΥΡ λΕ πλα,

sfiHta, vrasta, matia)   κΟΥι ντΟΥΡ, σΟΥΡ λΕ πλα)

Βερμούτ   **Vermouth**
vermout   βεΡμουτ

Βοδινό κρέας   **Viande de boeuf**
vodhino kréas   βιΆντ ντΕ μπΕφ

Βότκα   **Vodka**
votka   βοντκα

Βούτυρο   **Beurre**
voutiro   μπΕΡ

Βραδινό   **Dîner**
vradhino   ντινε

Βραστό   **Viande bouillie**
vrasto   βιΆντ μπουγι

Γάλα   **Lait**
ghala   λε

Γαλοπούλα   **Dinde**
ghalopoula   ντΈντ

Γαρίδα   **Crevette**
gharidha   κΡΕβετ

Γέμιση   **Farce**
yémissi   φαΡς

Γεμιστές ντομάτες   **Tomates farcies**
yémistès domatès   τοματ φαΡσι

Γεμιστό   **Farci**
yémisto   φαΡσι

Γεύμα   **Déjeuner**
yevma   ντεΖΕνε

Γιαούρτι (με μέλι και καρύ-δια)   **Yaourt (avec du miel et des noix)**
yaourti (mé méli ké karidhia)   γιαουΡτ (αβεκ ντΟΥ μιελ ε ντε νουα)

Γιαχνί   **Ragoût**
yaHni   Ραγκου

Γκαρσόν !
garsonn

Garçon !
γκαΡσΌ

Γλυκό (≠ αλμυρό)
ghliko (≠ almiro)

Sucré (≠ salé)
σΟΥκΡε (≠ σαλε)

Γλυκό
ghliko

Gâteau
γκατο

Γλώσσα
ghlossa

Langue
λΆγκ

Γλώσσα (ψάρι)
ghlossa (psari)

Sole (poisson)
σολ (πουασΌ)

Γουρουνόπουλο σούβλας
ghourounopoulo souvlas

Porcelet à la broche
ποΡσΕλε α λα μπΡοΣ

Γρανίτα
ghranita

Sorbet
σοΡμπε

Δείπνο
dhipno

Dîner
ντινε

Διαιτητικό
dhiétitiko

Diététique
ντιετετικ

Έγινε λάθος
éyiné lathos

Il y a une erreur
ιλια ΟΥν εΡΕΡ

Είμαστε (δύο, τρεις...)
imasté (dhio, tris)

Nous sommes (deux, trois...)
νου σομ (ντΕ, τΡουα)

Ελαιόλαδο
éléoladho

Huile d'olive
ΟΥιλ ντολιβ

Ελιές (μαύρες, πράσινες)
éliès (mavrès, prassinès)

Olives (noires, vertes)
ολιβ (νουαΡ, βεΡτ)

Ένα μπουκάλι κρασί (άσπρο, ροζέ, κόκκινο)
éna boukali krassi (aspro, rozé, kokino)

Une bouteille de vin (blanc, rosé, rouge)
ΟΥν μπουτεγ(ι) ντΕ βΆ (μπλΆ, Ροζε, PουZ)

Ένα παγωτό (κρέμα, σοκολά-τα, μόκα, φράουλα, φυστίκι, ροδάκινο...)

Une glace (à la vanille, au chocolat, au café, à la fraise, à la pistache, à la pêche...)

éna paghoto (kréma, sokolata, moka, fraoula, fistiki, rodhakino)

ΟΥν γλας (α λα βανιγ(ι), ο Σοκολα, ο καφε, α λα φΡεζ, α λα πιστaΣ, α λα πεΣ...)

Ένα σάντουιτς με (ζαμπόν, τυρί)

Un sandwich au (jambon, fromage)

éna sanndouits mé (zamm-bonn, tiri)

Έ σΆντουιτΣ ο (ΖΆμπΌ, φΡομαΖ)

Ένα τοστ

Un croque-monsieur

éna tost

Έ κΡοκ μΕσιΕ

Ένα χυμό (πορτοκαλιού, λε-μονιού...)

Un jus (d'orange, de citron...)

éna Himo (portokaliou, lémoniou)

Έ ΖΟΥ (ντοΡΆΖ, ντΕ σιτΡΌ)

Εντράδες

Hors-d'oeuvre

enndradhès

οΡ ντΕβΡ

Επιδόρπιο

Dessert

épidhorpio

ντεσεΡ

Έχω κρατήσει τραπέζι για δύο άτομα

J'ai réservé une table pour deux personnes

éHo kratissi trapézi ya dhio atoma

Ζε ΡεζεΡβε ΟΥν ταμπλ πουΡ ντΕ πεΡσον

Ζάχαρη

Sucre

zaHari

σΟΥκΡ

Ζυμαρικά

Pâtes

zimarika

πατ

Θα ήθελα ένα τραπέζι (έξω, κοντά σε παράθυρο)

Je voudrais une table (dehors, près d'une fenêtre)

tha ithéla éna trapézi (ekso, konnda sé parathiro)

ΖΕ βουντΡε ΟΥν ταμπλ (ντΕοΡ, πΡε ντΟΥν φΕνετΡ)

Θα ήθελα ένα τσάι (με γάλα, με λεμόνι)

Je voudrais du thé (avec du lait, avec du citron)

tha ithéla éna tsaï (mé ghala, mé lémoni)

ΖΕ βουντΡε ντΟΥ τε (αβεκ ντΟΥ λε, αβεκ ντΟΥ σιτΡΌ)

Θα ήθελα να κρατήσω τραπέ-ζι για τέσσερα άτομα
tha ithéla na kratisso trapézi ya tesséra atoma

Je voudrais réserver une table pour quatre personnes
ΖΕ βουντΡε ΡεζεΡβε ΟΥν ταμπλ πουΡ κατΡ πεΡσον

Κακαβιά
kakavia

Soupe de poisson
σουπ ντΕ πουασΟ

Καλαμάρι
kalamari

Calmar
καλμαΡ

Καλή όρεξη !
kali orexi

Bon appétit !
μπον απετι

Καλοψημένο
kalopsiméno

Bien cuit
μπί'Ε κΟΥι

Καμένο
kaméno

Brûlé
μπΡΟΥλε

Καπνιστό
kapnisto

Fumé
φΟΥμε

Καραβίδα
karavidha

Langoustine
λΆγκουστιν

Καρότο
karoto

Carotte
καΡοτ

Καρπούζι
karpouzi

Pastèque
παστεκ

Καρυκεύματα
karikevmata

Épices
επις

Καρυκεύω
karikévo

Assaisonner
ασεζονε

Κατάλογος φαγητών
kataloghos fayitonn

Carte
καΡτ

Καφές
kafès

Café
καφε

Κέικ
keïk

Cake
κεϊκ

Κεφτέδες

Boulettes de viande

keftédhès	μπουλετ ντΕ βιΆντ	
Κιμάς	**Viande hachée**	
kimas	βιΆντ αΣε	
Κοκκινιστό	**A la sauce tomate**	
kokinisto	α λα σος τοματ	
Κολοκύθι	**Courgette**	
kolokithi	κουΡΖετ	
Κομπόστα	**Fruits au sirop**	
kommbosta	φΡΟΥι ο σιΡο	
Κονιάκ	**Cognac**	
koniak	κονιακ	
Κοτόπουλο	**Poulet**	
kotopoulo	πουλε	
Κουνέλι	**Lapin**	
kounéli	λαπΈ	
Κοτόσουπα	**Bouillon de poule**	
kotossoupa	μπουγιΌ ντΕ πουλ	
Κουνουπίδι	**Chou-fleur**	
kounoupidhi	Σου φλΕΡ	
Κρασί (άσπρο, ροζέ, κόκκινο)	**Vin (blanc, rosé, rouge)**	
krassi (aspro, rozé, kokino)	βΈ (μπλΆ, Ροζε, ΡουΖ)	
Κρατήστε τα ρέστα	**Gardez la monnaie**	
kratisté ta resta	γκαΡντε λα μονε	
Κρέας	**Viande**	
kréas	βιΆντ	
Κρεμ καραμελέ	**Crème au caramel**	
krem karamélé	κΡεμ ο καΡαμελ	
Κρεμμύδι	**Oignon**	
krémidhi	ονιΌ	
Κυνήγι	**Gibier**	
kiniyi	Ζιμπιε	
Λαγός	**Lièvre**	
laghos	λιεβΡ	

Λαγός στιφάδο	**Civet de lièvre**
laghos stifadho	σιβε ντΕ λιεβΡ
Λάδι	**Huile**
ladhi	ΟΥιλ
Λαζάνια	**Lasagnes**
lazania	λαζαν(ιΕ)
Λαχανικά	**Légumes**
laHanika	λεγκΟΥμ
Λάχανο	**Chou**
laHano	Σου
Λεμόνι	**Citron**
lémoni	σιτΡΟ
Λικέρ	**Liqueur**
likèr	λικΕΡ
Λίπος	**Gras**
lipos	γκΡα
Λουκάνικο	**Saucisse**
loukaniko	σοσις
Μαϊντανός	**Persil**
maïnndanos	πεΡσιλ
Μακαρόνια (με κιμά)	**Spaghettis (bolognaise)**
makaronia (mé kima)	σπαγκετι (μπολονιεζ)
Μανιτάρια	**Champignons**
manitaria	ΣΆπινιΟ
Μαρμελάδα	**Confiture**
marméladha	κΌφιτΟΥΡ
Μαρούλι	**Salade verte**
marouli	σαλαντ βεΡτ
Μέλι	**Miel**
méli	μιελ
Μελιτζάνες	**Aubergines**
mélidzanès	ομπεΡΖιν
Μερίδα	**Portion**

méridha

πορσίΟ

Μεταλλικό νερό

Eau plate

métaliko néro

ο πλατ

Μήλο

Pomme

milo

πομ

Μοσχάρι

Boeuf

mosHari

μπΕφ

Μουστάρδα

Moutarde

moustardha

μουταΡντ

Μπακαλιάρος παστός

Morue salée

bakaliaros pastos

μοΡΟΥ σαλε

Μπιζέλια

Petits pois

bizélia

πΕτι πουα

Μπισκότα

Biscuits

biskota

μπισκΟΥι

Μπιφτέκι

Biftecks hachés

biftéki

μπιφτεκ αΣε

Μπριζόλα (μοσχαρίσια/χοι-
ρινή στη σχάρα)

Côtelette (de boeuf/de porc
grillée)

brizola (mosHarissia/Hirini sti
sHara)

κοτελετ (ντΕ μπΕφ/ντΕ ποΡ
γκΡιγε)

Μπίρα

Bière

bira

μπιεΡ

Νερό

Eau

néro

ο

Ντομάτα

Tomate

domata

τοματ

Ξίδι

Vinaigre

xidhi

βινεγκΡ

Ομελέτα

Omelette

oméléta

ομλετ

Ορεκτικά

Hors-d'oeuvre

orektika

οΡ ντΕβΡ

Ορτύκια	**Cailles**
ortikia	καγ(ι)
Ουίσκι	**Whisky**
ouiski	ουισκι
Όχι πολύ ψημένο	**Pas trop cuit**
oHi poli psiméno	πα τΡο κΟΥι
Παγάκια	**Glaçons**
paghakia	γλασΌ
Παγωτό	**Glace**
paghoto	γλας
Παϊδάκια	**Côtelettes d'agneau**
païdhakia	κοτελετ ντανιο
Πάπια	**Canard**
papia	καναΡ
Πάπρικα	**Paprika**
paprika	παπΡικα
Παρμεζάνα	**Parmesan**
parmézana	παΡμΕΖΆ
Πάστα	**Gâteau**
pasta	γκατο
Πατάτες (τηγανιτές)	**Pommes de terre (frites)**
patatès (tighanitès)	πομ ντΕ τεΡ (φΡιτ)
Πατζάρι	**Betterave**
patzari	μπετΡαβ
Πεινάω	**Avoir faim**
pinao	αβουαΡ φΈ
Πεπόνι	**Melon**
péponi	μΕλΌ
Πέρδικα	**Perdrix**
perdhika	πεΡντΡι
Πέστροφα	**Truite**
pestrofa	τΡΟΥιτ
Πιάτο της ημέρας	**Plat du jour**

piato tis iméras	πλα ντΟΥ ΖουΡ
Πιλάφι	**Rix pilaf**
pilafi	Ρι πιλαφ
Πιπέρι	**Poivre**
pipéri	πουαβΡ
Πιπεριά	**Poivron**
pipéria	πουαβΡΌ
Πιτσούνι	**Pigeon**
pitsouni	πιΖΌ
Πορτοκάλι	**Orange**
portokali	οΡΆΖ
Ποτά	**Boissons**
pota	μπουασΌ
Πουλερικά	**Volailles**
poulérika	βολαγ(ι)
Πουρές	**Purée**
pourès	πΟΥΡε
Πράσο	**Poireau**
prasso	πουαΡο
Πρωινό	**Petit-déjeuner**
proïno	πΕτι ντεΖΕνε
Ραπανάκια	**Radis**
rapanakia	Ραντι
Ρεβίθια	**Pois chiches**
révithia	πουα ΣιΣ
Ροδάκινο	**Pêche**
rodhakino	πεΣ
Σαλάμι	**Saucisson**
salami	σοσισΌ
Σαλάτα	**Salade**
salata	σαλαντ
Σάλτσα	**Sauce**
saltsa	σος

Σαμπάνια	Champagne
sammbania	σΆπαν(ιΕ)
Σαρδέλα	Sardine
sardhéla	σαΡντιν
Σερβιτόρος (σερβιτόρα)	Serveur (serveuse)
servitoros (servitora)	σεΡβΕΡ (σεΡβΕζ)
Σκόρδο	Ail
skordho	αγ(ι)
Σόδα	Soda
sodha	σοντα
Σολομός	Saumon
solomos	σομΌ
Σουβλάκι	Brochette
souvlaki	μπΡοΣετ
Σούπα	Soupe
soupa	σουπ
Σουπιά	Seiche
soupia	σεΣ
Σπανάκι	Épinards
spanaki	επιναΡ
Σπαράγγια	Asperges
sparannguia	ασπεΡΖ
Στα κάρβουνα	Au barbecue
sta karvouna	ο μπαΡμπΕκιου
Σταφύλι	Raisin
stafili	ΡεζΈ
Στήθος από κοτόπουλο	Blanc de poulet
stithos apo kotopoulo	μπλΆ ντΕ πουλε
Στη σχάρα	Grillé
sti sHara	γκΡιγε
Συκώτι	Foie
sikoti	φουα
Τζιν	Gin

	tzinn	τΖιν
Τηγανητό		**Frit**
	tighanito	φΡι
Το λογαριασμό, παρακαλώ		**L'addition, s'il vous plaît**
	to loghariazmo parakalo	λαντισίΟ σιλ βου πλε
Το μενού, παρακαλώ		**La carte, s'il vous plaît**
	to ménou parakalo	λα καΡτ σιλ βου πλε
Τσάι		**Thé**
	tsaï	τε
Τυρί		**Fromage**
	tiri	φρομαΖ
Φασόλια		**Haricots**
	fassolia	αΡικο
Φιλέτο		**Filet**
	filéto	φιλε
Φραπέ		**Café glacé**
	frapé	καφε γκλασε
Φρούτο		**Fruit**
	frouto	φΡΟΥι
Φρουτοσαλάτα		**Salade de fruits**
	froutossalata	σαλαντ ντΕ φΡΟΥι
Χοιρινό κρέας		**Viande de porc**
	Hirino kréas	βιΆντ ντΕ ποΡ
Χόρτα		**Salade cuite**
	Horta	σαλαντ κΟΥιτ
Χταπόδι		**Poulpe**
	Htapodhi	πουλπ
Χυμός φρούτων		**Jus de fruit**
	Himos froutonn	ΖΟΥ ντΕ φΡΟΥι
Χωρίς αλάτι		**Sans sel**
	Horis alati	σΆ σελ
Ψάρι		**Poisson**
	psari	πουασΌ

Ψαρόσουπα
psarosoupa
Ψημένο (στον ατμό, στη σχά-ρα, στο φούρνο)
psiméno (stonn atmo, sti sHara, sto fourno)
Ψητό
psito
Ψωμί
psomi
Ωμό
omo

Soupe de poisson
σουπ ντE πουασΌ
Cuit (à la vapeur, sur le gril, au four)
κΟΥι (α λα βαπΕΡ, σΟΥΡ λE γκΡιλ, ο φουΡ)
Rôti
Ροτι
Pain
πΕ
Cru
κΡΟΥ

26. ΣΤΟ ΤΑΧΥΔΡΟΜΕΙΟ	26. A LA POSTE
sto taHidromio	α λα ποστ

Αεροπορικώς	**Par avion**
aéroporikos	παΡ αβιΌ
Αλληλογραφία	**Courrier**
aliloghrafia	κουΡιε
Απόδειξη παραλαβής	**Accusé de réception**
apodhixi paralavis	ακΟΥζε ντΕ ΡεσεπσιΌ
Αποστέλλω	**Expédier**
apostélo	εξπεντιε
Αποστολέας	**Expéditeur**
apostoléas	εξπεντιτΕΡ
Αριθμός	**Numéro**
arithmos	νΟΥμεΡο
Αριθμός ταχυδρομικής θυρίδας	**Numéro de boîte postale**
arithmos taHidhromikis thiridhas	νΟΥμεΡο ντΕ μπουατ ποσταλ
Αυτόματος τηλεφωνητής	**Répondeur automatique**
aftomatos tiléfonitis	ΡεπΌντΕΡ οτοματικ
Βλάβη	**Dérangement**
vlavi	ντεΡΆΖμΆ
Γράμμα	**Lettre**
ghrama	λετΡ
Γραμματοκιβώτιο	**Boîte aux lettres**
ghramatokivotio	μπουατ ο λετΡ
Γραμματόσημο (για συλλέκτες)	**Timbre (de collection)**
ghramatossimo (ya sillektès)	τΈμπΡ (ντΕ κολεκσιΌ)
Γραμμή	**Ligne**
ghrami	λιν(ιΕ)
Γραφείο πληροφοριών	**Bureau de renseignements**

ghrafio pliroforionn

Δέμα
dhéma

Δεν ακούω τίποτα
dhenn akouo tipota

Δεν λειτουργεί το τηλέφωνό
μου
dhenn litouryi to tiléfono
mou

Διανομέας
dhianoméas

Διανομή
dhianomi

Διεύθυνση
dhiefthinnsi

Δώστε μου, παρακαλώ, ένα
γραμματόσημο των πέντε
φράγκων
dhosté mou parakalo éna
ghramatossimo tonn penndé
frangonn

Είναι ανοιχτό όλη την ημέρα
iné aniHto oli tinn iméra

Είναι η γραμμή ελεύθερη ;
iné i ghrami élefthéri

Είναι το 382 ... ;
iné to 382

Έμβασμα
emmvazma

Εμπρός, είναι εκεί ο Κύριος ...
emmbros, iné éki o kirios ...

Εμπρός, θα ήθελα να μιλή-
σω στον (στην) ...

μπΟΥΡο ντΕ ΡΆσενιΕμΆ

Colis
κολι

Je n'entends rien
ZE νΆτΆ ΡιΈ

**Mon téléphone ne marche
plus**
μΌ τελεφον νΕ μαΡΣ πλΟΥ

Facteur
φακτΕΡ

Tournée
τουΡνε

Adresse
αντΡες

**Donnez-moi un timbre de
cinq francs, s'il vous plaît**
ντονε μουα Έ τΈμπΡ ντΕ σΈκ
φΡΆ σιλ βου πλε

C'est ouvert toute la journée
σετουβεΡ τουτ λα ΖουΡνε

La ligne est libre ?
λα λιν(ιΕ) ε λιμπΡ

C'est bien le 382 ... ?
σε μπιΈ λΕ 382 ...

Mandat
μΆντα

Allô, monsieur ... est là ?
αλο, μΕσιΕ .. ε λα

Allô, je voudrais parler à ...

emmbros, tha ithéla na milisso stonn (stinn) ...

αλο, ΖΕ βουντΡε παΡλε α

Έντυπο
enndipo

Formulaire
φοΡμΟΥλεΡ

Έντυπο υλικό
enndipo iliko

Imprimés
ΈπΡιμε

Εξαρτάται από το βάρος και τον τόπο προορισμού
eksartaté apo to varos ké tonn topo proorizmou

Cela dépend du poids et de la destination
σΕλα ντεπΆ ντΟΥ πουα ε ντΕ λα ντεστινασιΌ

Εξπρές
express

Exprès
εξπΡες

Επείγον
épighonn

Urgent
ΟΥΡΖΆ

Η γραμμή είναι πιασμένη
i ghrami iné piazméni

La ligne est occupée
λα λιν(ιΕ) ετοκΟΥπε

Η διεύθυνσή μου είναι ...
i dhiefthinnsi mou iné

Mon adresse est...
μΌ ναντΡες ε

Θα ήθελα ένα έντυπο τηλε-γραφήματος (μερικά γραμ-ματόσημα για ...)
tha ithéla éna enndipo tiléghrafimatos (mérika ghramatossima)

Je voudrais un formulaire de télégramme (quelques tim-bres pour ...)
ΖΕ βουντΡε Έ φοΡμΟΥλεΡ ντΕ τελεγκραμ (κελκΕ τΈμπΡ πουΡ)

Θα ήθελα να καλέσω το Λον-δίνο (να στείλω ένα τηλεγρά-φημα, να τηλεφωνήσω στο...)
tha ithéla na kalesso to lonndhino (na stilo éna tiléghrafima, na tiléfonisso sto...)

Je voudrais appeler Londres (envoyer un télégramme, téléphoner à...)
ΖΕ βουντΡε απλε λΌντΡ (Άβουαγε Έ τελεγκραμ, τελε-φονε α)

Θα φύγει σήμερα το γράμμα;

La lettre va partir

tha fiyi siméra to ghrama

Θέλω να ταχυδρομήσω ένα γράμμα (να τηλεφωνήσω με κλήση πληρωτέα από τον παραλήπτη, να στείλω ένα δέμα)

thélo na taHidhromisso éna ghrama (na tiléfonisso mé klissi plirotéa apo tonn paralipti, na stilo éna dhéma)

Θυρίδα
thiridha

Καρτ ποστάλ
kart postal

Κλήση
klissi

Κόπηκε η γραμμή
kopiké i ghrami

Κωδικός αριθμός
kodhikos arithmos

Λάθος αριθμός
lathos arithmos

Με συγχωρείτε για την ενόχληση
mé sinnHorité ya tinn éno-Hlissi

Μην κλείνετε το τηλέφωνο, παρακαλώ
mi klinété to tiléfono parakalo

Μήνυμα
minima

Μήπως είστε ...?
mipos isté

aujourd'hui ?
λα λετΡ βα παΡτιΡ οΖουΡντΟΥι

Je voudrais envoyer cette lettre (téléphoner en P.C.V., envoyer un colis)

ΖΕ βουντΡε Άβουαγε σετ λετΡ (τελεφονε Ά πεσεβε, Άβουαγε Έ κολι)

Guichet
γκιΣε

Carte postale
καρτ ποσταλ

Appel
απελ

On a été coupés
Ό να ετε κουπε

Indicatif
Έντικατιφ

Faux numéro
φο νΟΥνεΡο

Excusez-moi   de   vous déranger
εξκΟΥζε μουα ντΕ βου ντεΡΆΖε

Ne quittez pas, s'il vous plaît

νΕ κιτε πα σιλ βου πλε

Message
μεσαΖ

Ne seriez-vous pas ... ?
νΕ σεΡιε βου πα

Μπορείτε να επαναλάβετε (να μου κάνετε ψιλά, να ξαναπάρετε) ;
borité na épanalavété (na mou kanété psila, na xanaparété)

Vous pouvez répéter (me faire de la monnaie, rappeler) ?
βου πουβε Ρεπετε (μΕ φεΡ ντΕ λα μονε, Ραπλε)

Νούμερο
nouméro

Numéro
νΟΥμεΡο

Ξανακαλώ
xanakalo

Rappeler
Ραπλε

Πακέτο
pakéto

Colis
κολι

Παραλήπτης
paraliptis

Destinataire
ντεστινατεΡ

Περιμένετε στο ακουστικό σας
périménété sto akoustiko sas

Ne quittez pas
νΕ κιτε πα

Περιμένω
périméno

Attendre
ατΆντΡ

Περισυλλογή των γραμμάτων
périssiloyi tonn ghramatonn

Levée
λΕβε

Πληροφορίες
pliroforiès

Renseignements
ΡΆσενιΕμΆ

Ποιος είναι ο κωδικός αριθμός για το Παρίσι, παρακαλώ ;
pios iné o kodhikos arithmos ya to parissi parakalo

Quel est l'indicatif pour Paris, s'il vous plaît ?
κελ ε λΈντικατιφ πουΡ παΡι σιλ βου πλε

Ποιος είναι στο τηλέφωνο ;
pios iné sto tiléfono

Qui est à l'appareil ?
κι ε τα λαπαΡεγ(ι)

Πόση ώρα θα πρέπει να περιμένω ;
possi ora tha prépi na périméno

Combien de temps devrai-je attendre ?
κΌμπιΈ ντΕ τΆ ντΕβΡεΖ ατΆντΡ

Ποστ ρεστάντ
post restannt

Poste restante
ποστ ΡεστΆτ

Πότε κλείνει το ταχυδρομείο ;

poté klini to taHidhromio

Πού είναι το πλησιέστερο ταχυδρομείο (η θυρίδα για την ποστ ρεστάντ, το γραμματοκιβώτιο, οι τηλεφωνικοί θάλαμοι/κατάλογοι) ;

pou iné to plissiestéro taHidhromio (i thiridha ya tinn post restannt, to ghramatokivotio, i tiléfoniki thalami/kataloyi)

Πρέπει να γράψω ολόκληρο το όνομα (τη διεύθυνσή μου στο αριστερό μέρος του φακέλου, τον αποστολέα) ;

prépi na ghrapso olokliro to onoma (ti dhiefthinnsi mou sto aristéro méros tou fakélou, tonn apostoléa)

Πρόσθετα τέλη

prosthéta téli

Σε ποια θυρίδα μπορώ να εισπράξω μία επιταγή ;

sé pia thiridha boro na ispraxo mia épitayi

Συνδιάλεξη

sinndhialexi

Συνδρομητής

sinndhromitis

Συσκευή

siskévi

Συστημένο γράμμα

La poste ferme à quelle heure ?

λα ποστ φεΡμ α κελ ΕΡ

Où se trouve(nt) la poste la plus proche (le guichet de la poste restante, la boîte aux lettres, les cabines/annuaires téléphoniques) ?

ου σΕ τΡουβ λα ποστ λα πλΟΥ πΡοΣ (λΕ γκιΣε ντΕ λα ποστ ΡεστΆτ, λα μπουατ ο λετΡ, λε καμπιν/ανΟΥaΡ τελεφονικ)

Je dois écrire mon nom en entier (mon adresse à gauche de l'enveloppe, le nom de l'expéditeur) ?

ΖΕ ντουα εκΡιΡ μΟ νΟ Ά νΆτιε (μΟ ναντΡες α γκοΣ ντΕ λΆβλοπ, λΕ νΟ ντΕ λεξπενιτΕΡ)

Surtaxe

σΟΥΡταξ

A quel guichet est-ce que je peux toucher un mandat ?

α κελ γκιΣε ες κΕ ΖΕ πΕ τουΣε Έ μΆντα

Communication

κομΟΥνικασίΟ

Abonné

αμπονε

Appareil

απαΡεγ(ι)

Lettre recommandée

sistiméno ghrama

Ταρίφα
tarifa

Ταχυδρομική επιταγή
taHidhromiki épitayi

Ταχυδρομώ
taHidhromo

Τέλεξ
télex

Τέλη
téli

Τηλεγράφημα
tiléghrafima

Τηλεφωνητής (Τηλεφωνήτρια)
tiléfonitis (tiléfonitria)

Τηλέφωνο
tiléfono

Τηλεφωνικός θάλαμος
tiléfonikos thalamos

Τηλεφωνικός κατάλογος
tiléfonikos kataloghos

Τιμολόγιο
timoloyo

Τι ώρα μαζεύουν τα γράμματα ;
ti ora mazévounn ta ghramata

Τι ώρες είναι ανοιχτό το ταχυδρομείο ;
ti orès iné aniHto to taHidhromio

Τόπος προορισμού
topos proorizmou

Υπάρχει φθηνότερο νυχτερινό τιμολόγιο ;

λετΡ ΡΕκομΆντε

Tarif
ταΡιφ

Mandat-postes
μΆντα ποστ

Poster
ποστε

Télex
τελεξ

Taxes
ταξ

Télégramme
τελεγκΡαμ

Standardiste
στΆνταΡντιστ

Téléphone
τελεφον

Cabine téléphonique
καμπιν τελεφονικ

Annuaire téléphonique
ανΟΥεΡ τελεφονικ

Facture
φακτΟΥΡ

À quelle heure y a-t-il une levée ?
α κελ ΕΡ ιατιλ ΟΥν λΕβε

Quelles sont les heures d'ouverture de la poste ?
κελ σΌ λε ζΕΡ ντουβεΡτΟΥΡ ντΕ λα ποστ

Destination
ντεστινασιΌ

Y a-t-il un tarif réduit la nuit ?

iparHi fthinotéro niHtérino
timoloyo
Υπογραφή
ipoghrafi
Υπογράψτε εδώ
ipoghrapsté édho
Φάκελος
fakélos
Φόρος
foros

ιατιλ Έ ταΡιφ ΡεντΟΥι λα
νΟΥι
Signature
σινιατΟΥΡ
Signez là
σινιε λα
Enveloppe
Άβλοπ
Taxe
ταξ

27. ΠΕΡΙΠΑΤΟΣ ΣΤΗΝ ΠΟΛΗ	27. EN VILLE
péripatos stinn poli	Ά βιλ
Άγαλμα	**Statue**
aghalma	στατΟΥ
Αγορά	**Le quartier commerçant**
aghora	λΕ καΡτιε κομεΡσΆ
Αίθουσα	**Salle**
éthoussa	σαλ
Αμφιθέατρο	**Amphithéâtre**
ammfithéatro	ΆφιτεατΡ
Ανάκτορο	**Palais**
anaktoro	παλε
Ανασκαφές	**Fouilles**
anaskafès	φουγ(ι)
Ανεβαίνω	**Monter**
anévéno	μΌτε
Αξιοθέατα	**Curiosités**
axiothéata	κΟΥΡιοζιτε
Απέναντι	**En face**
apénanndi	Ά φας
Αρένα	**Arène**
aréna	αΡεν
Αρχαία	**Ruines antiques**
arHéa	ΡΟΥιν Άτικ
Αρχαία μνημεία	**Monuments antiques**
arHéa mnimia	μονΟΥμΆ ζΆτικ
Αρχαίο θέατρο	**Théâtre antique**
arHéo théatro	τεατΡ Άτικ
Αρχαιολογικός	**Archéologique**
arHéoloyikos	αΡκεολοΖικ
Αρχαιότητα	**Antiquité**
arHéotita	Άτικιτε
Αρχαιότητες	**Antiquités**
arHéotitès	Άτικιτε

Αρχιτεκτονική arHitektoniki	**Architecture** αΡΣιτεκτΟΥΡ
Ασπίδα aspidha	**Bouclier** μπουκλιε
Αστεροσκοπείο astéroskopio	**Observatoire** ομπσεΡβατουαΡ
Αστυνομία astinomia	**Police** πολις
Αστυφύλακας astifilakas	**Agent de police** αΖΆ ντΕ πολις
Αφήστε με εδώ, σας παρακαλώ afisté mé édho, sas parakalo	**Arrêtez-moi ici, s'il vous plaît** αΡετε μουα ισι σιλ βου πλε
Αψίδα apsidha	**Abside** αμπσιντ
Βασιλική vassiliki	**Basilique** μπαζιλικ
Βήμα vima	**Autel** οτελ
Βιβλιοθήκη vivliothiki	**Bibliothèque** μπιμπλιοτεκ
Βιομηχανική ζώνη viomiHaniki zoni	**Zone industrielle** ζον ΈντΟΥστΡιελ
Βοτανικός κήπος votanikos kipos	**Jardin botanique** ΖαΡντΈ μποτανικ
Βρύση vrissi	**Fontaine** φΟτεν
Βωμός vomos	**Autel** οτελ
Γέφυρα yéfira	**Pont** πΟ
Για την επίσκεψη, υπάρχει ξεναγός που να μιλάει γαλλικά (ελληνικά) ;	**Y a-t-il un guide qui parle français (grec) pour la visite?**

ya tinn épiskepsi, iparHi
xénaghos pou na milaï ghalika
(élinika)

ιατιλ Έ γκιντ κι παΡλ φΡΆσε
(γκΡεκ) πουΡ λα βιζιτ

Γοτθικός
ghotthikos

Gothique
γκοτικ

Γρήγορα, σας παρακαλώ, γιατί είμαι πολύ βιαστικός
ghrighora sas parakalo yati imé poli viastikos

Vite, s'il vous plaît, je suis très pressé
βιτ σιλ βου πλε, ΖΕ σΟΥι τΡε πΡεσε

Γύρος
yiros

Circuit
σιΡκΟΥι

Γωνία
ghonia

Coin
κουΈ

Δεξιά
dhexia

A droite
α ντΡουατ

Δεύτερος αριστερά (δεξιά)

dheftéros aristéra (dhexia)

La deuxième à gauche (à droite)
λα ντΕζιεμ α γκοΣ (α ντΡουατ)

Δημαρχείο
dhimarHio

Mairie
μεΡι

Δημόσιος κήπος
dhimossios kipos

Jardin public
ΖαΡντΈ πΟΥμπλικ

Διάβαση πεζών
dhiavassi pézonn

Passage pour piétons
πασαΖ πουΡ πιετΟ

Δίπλα
dhipla

A côté
α κοτε

Διώροφο λεωφορείο
dhiorofo léoforio

Autobus à impériale
οτομπΟΥς α ΈπεΡιαλ

Δρομάκι
dhromaki

Ruelle
ΡΟΥελ

Δρόμος
dhromos

Rue, route
ΡΟΥ, Ρουτ

Δρόμος χωρίς έξοδο

Impasse

dhromos Horis exodho	Έπας
Εδώ κοντά	**Tout près d'ici**
édho konnda	του πΡε ντισι
Εθνικό πάρκο	**Parc national**
ethniko parko	παΡκ νασιοναλ
Εικόνες	**Icônes**
ikonès	ικον
Είμαι βιαστικός	**Je suis pressé**
imé viastikos	ΖΕ σΟΥι πΡεσε
Είναι ανοιχτό το μουσείο ;	**Le musée est-il ouvert ?**
iné aniHto to moussio	λΕ μΟΥζε ετιλ ουβεΡ
Είναι η πρώτη φορά που έρχομαι στο Παρίσι	**C'est la première fois que je viens à Paris**
iné i proti fora pou erHomé sto parissi	σε λα πΡΕμιεΡ φουα κΕ ΖΕ βίΕ α παΡι
Είναι (μακριά, ευθεία)	**C'est (loin, tout droit)**
iné (makria, efthia)	σε (λουΈ, του ντΡουα)
Εισιτήριο	**Billet**
issitirio	μπιγε
Είσοδος	**Entrée**
issodhos	ΆτΡε
Εισπράκτορας	**Receveur**
ispraktoras	ΡΕσΕβΕΡ
Είστε ελεύθερος ;	**Vous êtes libre ?**
isté élefthéros	βου ζετ λιμπΡ
Έκθεση	**Exposition**
ekthessi	εξποζισίΟ
Εκκλησία	**Église**
éklissia	εγκλιζ
Ελεύθερη είσοδος	**Entrée libre**
elefthéri issodhos	ΆτΡε λιμπΡ
Ελεύθερος	**Libre**
éleuthéros	λιμπΡ
Εμπορικό κέντρο	**Centre commercial**

emmboriko kenndro

Ενυδρείο
ennidhrio

Έξοδος
eksodhos

Επίσκεψη (με ξεναγό)
épiskepsi (mé xénagho)

Επιτρέπονται οι φωτογραφίες ;
épitréponndé i fotoghrafiès

Εργοστάσιο
erghostassio

Ερείπια
éripia

Έχει (κανένα κινηματογράφο, εκκλησίες, στάση λεωφορείου) εδώ ;
éHi (kanéna kinimatoghrafo, éklissiès, stassi léoforiou) édho

Έχει λεωφορείο από ... για... ;
éHi léoforio apo ... ya ...

Έχετε ένα χάρτη (της πόλης, των περιχώρων) ;
éHété éna Harti (tis polis, tonn périHoronn)

Έχουν γίνει αρχαιολογικές ανασκαφές
éHoun yini arHéoloyikès anaskafès

Ζώνη (περιοχή)
zoni

Η ξενάγηση γίνεται στα γαλ-

σΆτΡ κομεΡσιαλ

Aquarium
ακουαΡιομ

Sortie
σοΡτι

Visite (guidée)
βιζιτ (γκιντε)

Peut-on prendre des photos ?
πΕτΟ πΡΆντΡ ντε φοτο

Usine
ΟΥζιν

Ruines
ΡΟΥιν

Y a-t-il (un cinéma, des églises, un arrêt d'autobus) près d'ici ?
ιατιλ (Έ σινεμα πΡε ντισι, ντε ζεγκλιζ, Έ ναΡε ντοτομπΟΥς)

Y a-t-il un autobus qui va à ... ?
ιατιλ Έ νοτομπΟΥς κι βα α...

Avez-vous un plan (de la ville, des environs) ?
αβε βου Έ πλΆ (ντΕ λα βιλ, ντε ζΆβιΡΟ)

On a effectué des fouilles archéologiques
Ό να εφεκτΟΥε ντε φουγ(ι) αΡκεολοΖικ

Zône
ζον

La visite est-elle guidée en

λικά (ελληνικά) ;
i xénayissi yinété sta ghalika
(élinika)

**Θα ήθελα να επισκεφτώ το
μουσείο της πόλης**
tha ithéla na épiskefto to
moussio tis polis

**Θα ήθελα να πάω στην
οδό..., αριθμός...**
tha ithéla na pao stinn odho
..., arithmos ...

Θέα
théa

Θέατρο
théatro

Θόλος
tholos

Ηλεκτρικός
ilektrikos

Ιερό
iéro

Καθίσματα
kathizmata

Καλόγερος (Καλόγρια)
kaloyéros (kaloghria)

Καλώ ένα ταξί
kalo éna taxi

Καμπαναριό
kammbanario

**Κάνουμε μια βόλτα με το
αυτοκίνητο στην πόλη ;**
kanoumé mia volta mé to
aftokinito stinn poli

Κάστρο

français (en grec) ?
λα βιζιτ ετελ γκιντε Ά φΡΆσε
(Ά γκΡεκ)

**Je voudrais visiter le musée
de la ville**
ΖΕ βουντΡε βιζιτε λΕ μΟΥζε
ντΕ λα βιλ

**Je voudrais aller rue ...,
numéro ...**
ΖΕ βουντΡε αλε ΡΟΥ ...,
νΟΥμεΡο ...

Vue
βΟΥ

Théâtre
τεατΡ

Dôme
ντομ

Métro
μετΡο

Sanctuaire
σΆκτΟΥεΡ

Sièges
σιεΖ

Moine (Soeur)
μουαν (σΕΡ)

Appeler un taxi
απλε Έ ταξι

Clocher
κλοΣε

**Si on faisait un tour en
voiture en ville ?**
σι Ό φΕζε Έ τουΡ Ά
βουατΟΥΡ Ά βιλ

Fort

k̲astro	φοP
Κεντρική λαχαναγορά	**Halles centrales**
kenndriki laH̲anaghora	αλ σΆτPαλ
Κέντρο	**Centre ville**
kenndro	σΆτP βιλ
Κήπος	**Jardin**
kipos	ZαPντΈ
Κολόνα	**Colonne**
kol̲ona	κολον
Κοσμήματα	**Bijoux**
kozm̲imata	μπιZου
Κτίριο	**Bâtiment**
ktirio	μπατιμΆ
Κυκλοφορία	**Circulation**
kiklofori̲a	σιPκΟΥλασιΌ
Λεωφορείο	**Autobus**
léofori̲o	οτομπΟΥς
Λεωφόρος	**Avenue**
léof̲oros	αβνΟΥ
Λίμνη	**Lac**
lim̲ni	λακ
Λόφος	**Colline**
l̲ofos	κολιν
Μαντείο	**Oracle**
mannd̲io	οPακλ
Μήπως έχουν απεργία τα ταξί (τα λεωφορεία, τα τρόλεϊ) ;	**Les taxis (les autobus, les trolleybus) sont-ils en grève ?**
mipos éH̲oun aperyi̲a ta taxi (ta léofori̲a, ta trol̲eï)	λε ταξι (λε ζοτομπΟΥς, λε τPολεμπΟΥς) σΌ τιλ Ά γκPεβ
Μητρόπολη	**Cathédrale**
mitropoli	κατεντPαλ
Μνημείο	**Monument**
mnim̲io	μονΟΥμΆ

Μοναστήρι	Monastère
monastiri	μοναστεΡ
Μουσείο	**Musée**
moussio	μΟΥζε
Μπαρ	**Bar**
bar	μπαΡ
Μπαρόκ	**Baroque**
barok	μπαΡοκ
Μπορείτε (να μου δείξετε το δρόμο στο χάρτη, να με κατευθύνετε) ;	**Pourriez-vous (m'indiquer la route sur cette carte, m'indiquer le chemin) ?**
borité (na mou dhixété to dhromo sto Harti, na mé katefthinété)	πουΡιε βου (μΈντικε λα Ρουτ σΟΥΡ σετ καΡτ, μΈντικε λΕ ΣΕμΈ)
Μπορούμε να το επισκε-φθούμε ;	**Nous pouvons le visiter ?**
boroumé na to épiskef-thoumé	νου πουβΌ λΕ βιζιτε
Μυστική έξοδος	**Sortie secrète**
mistiki eksodhos	σοΡτι σΕκΡετ
Ναός	**Temple**
naos	τΆπλ
Νεκροταφείο	**Cimetière**
nékrotafio	σιμτιεΡ
Νομίσματα	**Pièces de monnaies**
nomizmata	πιες ντΕ μονε
Νοσοκομείο	**Hôpital**
nossokomio	οπιταλ
Ξίφος	**Épée**
xifos	επε
Οβελίσκος	**Obélisque**
ovéliskos	ομπελισκ
Οδηγός	**Guide**
odhighos	γκιντ

Οικοδόμημα	**Bâtiment**
ikodhomima	μπατιμΆ
Όπερα	**Opéra**
opéra	οπεΡα
Ουρά	**Queue**
oura	κΕ
Ουρανοξύστης	**Gratte-ciel**
ouranoxistis	γκΡατ σιελ
Οχύρωμα	**Rempart**
oHiroma	ΡΆπαΡ
Παλάτι	**Palais**
palati	παλε
Παλιά πόλη	**La vieille ville**
palia poli	λα βιεγ(ι) βιλ
Παλιατζίδικα	**Le marché aux puces**
paliatzidhika	λΕ μαΡΣε ο πΟΥς
Πάμε (εκδρομή, βαρκάδα) ;	**On fait (une excursion, un tour en barque) ?**
pamé (ekdhromi, varkadha)	Ό φε (ΟΥν εξκΟΥΡσιΌ, Έ τουΡ Ά μπαΡκ)
Πανεπιστήμιο	**Université**
panépistimio	ΟΥνιβεΡσιτε
Παρατηρητήριο	**Observatoire**
paratiritirio	ομπσεΡβατουαΡ
Παρεκκλήσι	**Chapelle**
paréklissi	Σαπελ
Πάρκο	**Parc**
parko	παΡκ
Παρκόμετρο	**Parcmètre**
parkométro	παΡκμετΡ
Πάροδος	**Passage**
parodhos	πασαΖ
Πεζοδρόμιο	**Trottoir**
pézodhromio	τΡοτουαΡ

Πέρασμα
pérazma
Passage
πασαΖ

Περιοχή (Ζώνη)
périoHi
Zône
ζον

Περίχωρα
périHora
Banlieue
μπΆλιΕ

**Πηγαίνει αυτό το λεωφο-
ρείο στο... ;**
piyéni afto to léoforio sto...
Cet autobus va à ... ?

σετ οτομπΟΥς βα α

Πηγή
piyi
Source
σουΡς

Πίνακας
pinakas
Tableau
ταμπλο

Πλατεία
platia
Place
πλας

**Ποια γραμμή πρέπει να
πάρω ;**
pia ghrammi prépi na paro
Quelle ligne dois-je prendre ?

κελ λιν(ιΕ) ντουαΖ πΡΆντΡ

Ποια είναι αυτή η εκκλησία ;
pia iné afti i éklissia
Quelle est cette église ?
κελ ε σετ εγκλιζ

Ποιες ώρες είναι ανοιχτό;

piès orès iné aniHto
**Quelles sont les heures
d'ouverture ?**
κελ σΌ λε ζΕΡ ντουβεΡτΟΥΡ

Ποιο είναι αυτό το μνημείο ;
pio iné afto to mnimio
Quel est ce monument ?
κελ ε σΕ μονΟΥμΆ

**Ποιος δρόμος οδηγεί στο
λιμάνι ;**
pios dhromos odhiyi sto
limani
Quelle rue mène au port ?

κελ ΡΟΥ μεν ο ποΡ

**Ποιος έχει τα κλειδιά της
εκκλησίας ;**
pios éHi ta klidhia tis éklissias
Qui a les clés de l'église ?

κι α λε κλε ντΕ λεγκλιζ

Ποτάμι
potami
Rivière
ΡιβιεΡ

Πού είναι (η αστυνομία, η τράπεζα, η στάση του λεωφορείου/του τρόλεϊ, το αεροδρόμιο, το κέντρο της πόλης, το ξενοδοχείο ..., το μουσείο, η πλατεία ..., το ταχυδρομείο, η οδός ..., τα κεντρικά καταστήματα, η στάση των ταξί, ο Οργανισμός Τουρισμού);

pou iné (i astinomia, i trapéza, i stassi tou léoforiou/tou troleï, to aérodhromio, to kenndro tis polis, to xénodhoHio ..., to moussio, i platia..., to taHidhromio, i odhos..., ta kenndrika katastimata, i stassi tonn taxi, o orghanizmos tourizmou)

Où se trouve(nt) (la police, la banque, l'arrêt d'autobus /du trolleybus, l'aéroport, le centre ville, l'hôtel ..., le musée, la place ..., la poste, la rue ..., les magasins du centre, la station des taxis, l'Office du Tourisme) ?

ου σE τPουβ (λα πολις, λα μπΆκ, λαPε ντοτομπΟΥς /ντΟΥ τPολεμπΟΥς, λαεPοποP, λE σΆτP βιλ, λοτελ ..., λE μΟΥζε, λα πλας ..., λα ποστ, λα POΥ ..., λε μαγκαζΈ ντΟΥ σΆτP, λα στασίΟ ντε ταξι, λοφις ντΟΥ τουPιζμ)

Πού μπορώ να αγοράσω ένα χάρτη της πόλης ;

pou boro na aghorasso éna Harti tis polis

Où est-ce que je pourrais acheter un plan de la ville ?

ου ες κE ZE πουPε αΣτε Έ πλΆ ντE λα βιλ

Πού πρέπει να κατέβω για να πάω...

pou prépi na katévo ya na pao

Où est-ce que je dois descendre pour aller ... ?

ου ες κE ZE ντουα ντεσΆντP πουP αλε...

Πρέπει να αλλάξω λεωφορείο ;

prépi na alaxo léoforio

Est-ce que je dois changer de bus ?

ες κE ZE ντουα ΣΆZε ντE μπΟΥς

Πρεσβεία

presvia

Ambassade

Άμπασαντ

Προάστια	Banlieue
proastia	μπΆλιΕ
Προαιρετική στάση	**Arrêt facultatif**
proérétiki stassi	αΡε φακΟΥλτατιφ
Προξενείο	**Consulat**
proxénio	κΌοσΟΥλα
Πρόσοψη	**Façade**
prosopsi	φασαντ
Προτομή	**Buste**
protomi	μπΟΥστ
Πρωτεύουσα	**Capitale**
protévoussa	καπιταλ
Πρώτος αριστερά (δεξιά)	**La première à gauche (à droite)**
protos aristéra (dhexia)	λα πΡΕμιεΡ α γκοΣ (α ντΡουατ)
Πύργος	**Château**
pirghos	Σατο
Ρόδακας	**Rosace**
rodhakas	Ροζας
Ρυθμός	**Style d'architecture**
rithmos	στιλ νταΡΣιτεκτΟΥΡ
Ρωμαϊκός	**Roman**
romaïkos	ΡομΆ
Σε πόση ώρα φεύγει το λεωφορείο ;	**L'autobus part dans combien de temps ?**
sé possi ora févyi to léoforio	λοτομπΟΥς παΡ ντΆ κΌμπιΈ ντΕ τΆ
Σιντριβάνι	**Fontaine**
sinndrivani	φΌτεν
Σπηλιά	**Grotte**
spilia	γκΡοτ
Στάδιο	**Stade**
stadhio	σταντ
Σταθμός λεωφορείων	**Gare routière**

stathmos léoforionn	γκαΡ ΡουτιεΡ
Σταθμός τρένων	**Gare**
stathmos trénonn	γκαΡ
Σταματάω	**S'arrêter**
stamatao	σαΡετε
Στάση λεωφορείου	**Arrêt d'autobus**
stassi léoforiou	αΡε ντοτομπΟΥς
Στάση ταξί	**Station de taxi**
stassi taxi	στασίΟ ντΕ ταξι
Σταυροδρόμι	**Carrefour**
stavrodhromi	καΡφουΡ
Σταυρός	**Croix**
stavros	κΡουα
Στενό	**Ruelle**
sténo	ΡΟΥελ
Στήλη	**Stèle**
stili	στελ
Στοά	**Portique**
stoa	ποΡτικ
Στρίψτε αριστερά σ'εκείνο το δρόμο	**Tournez à gauche dans cette rue**
stripsté aristéra sékino to dhromo	τουΡνε α γκοΣ ντΆ σετ ΡΟΥ
Συνοικία	**Quartier**
sinikia	καΡτιε
Σχολείο	**Ecole**
sHolio	εκολ
Ταξί	**Taxi**
taxi	ταξι
Ταξίμετρο	**Taximètre**
taximétro	ταξιμετΡ
Τάφος	**Tombe**
tafos	τΌμπ
Τάφρος φρουρίου	**Douves**

tafros frouriou

Τελεφερίκ
téléférik

Τέμενος
téménos

Τζαμί
tzami

Τι αξίζει να επισκεφθεί κανείς στην πόλη ;
ti axizi na épiskéfthi kanis stinn poli

Τι είναι αυτό το κτίριο ;

ti iné afto to ktirio

Τι ώρα (ανοίγει, κλείνει) το μουσείο ;
ti ora (aniyi, klini) to moussio

Τι ώρα φεύγει το τελευταίο λεωφορείο ;
ti ora févyi to téleftéo léoforio

Τοιχογραφία
tiHoghrafia

Τοίχος
tiHos

Το μουσείο είναι ανοιχτό κάθε μέρα εκτός...
to moussio iné aniHto kathé méra ektos...

Τοπίο
topio

Τρόλεϊ
troleï

ντουβ

Téléphérique
τελεφεΡικ

Mosquée
μοσκε

Mosquée
μοσκε

Qu'y a-t-il à visiter dans cette ville ?
κιατιλ α βιζιτε ντΆ σετ βιλ

Qu'est-ce que c'est, ce bâtiment ?
κες κΕ σε σΕ μπατιμΆ

A quelle heure (ouvre, ferme) le musée ?
α κελ ΕΡ (ουβΡ, φεΡμ) λΕ μΟΥζε

A quelle heure part le dernier autobus ?
α κελ ΕΡ παΡ λΕ ντεΡνιε οτομπΟΥς

Fresques
φΡεσκ

Rempart
ΡΆπαΡ

Le musée est ouvert tous les jours sauf...
λΕ μΟΥζε ετουβεΡ του λε ΖουΡ σοφ...

Paysage
πεϊζαΖ

Trolleybus
τΡολεμπΟΥς

Τρούλος	**Coupole**
troulos	κουπολ
Υπάρχει (λεωφορείο, τρόλεϊ, συγκοινωνία);	**Y a-t-il (des autobus, des trolleybus, un moyen de transport) ?**
iparHi (léoforio, troleï, sinnguinonia)	ιατιλ (ντε ζοτομπΟΥς, ντε τΡολεμπΟΥς, Έ μουαγίΈ ντΕ τΡΆσποΡ)
Υπάρχουν αρχαία μνημεία ;	**Y a-t-il des monuments antiques ?**
iparHoun arHéa mnimia	ιατιλ ντε μονΟΥμΆ ζΆτικ
Υπεραστικό λεωφορείο	**Autocar**
ipérastiko léoforio	οτοκαΡ
Υποχρεωτική στάση	**Arrêt obligatoire**
ipoHréotiki stassi	αΡε ομπλιγκατουαΡ
Υπουργείο	**Ministère**
ipouryio	μινιστεΡ
Ύψος	**Hauteur**
ipsos	οτΕΡ
Φεστιβάλ	**Festival**
festival	φεστιβαλ
Φρούριο	**Forteresse**
frourio	φοΡτΕΡες
Φωτογραφία	**Photographie**
fotoghrafia	φοτογκΡαφι
Χάθηκα	**Je me suis perdu**
Hathika	ΖΕ μΕ σΟΥι πεΡντΟΥ
Χαρακτική	**Gravure**
Haraktiki	γκΡαβΟΥΡ
Χωριό	**Village**
Horio	βιλαΖ
Ψηφιδωτά	**Mosaïque**
psifidhota	μοζαϊκ

28. ΣΤΗΝ ΑΓΟΡΑ
stinn aghora

28. LES MAGASINS
λε μαγκαζΈ

Δέχεστε (τα τράβελερς τσεκ, τις πιστωτικές κάρτες);

dhéHesté (ta travélerz tsek, tis pistotikès kartès)

Vous acceptez (les chèques de voyage, les cartes de crédit) ?

βου ζαξεπτε (λε Σεκ ντΕ βουαγιαΖ, λε καΡτ ντΕ κΡεντι)

Είναι κάθε μέρα ανοιχτό ;
iné kathé méra aniHto
C'est ouvert tous les jours ?
σε τουβεΡ του λε ΖουΡ

Είναι πολύ ακριβό
iné poli akrivo
C'est trop cher
σε τΡο ΣεΡ

Εμείς δεν πουλάμε...
émis dhenn poulamé
Nous ne vendons pas ....
νου νΕ βΆντΌ πα

Έχετε (ψιλά) ;
éHété (psila)
Vous avez (de la monnaie) ?
βου ζαβε (ντΕ λα μονε)

Ζευγάρι
zevghari
Une paire
ΟΥν πεΡ

Θα ήθελα κάτι (φθηνότερο, καλύτερο)
tha ithéla kati (fthinotéro, kalitéro)
Je voudrais quelque chose (de moins cher, de mieux)
ΖΕ βουντΡε κελκΕ Σοζ (ντΕ μουΈ ΣεΡ, ντΕ μιΕ)

Θα ήθελα να κάνω μία αλλαγή
tha ithéla na kano mia alayi
Je voudrais échanger cet article
ΖΕ βουντΡε εΣΆΖε σετ αΡτικλ

Θέλω έναν πωλητή (μία πωλήτρια)
thélo énann politi (mia politria)
Je voudrais un vendeur (une vendeuse)
ΖΕ βουντΡε Έ βΆντΕΡ (ΟΥν βΆντΕΖ)

Θέλω να αγοράσω...
thélo na aghorasso
Je voudrais acheter...
ΖΕ βουντΡε αΣτε...

Λιανικώς
lianikos
Au détail
ο ντεταγ(ι)

Μήπως έχετε... ;
Auriez-vous ... ?

mipos éHété...

**Μπορείτε (να μου δείξετε...,
να μου το προμηθεύσετε, να
μου το στείλετε σπίτι, να το
παραδώσετε στο ξενοδοχείο) ;**
borité (na mou dhixété..., na
mou to promithéfsété, na
mou to stilété spiti, na to
paradhossété sto xénodhoHio)

Μπορώ να το παραγγείλω ;
boro na to parannguilo

Μου δίνετε, παρακαλώ... ;
mou dhinété, parakalo

**Να μου κόψετε τιμολόγιο,
παρακαλώ**
na mou kopsété timoloyio,
parakalo

Πακέτο
pakéto

Παίρνω αυτό
perno afto

Πόσο κοστίζει ;
posso kostizi

Πόσο κοστίζουν όλα ;
posso kostizoun ola

Πότε θα το έχετε ;
poté tha to éHété

Πού είναι το ταμείο ;
pou iné to tamio

Πωλητής (Πωλήτρια)
politis (politria)

Τι επιθυμείτε ;
ti épithimité

Τιμολόγιο

oΡιε βου

**Pourriez-vous (me montrer
..., me le procurer, me
l'adresser à domicile, me le
livrer à l'hôtel) ?**
πουΡιε βου (μΕ μΟτΡε ..., μΕ
ΛΕ πΡοκΟΥΡε, μΕ λαντΡεσε
α ντομισιλ, μΕ ΛΕ λιβΡε α
λοτελ)

Je peux vous le commander ?
ΖΕ πΕ βου λΕ κομΆντε

Donnez-moi, s'il vous plaît ...
ντονε μουα σιλ βου πλε

**Faites-moi une facture, s'il
vous plaît**
φετ μουα ΟΥν φακτΟΥΡ σιλ
βου πλε

Paquet
πακε

Je prends ça
ΖΕ πΡΆ σα

Combien ça coûte ?
κΌμπΙΈ σα κουτ

Combien je vous dois ?
κΌμπΙΈ ΖΕ βου ντουα

Quand l'aurez-vous ?
κΆ λοΡε βου

Où est la caisse ?
ου ε λα κες

Un vendeur (Une vendeuse)
Έ βΆντΕΡ (ΟΥν βΆντΕΖ)

Que désirez-vous ?
κΕ ντεζιΡε βου

Facture

timoloyio
Τι προτιμάτε ?
ti protimaté
Τι σας οφείλω ;
ti sas ofilo
**Τι τελωνειακούς δασμούς
θα πληρώσω ;**
ti téloniakous dhazmous tha
plirosso
Τι ώρα ανοίγει (κλείνει) ;

ti ora aniyi (klini)
**Υπάρχει κανένα (μεγάλο
κατάστημα, σούπερ μάρκετ) ;**
iparHi kanéna (méghalo
katastima, souper market)
Χονδρικώς
Honndrikos

φακτΟΥΡ
Que préférez-vous ?
κΕ πΡεφεΡε βου
Qu'est-ce que je vous dois ?
κες κΕ ΖΕ βου ντουα
**Quels sont les droits de
douane à payer ?**
κελ σΌ λε ντΡουα ντΕ ντουαν
α πεγε
**Ça ouvre (ferme) à quelle
heure ?**
σα ουβΡ (φεΡμ) α κελ ΕΡ
**Y a-t-il (un grand magasin,
un supermarché) ?**
ιατιλ (Έ γκΡΆ μαγκαζΈ, Έ
σΟΥπεΡμαΡΣε)
En gros
Ά γκΡο

29. ΑΡΤΟΠΟΙΕΙΟ, ΖΑΧΑΡΟΠΛΑΣΤΕΙΟ

artopiiyo, zaHaroplastio

29. BOULANGERIE, PATISSERIE

μπουλΆΖΡι, πατισΡι

Αλεύρι	**Farine**
alévri	φαΡιν
Γλυκό	**Gâteau**
ghliko	γκατο
Δώστε μου ένα ψωμί	**Donnez-moi un pain**
dhosté mou éna psomi	ντονε μουα Έ πΈ
Ζύμη	**Pâte**
zimi	πατ
Καλοψημένο	**Bien cuit**
kalopsiméno	μπιΈ κΟΥι
Κουλούρια	**Gâteaux secs**
koulouria	γκατο σεκ
Κρουασάν	**Croissant**
krouassann	κΡουσΆ
Λίγο ψημένο	**Pas très cuit**
ligho psiméno	πα τΡε κΟΥι
Μαγιά	**Levure**
maya	λΕβΟΥΡ
Μηλόπιττα	**Tarte aux pommes**
milopita	ταΡτ ο πομ
Πολύ ψημένο	**Très cuit**
poli psiméno	τΡε κΟΥι
Τάρτα	**Tarte**
tarta	ταΡτ
Τσουρέκι	**Brioche**
tsouréki	μπΡιοΣ
Φρυγανιά	**Biscotte**
frighania	μπισκοτ
Ψωμί	**Pain**
psomi	πΈ

30. ΤΡΟΦΙΜΑ

trofima

Αλάτι
alati

Αλμυρά
almira

Αλεύρι
alévri

Γάλα (κουτί, σκόνη)
ghala (kouti, skoni)

Ζάχαρη (ψιλή, άχνη, σε κύβους)
zaHari (aHni, psili, sé kivous)

Ζυμαρικά
zimarika

Κακάο
kakao

Καλάθι
kalathi

Καρυκεύματα
karikevmata

Καφές
kafès

Κονσέρβα
konnserva

Κούτα
kouta

Κρασί (άσπρο, κόκκινο)
krassi (aspro, kokino)

Μαρμελάδα
marméladha

Μέλι

30. MAGASIN D'ALIMEN-TATION

μαγκαζΈ νταλιμΆτασιΟ

Sel
σελ

Amuse-gueule
αμΟΥζ γκΕλ

Farine
φαΡιν

Lait (en boîte, en poudre)
λε (Ά μπουατ, Ά πουντΡ)

Sucre (semoule, glace, en morceaux)
σΟΥκΡ (σΕμουλ, γκλας, Ά μοΡσο)

Pâtes
πατ

Cacao
κακαο

Panier
πανιε

Épices
επις

Café
καφε

Conserve
κΌσεΡβ

Carton
καΡτΌ

Vin (blamc, rouge)
βΈ (μπλΆ, ΡουΖ)

Confiture
κΌφιτΟΥΡ

Miel

méli | μιελ
Μουστάρδα | **Moutarde**
moustardha | μουταΡντ
Μπισκότο | **Biscuit**
biskoto | μπισκΟΥι
Μπουκάλι | **Bouteille**
boukali | μπουτεγ(ι)
Πακέτο | **Paquet**
pakéto | πακε
Πανέρι | **Panier**
panéri | πανιε
Πιπέρι | **Poivre**
pipéri | πουαβΡ
Πώμα | **Bouchon**
poma | μπουΣΌ
Ρύζι | **Riz**
rizi | Ρι
Σακουλάκι | **Sachet**
sakoulaki | σαΣε
Σοκολάτα | **Chocolat**
sokolata | Σοκολα
Σούπα | **Soupe**
soupa | σουπ
Τσάι | **Thé**
tsaï | τε
Τσάντα | **Sac**
tsannda | σακ
Φελός | **Bouchon**
félos | μπουΣΌ
Φρυγανιά | **Biscotte**
frighania | μπισκοτ

31. ΠΟΤΑ	31. BOISSONS
pota	μπουασΟ

Αλκοόλ	**Alcool**
alkool	αλκολ
Βότκα	**Vodka**
votka	βοντκα
Κονιάκ	**Cognac**
koniak	κονιακ
Κρασί (άσπρο, κόκκινο, ροζέ, γλυκό, ξηρό)	**Vin (blanc, rouge, rosé, doux, sec)**
krassi (aspro, kokino, rozé, ghliko, xiro)	β'Ε (μπλΑ, PouZ, ροζε, ντου, σεκ)
Μεταλλικό νερό	**Eau minérale**
métaliko néro	ο μινεΡαλ
Μπίρα	**Bière**
bira	μπιεΡ
Μπουκάλι	**Bouteille**
boukali	μπουτεγ(ι)
Νερό	**Eau**
néro	ο
Οινόπνευμα	**Alcool**
inopnevma	αλκολ
Ουίσκι	**Whisky**
ouiski	ουισκι
Ρετσίνα	**Vin résiné**
retsina	β'Ε Pεζινε
Σαμπάνια	**Champagne**
sammbania	Σ'Απαν(ιΕ)
Σόδα	**Eau gazeuse**
sodha	ο γκαζΕζ
Τεκίλα	**Tékila**
tékila	τεκιλα
Χυμός φρούτων	**Jus de fruits**
Himos froutonn	ZOY ντE φPOYι

32. ΓΑΛΑΚΤΟΚΟΜΙΚΑ ghalaktokomika	**32. CREMERIE** κΡεμΡι
Αυγά avgha	**Oeufs** Ε
Βούτυρο voutiro	**Beurre** μπΕΡ
Γάλα ghala	**Lait** λε
Γιαούρτι yaourti	**Yaourt** γιαουΡτ
Γραβιέρα ghraviéra	**Gruyère** γκΡΟΥιγεΡ
Κατσικίσιο τυρί katsikissio tiri	**Fromage de chèvre** φΡομαΖ ντΕ ΣεβΡ
Παρμεζάνα parmézana	**Parmesan** παΡμΕΖΆ
Ροκφόρ rokfor	**Roquefort** ΡοκφοΡ
Τυρί tiri	**Fromage** φΡομαΖ
Τυρί Ολλανδίας tiri olanndhias	**Fromage de Hollande** φΡομαΖ ντΕ ολΆντ
Φέτα féta	**Féta** φετα

33. ΚΡΕΟΠΩΛΕΙΟ, ΑΛΛΑΝΤΙΚΑ

kréopolio, alanndika

Αγριογούρουνο
aghrioghourouno

Άπαχο
apaHo

Αρνίσια σπάλα
arnissia spala

Αρνίσιο (μπούτι, παϊδάκι)
arnissio (bouti, païdhaki)

Βοδινό κρέας
vodhino kréas

Ζαμπόν
zammbonn

Ζαρκάδι
zarkadhi

Κιμάς
kimas

Κομμάτι
komati

Κοτόπουλο
kotopoulo

Κρέας (με/χωρίς λίπος, μοσχαρίσιο, χοιρινό)
kréas (mé/Horis lipos, mosHarissio, Hirino)

Κουνέλι
kounéli

Κυνήγι
kiniyi

Λαγός
laghos

Λουκάνικο

33. BOUCHERIE, CHARCUTERIE

μπουΣΡι, ΣαΡκΟΥτΡι

Sanglier
οΆγκλιε

Maigre
μεγκΡ

Epaule d'agneau
επολ ντανιο

Gigot (côtelette) d'agneau
Ζιγκο (κοτλετ) ντανιο

Viande de boeuf
βιΆντ ντΕ μπΕφ

Jambon
ΖΆμπΌ

Chevreuil
ΣΕβΡΕγ(ι)

Viande hachée
βιΆντ αΣε

Morceau
μοΡσο

Poulet
πουλε

Viande (grasse/maigre, de boeuf, de porc)
βιΆντ (γκΡας/μεγκΡ, ντΕ μπΕφ, ντΕ ποΡ)

Lapin
λαπΈ

Gibier
Ζιμπιε

Lièvre
λιεβΡ

Saucisse

loukaniko

Μπριζόλα **Côtelette**
brizola κοτλετ

Ορτύκια **Cailles**
ortikia καγ(ι)

Πάπια **Canard**
papia καναΡ

Παστό **Salé**
pasto σαλε

Πέρδικα **Perdrix**
perdhika πεΡντΡι

Πιτσούνι **Pigeon**
pitsouni πιΖΌ

Σαλάμι **Saucisson**
salami σοσισΌ

Συκώτι **Foie**
sikoti φουα

Τρεις φέτες ζαμπόν **Trois tranches de jambon**
tris fétès zammbon τΡουα τΡΆΣ ντΕ ΖΆμπΌ

Τρυγόνι **Tourterelle**
trighoni τουΡτΕΡελ

Τρυφερό **Tendre**
triféro τΆντΡ

Τσίχλα **Grive**
tsiHla γκΡιβ

Φασιανός **Faisan**
fassianos φΕΖΆ

Φέτα **Tranche**
féta τΡΆΣ

Φιλέτο **Filet**
filéto φιλε

Χήνα **Oie**
Hina ουα

σοσις

34. ΨΑΡΙΑ	34. POISSONNERIE
psaria	πουασονΡι
Αστακός	**Homard**
astakos	ομαΡ
Γαρίδα	**Crevette**
gharidha	κΡΕβετ
Γλώσσα	**Sole**
ghlossa	σολ
Καλαμάρι	**Calmar**
kalamari	καλμαΡ
Καλκάνι	**Raie**
kalkani	Ρε
Καραβίδα	**Langoustine**
karavidha	λΆγκουστιν
Κέφαλος	**Mulet**
kéfalos	μΟΥλε
Κολιός	**Maquereau**
kolios	μακΡο
Μαρίδα	**Fretin**
maridha	φΡΕτΕ
Μπακαλιάρος (παστός)	**Morue (salée)**
bakaliaros (pastos)	μοΡΟΥ (σαλε)
Μπαρμπούνι	**Rouget**
barbouni	ΡουΖε
Ξιφίας	**Espadon**
xifias	εσπαντΌ
Πέστροφα	**Truite**
pestrofa	τΡΟΥιτ
Σαρδέλα	**Sardine**
sardhéla	σαΡντιν
Σελάχι	**Raie**
sélaHi	Ρε
Σολομός	**Saumon**
solomos	σομΌ

Σουπιά	**Seiche**
soupia	σεΣ
Συναγρίδα	**Daurade**
sinaghridha	ντοΡαντ
Σφυρίδα	**Mérou**
sfiridha	μεΡου
Τόνος	**Thon**
tonos	τΌ
Τσιπούρα	**Dorade**
tsipoura	ντοΡαντ
Χέλι	**Anguille**
Héli	Άγκιγ(ι)
Χταπόδι	**Poulpe**
Htapodhi	πουλπ

35. ΛΑΧΑΝΙΚΑ
laHanika

35. LÉGUMES
λεγκΟΥμ

Αβοκάντο avokanndo	**Avocat** αβοκα
Αγγουράκια annguourakia	**Cornichons** κοΡνιΣΟ
Αγγούρι annguouri	**Concombre** κΌκΌμπΡ
Αγκινάρες annguinarès	**Artichauts** αΡτιΣο
Άνηθο anitho	**Aneth** ανετ
Αρακάς arakas	**Petits pois** πΕτι πουα
Καρότα karota	**Carottes** καΡοτ
Κολοκύθι kolokithi	**Courgette** κουΡΖετ
Κουκιά koukia	**Fèves** φεβ
Κουνουπίδι kounoupidhi	**Chou-fleur** Σου φλΕΡ
Κρεμμύδι krémidhi	**Oignon** ονιΟ
Λαχανάκια Βρυξελλών laHanakia vrixélonn	**Choux de Bruxelles** Σου ντΕ μπΡΟΥσελ
Λάχανο laHano	**Chou** Σου
Μαϊντανός maïnndanos	**Persil** πεΡσιλ
Μανιτάρια manitaria	**Champignons** ΣΆπινϊΟ
Μαρούλι marouli	**Romaine** Ρομεν

Μάτσο	**Botte**
matso	μποτ
Μελιτζάνες	**Aubergines**
mélitzanès	ομπεΡΖιν
Μπιζέλια	**Petits pois**
bizélia	πΕτι πουα
Ντομάτες	**Tomates**
domatès	τοματ
Παντζάρι	**Betterave rouge**
panntzari	μπετΡΑβ ΡουΖ
Πατάτες	**Pommes de terre**
patatès	πομ ντΕ τεΡ
Πιπεριές	**Poivrons**
pipériès	πουαβΡΟ
Πράσα	**Poireaux**
prassa	πουαΡο
Ραπανάκια	**Radis**
rapanakia	Ραντι
Σαλάτα	**Salade**
salata	σαλαντ
Σέλινο	**Céleri**
sélino	σελΡι
Σκόρδο	**Ail**
skordho	αϊ
Σπανάκι	**Épinard**
spanaki	επιναΡ
Σπαράγγια	**Asperges**
sparannguia	ασπεΡΖ
Φακές	**Lentilles**
fakès	λΑτιγ(ι)
Φασολάκια	**Haricots verts**
fassolakia	αΡικο βεΡ
Φασόλια	**Haricots**
fassolia	αΡικο

36. ΦΡΟΥΤΑ
frouta

36. FRUITS
φΡΟΥι

Αμύγδαλα amighdhala	**Amandes** αμΆντ
Ανανάς ananas	**Ananas** ανανα
Αχλάδι aHladhi	**Poire** πουαΡ
Βερίκοκο vérikoko	**Abricot** αμπΡικο
Γκρέιπφρουτ greïp frout	**Pamplemousse** πΆπλΕμους
Δαμάσκηνο dhamaskino	**Prune** πΡΟΥν
Καρπούζι karpouzi	**Pastèque** παστεκ
Καρύδα karidha	**Noix de coco** νουα ντΕ κοκο
Καρύδια karidhia	**Noix** νουα
Κεράσι kérassi	**Cerise** σΕΡιζ
Κορόμπλο koromilo	**Reine-claude** Ρεν κλοντ
Λεμόνι lémoni	**Citron** σιτΡΌ
Μανταρίνι manndarini	**Mandarine** μΆνταΡιν
Μήλο milo	**Pomme** πομ
Μπανάνα banana	**Banane** μπαναν
Πεπόνι péponi	**Melon** μΕλΌ

Πορτοκάλι	**Orange**
portokali	οΡΑΖ
Ροδάκινο	**Pêche**
rodhakino	πεΣ
Σταφίδες	**Raisins secs**
stafidhès	ΡεζΈ σεκ
Σταφύλι	**Raisin**
stafili	ΡεζΈ
Σύκο	**Figue**
siko	φιγκ
Φιστίκια	**Pistaches**
fistikia	πισταΣ
Φουντούκια	**Noisettes**
founndoukia	νουαζετ
Φράουλα	**Fraise**
fraoula	φΡεζ
Χουρμάς	**Datte**
Hourmas	ντατ

37. ΑΘΛΗΤΙΚΑ ΕΙΔΗ
athlitika idhi

37. ARTICLES DE SPORT
αΡτικλ ντΕ σποΡ

Αθλητικά παπούτσια
athlitika papoutsia
Chaussures de sport
ΣοσΟΥΡ ντΕ σποΡ

Βαράκια
varakia
Haltères
αλτεΡ

Βατραχοπέδιλα
vatraHopédhila
Palmes
παλμ

Δίχτυ πινγκ πονγκ
dhiHti pinng ponng
Filet de ping-pong
φιλε ντΕ πινγκ πΌνγκ

Δίχτυ τένις
dhiHti ténis
Filet de tennis
φιλε ντΕ τενις

Έλικας
élikas
Hélice
ελις

Εξωλέμβια
exolemmvia
Hors-bord
οΡ μποΡ

Καμάκι
kamaki
Harpon
αΡπΌ

Καπέλο ιππασίας
kapélo ipassias
Bombe
μπΌμπ

Λαστιχένια βάρκα
lastiHénia varka
Canot pneumatique
κανο πνΕματικ

Μάσκα κατάδυσης
maska katadhissis
Masque de plongée
μασκ ντΕ πλΌΖε

**Μπάλα (μπάσκετ, ποδο-
σφαίρου, βόλεϊ μπολ)**
bala (basket, podhosférou,
voleï bol)
**Ballon (de basket, de
football, de volley-ball)**
μπαλΌ (ντΕ μπασκετ, ντΕ
φουτμπολ, ντΕ βολεμπολ)

**Μπαλάκι (πινγκ πονγκ,
τένις)**
balaki (pinng ponng, ténis)
**Balle (de ping-pong, de
tennis)**
μπαλ (ντΕ πινγκ πΌνγκ, ντΕ
τενις)

Μπαστούνι του γκολφ
bastouni tou golf
Crosse de golf
κΡος ντΕ γκολφ

Μπότες	**Bottes**
botès	μποτ
Παντελονάκι	**Short**
panndélonaki	ΣοΡτ
Παπούτσια (αλπινισμού,	**Chaussures (d'alpinisme, de**
για σκι, ποδοσφαίρου)	**ski, de football)**
papoutsia (alpinizmou, ya ski,	ΣοσΟΥΡ (νταλπινιζμ, ντΕ
podhosférou)	σκι, ντΕ φουτμπολ)
Ποδήλατο αγωνιστικό	**Vélo de course**
podhilato aghonistiko	βελο ντΕ κουΡς
Ρακέτα	**Raquette**
rakéta	Ρακετ
Σορτς	**Short**
sorts	ΣοΡτ
Φανέλα	**Maillot**
fanéla	μαγιο
Φόρμα	**Survêtement**
forma	σΟΥΡβετμΆ

38. ΕΙΔΗ ΚΑΠΝΙΣΤΟΥ	**38. ARTICLES POUR FUMEURS**
idhi kapnistou	aΡτικλ πουΡ φΟΥμΕΡ

Αναπτήρας
anaptiras

Ανταλλακτικά στυλό (μολυβιού)
anndalaktika stilo (moliviou)

Ανταλλακτικό αερίου
anndalaktiko aériou

Είναι πολύ ελαφριά (βαριά)

iné poli élafria (varia)

Ένα πακέτο ...
éna pakéto...

Ευχαριστώ, δεν καπνίζω
efHaristo, dhenn kapnizo

Ευχαριστώ, έχω κόψει το κάπνισμα
éfHaristo, éHo kopsi to kapnizma

Έχετε (καπνό για πίπα, κούτα τσιγάρα, τσιγάρα, τσιμπούκια) ;
éHété (kapno ya pipa, kouta tsighara, tsighara, tsiboukia)

Θα ήθελα ένα πακέτο ... με /χωρίς φίλτρο
tha ithéla éna pakéto ... mé /Horis filtro

Θήκη (δερμάτινη, πλαστική)
thiki (dhermatini, plastiki)

Καπνοπωλείο
kapnopolio

Briquet
μπΡικε

Recharges pour stylos (pour crayons)
ΡΕΣαΡΖ πουΡ στιλο (πουΡ κΡεγιΌ)

Recharge de gaz
ΡΕΣαΡΖ ντΕ γκαζ

Elles sont très légères (fortes)
ελ σΌ τΡε λεΖεΡ (φοΡτ)

Un paquet ...
Έ πακε

Merci, je ne fume pas
μεΡσι ΖΕ νΕ φΟΥμ πα

Merci, je ne fume plus

μεΡσι ΖΕ νΕ φΟΥμ πλΟΥ

Vous avez (du tabac, des cartouches de cigarettes, des cigarettes, des pipes) ?
βουζαβε (ντΟΥ ταμπα, ντε καΡτουΣ ντΕ ψιγκαΡετ, ντε σιγκαΡετ, ντε πιπ)

Je voudrais un paquet ... avec/sans filtre
ΖΕ βουντΡε Έ πακε ... αβεκ/σΆ φιλτΡ

Étui (en cuir, en plastique)
ετΟΥι (Ά κΟΥιΡ, Ά πλαστικ)

Bureau de tabac
μπΟΥΡο ντΕ ταμπα

Καπνός	**Tabac**
kapnos	ταμπα
Μπαταρία	**Pile**
bataria	πιλ
Μπορείτε να αλλάξετε την πέτρα του αναπτήρα μου ;	**Pouvez-vous changer la pierre de mon briquet ?**
borité na alaxété tinn pétra tou anaptira mou	πουβε βου ΣΆΖε λα πιεΡ ντΕ μΌ μπΡικε
Ξυραφάκια ξυρίσματος	**Lames à rasoir**
xirafakia xirizmatos	λαμ α ΡαζουαΡ
Πακέτο	**Paquet**
pakéto	πακε
Πέτρα για αναπτήρα	**Pierre à briquet**
pétra ya anaptira	πιεΡ α μπΡικε
Πίπα	**Pipe**
pipa	πιπ
Πίπα τσιγάρου	**Fume-cigarette**
pipa tsigharou	φΟΎμ σιγκαΡετ
Πόσο κάνουν αυτά τα (τσιγάρα, πούρα) ;	**Combien coûtent ces (cigarettes, cigares) ?**
posso kanoun afta ta (tsighara, poura)	κΌμπιΈ κουτ σε (σιγκαΡετ, σιγκαΡ)
Πούρα	**Cigares**
poura	σιγκαΡ
Σπίρτα	**Allumettes**
spirta	αλΟΎμετ
Σταχτοδοχείο	**Cendrier**
staHtodhoHio	σΆντΡιε
Τσιγάρα (με μέντα, με φίλτρο, χωρίς φίλτρο)	**Cigarettes (à la menthe, filtrées, sans filtre)**
tsighara (mé mennda, mé filtro)	σιγκαΡετ (α λα μΆτ, φιλτΡε, σΆ φιλτΡ)
Τσιγαροθήκη	**Étui à cigarettes**
tsigharothiki	ετΟΎι α σιγκαΡετ
Τσιγαρόχαρτο	**Papier à cigarettes**
tsigharoHarto	παπιε α σιγκαΡετ

39. ΒΙΒΛΙΟΠΩΛΕΙΟ-ΧΑΡΤΟ-ΠΩΛΕΙΟ

vivliopolio-Hartopolio

39. LIBRAIRIE-PAPETERIE

λιμπΡεΡι-παπετΡι

Ατζέντα
adzennda
Agenda
αΖΈντα

Ανταλλακτικό
anndalaktiko
Recharge
ΡΕΣαΡΖ

Αντίτυπο
annditipo
Exemplaire
εγκζΆπλεΡ

Αυτοκόλλητες ετικέτες
aftokolitès étikétès
Étiquettes adhésives
ετικετ αντεζιβ

Βιβλίο (τσέπης)
vivlio (tsépis)
Livre (de poche)
λιβΡ (ντΕ ποΣ)

Γεωγραφικός χάρτης
yéoghrafikos Hartis
Carte géographique
καΡτ ΖεογκΡαφικ

Γόμα
ghoma
Gomme
γκομ

Γραμματική
ghramatiki
Grammaire
γκΡαμμεΡ

Διαφανές χαρτί
dhiafanès harti
Papier calque
παπιε καλκ

Διήγημα
dhiiyima
Nouvelle
νουβελ

Εβδομαδιαίο περιοδικό
evdhomadhiéo périodhiko
Magazine hebdomaire
μαγκαζιν εμπντομαντεΡ

Έκδοση
ékdhossi
Édition
εντισίΟ

Εκδότης
ékdhotis
Éditeur
εντιτΕΡ

Ετικέτες
étikétès
Étiquettes
ετικετ

Εφημερίδα
éfiméridha
Journal
ΖουΡναλ

Ημερολόγιο
Calendrier

imérol̲o̲yo

Θα ήθελα έναν τουριστικό οδηγό της περιοχής
tha i̲théla énann touristiko odhigho tis périoHis

Κάνετε φωτοτυπίες ;
kanété fototipiès

Καρνέ διευθύνσεων
karné dhiefthi̲nnséonn

Καρμπόν
karbonn

Καρτ ποστάλ
kart postal

Κατάλογος
kataloghos

Κορδέλα
kordhéla

Λεξικό τσέπης
lexiko tsépis

Κόλλα
kola

Λαστιχάκια
lasti̲Hakia

Μαρκαδόρος
markadho̲ros

Μέγεθος
mégéthos

Μελάνι
mélani

Μελανοδοχείο
mélanodhoH̲io

Μολύβι
moli̲vi

Μπαταρία

καλΆντΡιε

Je voudrais un guide touristique de la région
ΖΕ βουντΡε Έ γκιντ τουΡιστικ ντΕ λα ΡεΖιΌ

Vous faites des photocopies ?
βου φετ ντε φωτοκοπι

Carnet d'adresses
καΡνε νταντΡες

Papier carbone
παπιε καΡμπον

Carte postale
καΡτ ποσταλ

Catalogue
καταλογκ

Ruban
ΡΟΥμπΆ

Dictionnaire de poche
ντικσιονεΡ ντΕ ποΖ

Colle
κολ

Élastiques
ελαστικ

Feutre
φΕτΡ

Format
φοΡμα

Encre
ΆκΡ

Encrier
ΆκΡιε

Crayon
κΡεγιΌ

Pile

bataria	πιλ
Μπλοκ	**Bloc-notes**
blok	μπλοκ νοτ
Μπογιές	**Crayons de couleur**
boyès	κΡεγιΌ ντΕ κουλΕΡ
Μπουκάλι μελάνι	**Bouteille d'encre**
boukali mélani	μπουτεγ(ι) ντΆκΡ
Μυθιστόρημα	**Roman**
mithistorima	ΡομΆ
Ντοσιέ	**Classeur**
dossié	κλασΕΡ
Ξύστρα	**Taille-crayon**
xistra	ταγ(ι) κΡεγιΌ
Οδικός χάρτης	**Carte routière**
odhikos Hartis	καΡτ ΡουτιεΡ
Παιδικό βιβλίο	**Livre pour enfants**
pédhiko vivlio	λιβΡ πουΡ ΆφΆ
Πένα	**Plume**
péna	πλΟΥμ
Περιοδικό (μόδας)	**Magazine (de mode)**
périodhiko (modhas)	μαγκαζιν (ντΕ μοντ)
Πινέλο	**Pinceau**
pinélo	πΈσο
Σελοτέιπ	**Papier collant**
séloteïp	παπιε κολΆ
Σημειωματάριο	**Bloc-notes**
simiomatario	μπλοκ νοτ
Σπάγκος	**Ficelle**
spangos	φισελ
Στυλό (διαρκείας, μελάνης)	**Stylo(-bille, -plume)**
stilo (dhiarkias, mélanis)	στιλο (μπιγ(ι), πλΟΥμ)
Στυπόχαρτο	**Buvard**
stipoHarto	μπΟΥβαΡ
Συνδετήρας	**Trombone**

sinndhétiras	τΡΟμπον
Τετράδιο	**Cahier**
tétradhio	καγε
Τουριστικός χάρτης	**Carte touristique**
touristikos Hartis	καΡτ τουΡιστικ
Τράπουλα	**Jeu de cartes**
trapoula	ΖΕ ντΕ καΡτ
Τσάντα (σχολική)	**Sac (Cartable)**
tsannda (sHoliki)	σακ (καΡταμπλ)
Υπάρχει ιστορία της περιοχής στα γαλλικά (ελληνικά) ;	**Existe-t-il une histoire de la région en français (en grec) ?**
iparHi istoria tis périoHis sta ghalika (élinika)	εγκζιστΕτιλ ΟΥν ιστουαΡ ντΕ λα ΡεΖιΌ Ά φΡΆσε (Ά γκΡεκ)
Φάκελος	**Enveloppe**
fakélos	Άβλοπ
Φύλλο	**Feuille**
filo	φΕγ(ι)
Χάρακας	**Règle**
Harakas	Ρεγκλ
Χάρτης της πόλης	**Plan de la ville**
Hartis tis polis	πλΆ ντΕ λα βιλ
Χαρτί (αλληλογραφίας, γραφομηχανής, περιτυλίγματος)	**Papier (à lettres, machine, cadeau)**
Harti (aliloghrafias, ghrafomiHanis, péritilighmatos)	παπιε (α λετΡ, μαΣιν, καντο)
Χρωματιστά μολύβια	**Crayons de couleurs**
Hromatista molivia	κΡεγιΌ ντΕ κουλΕΡ
Ψαλίδι	**Ciseaux**
psalidhi	σιζο

40. ΑΡΩΜΑΤΟΠΩΛΕΙΟ
aromatopolio

40. PARFUMERIE
παρφΟΥμΡι

Ανοιχτόχρωμο	**Clair**
aniHtoHromo	κλεΡ
Αντιηλιακή κρέμα	**Lait solaire**
anndiliaki kréma	λε σολεΡ
Αντιηλιακό λάδι	**Huile solaire**
anndiliako ladhi	ΟΥιλ σολεΡ
Άοσμο	**Inodore**
aozmo	ινοντοΡ
Απαλό	**Doux**
apalo	ντου
Αποσμητικό	**Déodorant**
apozmitiko	ντεοντοΡΆ
Απόχρωση	**Teinte**
apoHrossi	τΕτ
Άρωμα	**Parfum**
aroma	παΡφΈ
Ασετόν	**Dissolvant**
assétonn	ντισολβΆ
Άχρωμο	**Incolore**
aHromo	ΈκολοΡ
Βαμβάκι	**Coton hydrophile**
vammvaki	κοτΌ ιντΡοφιλ
Βαφή μαλλιών	**Teinture de cheveux**
vafi mallionn	τΈτΟΥΡ ντΕ ΣΕβΕ
Βερνίκι νυχιών	**Vernis à ongles**
verniki niHionn	βεΡνι α Όγκλ
Βούρτσα (μαλλιών, νυχιών)	**Brosse (à cheveux, à ongles)**
vourtsa (mallionn, niHionn)	μπΡος (α ΣΕβΕ, α Όγκλ)
Βούρτσα ξυρίσματος	**Blaireau**
vourtsa xirizmatos	μπλεΡο
Γαλάκτωμα καθαρισμού	**Lait démaquillant**
ghalaktoma katharizmou	λε ντεμακιγιΆ

Δέρμα (λιπαρό, ευαίσθητο, ξηρό)
dherma (liparo, énesthito, xiro)

Peau (grasse, sensible, sèche)
πο (γκΡας, σΆσιμπλ, σεΣ)

Ελαφρόπετρα
élafropétra

Pierre ponce
πιεΡ πΌς

Ζελέ
zélé

Gel
Ζελ

Ηλεκτρική μηχανή ξυρίσματος
ilektriki miHani xirizmatos

Rasoir électrique
ΡαζουαΡ ελεκτΡικ

Καρφίτσες μαλλιών
karfitsès mallionn

Épingles à cheveux
επΈγκλ α ΣΕβΕ

Κολόνια
kolonia

Parfum
παΡφΈ

Κραγιόν
krayonn

Rouge à lèvres
ΡουΖ α λεβΡ

Κρέμα (ημέρας, καθαρισμού, για τα χείλια, νύχτας, ξυρίσματος, προσώπου, χεριών, υδατική)
kréma (iméras, katharizmou, ya ta Hilia, niHtas, xirizmatos, prossopou, Hérionn, idhatiki)

Crème (de jour, démaquillante, pour les lèvres, de nuit, à raser, pour le visage, pour les mains, hydratante)
κΡεμ (ντΕ ΖουΡ, ντεμακιγιΆτ, πουΡ λε λεβΡ, ντΕ νΟΥι, α Ραζε, πουΡ λΕ βιζαΖ, πουΡ λε μΈ, ιντΡατΆτ)

Λάδι
ladhi

Huile
ΟΥιλ

Λακ
lak

Laque
λακ

Λίμα νυχιών
lima niHionn

Lime à ongles
λιμ α ΌγκΛ

Λοσιόν ξυρίσματος
losionn xirizmatos

Lotion après-rasage
λοσιΌ απΡε ΡαζαΖ

Μακιγιάζ

Maquillage

makiyaz	μακιγιαΖ
Μαλακό	**Doux**
malako	ντου
Μανόν	**Vernis à ongles**
manonn	βεΡνι α Όγκλ
Μαντίλι	**Mouchoir**
manndili	μουΣουαΡ
Μάσκα προσώπου	**Masque**
maska prossopou	μασκ
Μάσκαρα	**Mascara**
maskara	μασκαΡα
Μεϊκάπ	**Fond de teint**
meïkap	φΟ ντΕ τΈ
Μολύβι ματιών	**Crayon pour les yeux**
molivi mationn	κΡεγιΌ πουΡ λε ζιΕ
Μπουκαλάκι	**Flacon**
boukalaki	φλακΌ
Νεσεσέρ	**Trousse de toilette**
nessessér	τΡους ντΕ τουαλετ
Ξυραφάκια	**Lames de rasoir**
xirafakia	λαμ ντΕ ΡαζουαΡ
Ξυριστική μηχανή	**Rasoir**
xiristiki miHani	ΡαζουαΡ
Οδοντόβουρτσα	**Brosse à dents**
odhonndovourtsa	μπΡος α ντΆ
Οδοντόκρεμα	**Dentifrice**
odhonndokréma	ντΆτιφΡις
Παραμάνα	**Épingle de sûreté**
paramana	επΈγκλ ντΕ σΟΥΡτε
Πινέλο (ξυρίσματος)	**Pinceau (Blaireau)**
pinélo (xirizmatos)	πΈσο (μπλεΡο)
Πομπόν	**Houpette**
pommponn	ουπετ
Πούδρα	**Poudre**
poudhra	πουντΡ

Σαμπουάν	Shampoing
sammbouann	ΣΆπουΈ
Σαπούνι	**Savon**
sapouni	σαβΌ
Σερβιέτες	**Serviettes hygiéniques**
serviétès	σεΡβιετ ιΖιενικ
Σκούρο	**Foncé**
skouro	φΌσε
Σπρέι	**Vaporisateur**
spreï	βαποΡιζατΕΡ
Σφουγγάρι	**Éponge**
sfounngari	επΌΖ
Σωληνάριο	**Tube**
solinario	τΟΥμπ
Ταλκ	**Talc**
talk	ταλκ
Ταμπόν	**Tampon**
tammbonn	τΆπΌ
Τσατσάρα	**Peigne**
tsatsara	πεν(ιΕ)
Τσιμπιδάκι φρυδιών	**Pince à épiler**
tsimmbidhaki fridhionn	πΈς α επιλε
Τσιμπίδι μαλλιών	**Epingle à cheveux**
tsimmbidhi malionn	επΈγκλ α ΣΕβΕ
Χαρτί υγείας	**Papier hygiénique**
harti iyias	παπιε ιΖιενικ
Χαρτομάνδιλα	**Mouchoirs en papier**
Hartomanndhila	μουΣουαΡ Ά παπιε
Χρώμα	**Teinte**
Hroma	τΈτ
Χτένα	**Peigne**
Hténa	πεν(ιΕ)
Ψαλίδι	**Ciseaux**
psalidhi	σιζο

41. POYXA	41. VETEMENTS
rouHa	βετμΆ

Αδιάβροχο	**Imperméable**
adhiavroHo	ΈπεΡμεαμπλ
Αθλητική φόρμα	**Survêtement**
athlitiki forma	σΟΥΡβετμΆ
Ακρυλικό	**Acrylique**
akriliko	ακΡιλικ
Ανεξίτηλο	**Grand teint**
anéksitilo	γκΡΆ τΈ
Άνοιγμα λαιμού	**Encolure**
anighma lémou	ΆκολΟΥΡ
Ανοιχτό	**Clair**
aniHto	κλεΡ
Αντρικό πουκάμισο	**Chemise**
anndriko poukamisso	ΣΕμιζ
Απογευματινό φόρεμα	**Robe d'après-midi**
apoyevmatino foréma	Ρομπ νταπΡε μιντι
Απόχρωση	**Teinte**
apoHrossi	τΈτ
Αυτό το παντελόνι δεν πέφτει καλά	**Ce pantalon ne tombe pas bien**
afto to panndéloni dhenn pefti kala	σΕ πΆταλΌ νΕ τΌμπ πα μπιΈ
Αυτό το πουκάμισο είναι στενό	**Cette chemise est trop étroite**
afto to poukamisso iné sténo	σετ ΣΕμιζ ε τΡο πετΡουατ
Βαμβακερό	**En coton**
vammvakéro	Ά κοτΌ
Βελούδο	**Velours**
véloudho	βΕλουΡ
Βραδινό φόρεμα	**Robe du soir**
vradhino foréma	Ρομπ ντΟΥ σουαΡ
Γαλότσες	**Bottes en caoutchouc**
ghalotsès	μποτ Ά καουτΣου

Γάντια	**Gants**
ghanndia	γκΆ
Γιακάς	**Col**
yakas	κολ
Γιλέκο	**Gilet**
yiléko	Ζιλε
Γκαμπαρτίνα	**Gabardine**
gabardina	γκαμπαΡντιν
Γούνινο παλτό	**Manteau de fourrure**
ghounino palto	μΆτο ντΕ φουΡΟΥΡ
Γραβάτα	**Cravate**
ghravata	κΡαβατ
Γυναικείο πουκάμισο (από ποπλίνα, μεταξωτό, από τεργκάλ...)	**Chemisier (en popeline, en soie, en tergal...)**
yinékio poukamisso (apo poplina, métaxoto, apo tergal...)	ΣΕμιζιε (Ά ποπλιν, Ά σουα, Ά τεΡγκαλ...)
Δαντέλα	**Dentelle**
dhanndéla	ντΆτελ
Δέρμα	**Cuir**
dherma	κΟΥιΡ
Δοκιμάζω	**Essayer**
dhokimazo	εσεγε
Εγχώρια κατασκευή	**Fabrication locale**
ennHoria kataskévi	φαμπΡικασιΌ λοκαλ
Είναι λίγο (μακρύ, κοντό, στενό, φαρδύ)	**C'est un peu trop (long, court, étroit, large)**
iné ligho (makri, konndo, sténo, fardhi)	σε τΈ πΕ τΡο (λΌ, κουΡ, ετΡουα, λαΡΖ)
Είναι χειροποίητο ;	**C'est fait à la main ?**
iné Hiropiito	σε φε α λα μΈ
Εμπριμέ ύφασμα	**Tissu imprimé**
emmbrimé ifazma	τισΟΥ ΈπΡιμε
Επίσημο ένδυμα	**Habit**
épissimo enndhima	αμπι

Εσάρπα	**Écharpe**
essarpa	εΣαΡπ
Εσώρουχα	**Sous-vêtements**
essorouHa	σου βετμΆ
Εφαρμοστό	**Cintré**
éfarmosto	σΈτΡε
Έχετε έναν καθρέφτη ;	**Vous avez un miroir ?**
éHété énann kathréfti	βου ζαβε Έ μιΡουαΡ
Ζακέτα	**Jaquette**
zakéta	Ζακετ
Ζαρτιέρες	**Jarretelles**
zartiérès	ΖαΡτελ
Ζευγάρι (κάλτσες, τιράντες)	**Une paire de (chaussettes, bretelles)**
zevgh̲ari (k̲altsès, tirann̲dès)	ΟΥν πεΡ ντΕ (Σοσετ, μπΡΕτελ)
Ζώνη	**Ceinture**
zoni	σΈτΟΥΡ
Θέλω ένα ... για ένα (αγόρι, κορίτσι) 10 ετών	**Je voudrais un ... pour (un garçon, une fille) de dix ans**
thélo éna ... ya éna (agh̲ori, koritsi) dhéka étonn	JE βουντΡε Έ ... πουΡ (Έ γκαΡσΌ, ΟΥν φιγ(ι)) ντΕ ντι ζΆ
Ιματισμός	**Habillement**
imatizmos	αμπιγ(ι)μΆ
Καλή	**Endroit**
kali	ΆντΡουα
Κάλτσες (κοντές, μακριές)	**(Socquettes, Chaussettes)**
kaltsès (konndès, makriès)	(σοκετ, Σοσετ)
Καλτσόν	**Bas**
kaltsonn	μπα
Κάπα	**Cape**
kapa	καπ
Καπέλο	**Chapeau**
kapélo	Σαπο
Καρό ύφασμα	**Tissu à carreaux**
karo if̲azma	τισΟΥ α καΡο

Κασκέτο	**Casquette**
kaskéto	κασκετ
Κέντημα	**Broderie**
kenndima	μπРοντРι
Κιλότα	**Culotte**
kilota	κΟΥλοτ
Κλασικό	**Classique**
klassiko	κλασικ
Κλωστή ραψίματος	**Fil à coudre**
klosti rapsimatos	φιλ α κουντР
Κομπινεζόν	**Combinaison**
kommbinézonn	κΌμπινεζΌ
Κομψό	**Élégant**
kommpso	ελεγκΆ
Κονταίνω	**Raccourcir**
konndéno	РακουРσιР
Κοντό	**Court**
konndo	κουР
Κόπιτσα	**Agrafe**
kopitsa	αγκРαφ
Κορσές	**Corset**
korsès	κοРσε
Κοστούμι (κλασικό, μο-ντέρνο, σπορ...)	**Costume (classique, mo-derne, sport...)**
kostoumi (klassiko, monn-derno, spor...)	κοστΟΥμ (κλασικ, μοντεРν, σποР...)
Κουμπί	**Bouton**
koummbi	μπουτΌ
Κρεμάει λίγο αριστερά (δεξιά)	**Ça pend un peu à gauche (à droite)**
krémaï ligho aristéra (dhexia)	σα πΆ Έ πΕ α γκοΣ (α ντРουατ)
Λινό	**Lin**
lino	λΈ
Μαγιό	**Maillot de bain**
mayo	μαγιο ντΕ μπΈ
Μακραίνω	**Rallonger**

makréno	ΡαλΌΖε
Μακρύ	**Long**
makri	λΌ
Μαλλί	**Laine**
mali	λεν
Μανίκι	**Manche**
maniki	μΆΣ
Μαντίλι του λαιμού	**Foulard**
manndili tou lémou	φουλαΡ
Μαντίλι της μύτης	**Mouchoir**
manndili tis mitis	μουΣουαΡ
Μέγεθος	**Taille**
méyéthos	ταγ(ι)
Με σφίγγει	**Ça me serre**
mé sfinngui	σα μΕ σεΡ
Μετάξι	**Soie**
métaxi	σουα
Μισοφόρι	**Jupon**
missofori	ΖΟΥπΌ
Μονόχρωμο ύφασμα	**Tissu uni**
monoHromo ifazma	τισΟΥ ΟΥνι
Μπορείτε (να κοντύνετε τα μανίκια, να μου πάρετε τα μέτρα) ;	**Vous pouvez (raccourcir les manches, prendre mes mesures) ?**
borité (na konndinété ta manikia, na mou parété ta métra)	βου πουβε (ΡακουΡσιΡ λε μΆΣ, πΡΆντΡ με μΕζΟΥΡ)
Μπορώ να το δοκιμάσω ;	**Je peux l'essayer ?**
boro na to dhokimasso	ΖΕ πΕ λεσεγε
Μπλούζα	**Pull-over**
blouza	πΟΥλοβεΡ
Νάιλον	**Nylon**
naïlonn	νιλΌ
Ντεμί σεζόν	**De demi-saison**
démi sézonn	ντΕ ντεμι σεζΌ
Νυχτικό	**Chemise de nuit**

niHtiko | ΣΕμιζ ντΕ νOYι

Ολόμαλλο ύφασμα | **Tissu en laine**
olomalo ifazma | τισOY Ά λεν

Παλτό | **Manteau**
palto | μΆτο

Πανί | **Toile**
pani | τουαλ

Παντελονάκι | **Short**
panndélonaki | ΣοΡτ

Παντελόνι | **Pantalon**
panndéloni | πΆταλΌ

Παπιγιόν | **Noeud papillon**
papiyonn | νΕ παπιγιΌ

Πέτο | **Revers de veste**
péto | ΡΕβεΡ ντΕ βεστ

Πιέτα | **Pli**
piéta | πλι

Πιτζάμες | **Pyjama**
pitzamès | πιΖαμα

Πλένεται (στο χέρι, στο πλυντήριο) | **Lavage (à la main, en machine)**
plénété (sto Héri, sto plinndirio) | λαβαΖ (α λα μΈ, Ά μαΣιν)

Ποιότητα | **Qualité**
piotita | καλιτε

Πόσο έχει το μέτρο ; | **C'est combien le mètre ?**
posso éHi to métro | σε κΌμπίΈ λΕ μετΡ

Πότε θα είναι έτοιμο ; | **Quand sera-t-il prêt ?**
poté tha iné étimo | κΆ σΕΡα τιλ πΡε

Πουκαμίσα | **Tunique**
poukamissa | τOYνικ

Πουκάμισο με κοντά μανίκια | **Chemisette**
poukamisso mé konnda manikia | ΣΕμιζετ

Πουλόβερ | **Pull-over**
poulover | πOYλοβεΡ

Προβάρω	**Essayer**
provaro	εσεγε
Πρωινό φόρεμα	**Robe de ville**
proΐno foréma	Ρομπ ντΕ βιλ
Ρεβέρ	**Revers**
révér	ΡΕβεΡ
Ριγέ	**Rayé**
riyé	Ρεγε
Ροζ	**Rose**
roz	Ροζ
Ρόμπα	**Peignoir**
roba	πενουαΡ
Σακάκι (**μονόπετο,**	**Veste (droite, croisée, avec**
σταυρωτό, με μεγάλα πέτα...)	**de grands revers...)**
sakaki (monopéto, stavroto,	βεστ (ντΡουατ, κΡουαζε,
mé méghala péta...)	αβεκ ντΕ γκΡΆ ΡΕβεΡ...)
Σάλι	**Châle**
sali	Σαλ
Σατέν	**Satin**
satenn	σατΈ
Σιδέρωμα	**Repassage**
sidhéroma	ΡΕπασαΖ
Σιδερώνω	**Repasser**
sidhérono	ΡΕπασε
Σκισμένο	**Déchiré**
skizméno	ντεΣιΡε
Σκούφος	**Bonnet**
skoufos	μπονε
Σλιπ	**Slip**
slip	σλιπ
Σορτς	**Short**
sorts	ΣοΡτ
Σουτιέν	**Soutien-gorge**
soutienn	σουτιΈ γκοΡZ
Στενεύω	**Rétrécir**
sténévo	ΡετΡεσιΡ

Στενό	**Étroit**
sténo	ετΡουα
Συνθετικό	**Synthétique**
sinnthétiko	σΈτετικ
Σώβρακο	**Caleçon**
sovrako	καλσΌ
Ταγιέρ	**Tailleur**
tayier	ταγιΕΡ
Τιράντες	**Bretelles**
tiranndès	μπΡΕτελ
Τι υλικό είναι αυτό ;	**C'est en quoi ?**
ti iliko iné afto	σε τΆ κουα
Τσαλακώνει	**Ça chiffonne**
tsalakoni	σα Σιφον
Τσέπη	**Poche**
tsépi	ποΣ
Ύφασμα (με βούλες)	**Tissu (à pois)**
ifazma (mé voulès)	τισΟΥ (α πουα)
Φανέλα	**Flanelle**
fanéla	φλανελ
Φανελάκι	**Maillot de corps**
fanélaki	μαγιο ντΕ κοΡ
Φαρδύ	**Large**
fardhi	λαΡΖ
Φερμουάρ	**Fermeture à glissière**
fermouar	φεΡμΕτΟΥΡ α γκλισιεΡ
Φόδρα	**Doublure**
fodhra	ντουμπλΟΥΡ
Φόρεμα	**Robe**
foréma	Ρομπ
Φούστα	**Jupe**
fousta	ΖΟΥπ
Χειροποίητο	**Fait main**
Hiropiito	φε μΈ
Χρώμα	**Teinte**
Hroma	τΈτ

42. ΠΑΠΟΥΤΣΙΑ	42. CHAUSSURES
papoutsia	ΣοσΟΥΡ

Αθλητικά παπούτσια
athlitika papoutsia

Chaussures de sport
ΣοσΟΥΡ ντΕ σποΡ

Αυτά τα παπούτσια είναι πολύ στενά
afta ta papoutsia iné poli sténa

Ces chaussures sont trop étroites
σε ΣοσΟΥΡ σΌ τΡο πετΡουατ

Βερνίκι
verniki

Vernis
βεΡνι

Βερνίκι
verniki

Cirage
σιΡαΖ

Γνήσιο δέρμα
ghnissio dherma

Cuir véritable
κΟΥιΡ βεΡιταμπλ

Δεν μ' αρέσουν οι στρογγυλές (τετράγωνες, μυτερές) μύτες
dhenn maressounn i stronnguilès (tétraghonès, mitérès) mitès

Je n'aime pas les bouts ronds (carrés, pointus)
ΖΕ νεμ πα λε μπου ΡΌ (καΡε, πουΈτΟΥ)

Έχετε ένα νούμερο μεγαλύτερα (μικρότερα) ;
éHété éna nouméro méghalitéra (mikrotéra)

Avez-vous la pointure au-dessus (au-dessous) ?
αβε βου λα πουΈτΟΥΡ ο ντΕσΟΥ (ο ντΕσου)

Ζευγάρι
zevghari

Une paire
ΟΥν πεΡ

Θα ήθελα τακούνια πιο (κοντά, ψηλά, λεπτά, χοντρά)
tha ithéla takounia pio (konnda, psila, lepta, Honndra)

Je voudrais des talons plus (bas, hauts, fins, gros)
ΖΕ βουντΡε ντε ταλΌ πλΟΥ (μπα, ο, φΈ, γκΡο)

Καστόρι
kastori

Daim
ντΈ

Κόκαλο παπουτσιών

Chausse-pied

kokalo papoutsionn

Κορδόνια
kordhonia

Λάστιχο
lastiHo

Μέγεθος
méyéthos

Μοκασίνι
mokassini

Μπορείτε να μου δείξετε άλλα ζευγάρια στο ίδιο στιλ;

borité na mou dhixété ala zevgharia sto idhio stil

Μπότα
bota

Μποτίνια
botinia

Μύτη
miti

Νούμερο
nouméro

Πανί
pani

Παντόφλες
panndoflès

Παπούτσια (με σόλα δερμάτινη, χαμηλά, με τακούνι, πορείας)
papoutsia (mé sola dhermatini, Hamila, mé takouni, porias)

Πέδιλα
pédhila

Σος πιε

Lacets
λασε

Caoutchouc
καουτΣου

Pointure
πουΈτΟΥΡ

Mocassin
μοκασΈ

Pourriez-vous me montrer d'autres modèles du même genre ?

πουΡιε βου μΕ μΌτΡε ντοτΡ μοντελ ντΟΥ μεμ ΖΆΡ

Bottes
μποτ

Botillons
μποτιγΊΟ

Bout
μπου

Pointure
πουΈτΟΥΡ

Toile
τουαλ

Pantoufles
πΆτουφλ

Chaussures (à semelle de cuir, plates, à talons, de marche)
ΣοσΟΥΡ (α σΕμελ ντΕ κΟΥιΡ, πλατ, α ταλΌ, ντΕ μαΡΣ)

Nu-pieds
νΟΥ πιε

Σανδάλια	Sandales
sanndhalia	σΆνταλ
Σόλα	Semelle
sola	σΕμελ
Σουέντ	Daim
soued	ντΈ
Τακούνι	Talon
takouni	ταλΟ
Τσαγκάρης	Cordonnier
tsanngaris	κοΡντονιε
Ύφασμα	Tissu
ifazma	τισΟΥ
Φοράω τριάντα εννέα νούμερο παπούτσι	Je chausse du 39
forao triannda énéa nouméro papoutsi	ΖΕ Σος ντΟΥ τΡΆτ νΕφ

43. ΕΙΔΗ ΛΑΪΚΗΣ ΤΕΧΝΗΣ	**43. ARTISANAT**
idhi laïkis teHnis	αΡτιζανα

Αγγειοπλαστική	**Poterie**
annguioplastiki	ποτΡι
Αυτό το πράγμα είναι χειροποίητο ;	**C'est fait à la main ?**
afto to praghma iné Hiropiito	σε φε α λα μΈ
Ασημικά	**Argenterie**
assimika	αΡΖΆτΡι
Βάζο	**Vase**
vazo	βαζ
Βαρέλι	**Tonneau**
varéli	τονο
Γάντια	**Gants**
ghanndia	γκΆ
Δαντέλα	**Dentelle**
dhanndéla	ντΆτελ
Δερμάτινα είδη	**Objets en cuir**
dhermatina idhi	ομπΖε Ά κΟΥιΡ
Δίσκος	**Disque**
dhiskos	ντιοκ
Είδη χειροτεχνίας	**Artisanat**
idhi HiroteHnias	αΡτιζανα
Εγχώρια είδη	**Objets de fabrication locale**
ennHoria idhi	ομπΖε ντΕ φαμπΡικασιΌ λοκαλ
Εργαστήριο	**Atelier d'artiste**
erghastirio	ατΕλιε νταΡτιστ
Ζακέτα	**Jaquette**
zakéta	Ζακετ
Ζώνες	**Ceintures**
zonès	σΈτΟΥΡ
Καλάθια	**Paniers**
kalathia	πανιε

Κάλτσες	**Chaussettes**
kaltsès	Σοσετ
Κέντημα	**Broderie**
kenndima	μπΡοντΡι
Κεραμικά	**Poterie**
kéramika	ποτΡι
Κοσμήματα	**Bijoux**
kozmimata	μπιΖου
Κούκλα	**Poupée**
koukla	πουπε
Κούπα	**Coupe**
koupa	κουπ
Κρυστάλλινα είδη	**Cristallerie**
kristalina idhi	κΡισταλΡι
Κύπελλα	**Coupes**
kipéla	κουπ
Μάλλινα είδη	**Tricots**
malina idhi	τΡικο
Μαχαίρια	**Couteaux**
maHéria	κουτο
Μεταξωτά είδη	**Soierie**
métaxota idhi	σουαΡι
Μινιατούρες	**Miniatures**
miniatourès	μινιατΟΥΡ
Μπορούμε να επισκεφθούμε το εργαστήρι ;	**Peut-on visiter l'atelier ?**
boroumé na épiskefthoumé to erghastiri	πΕ τΟ βιζιτε λατΕλιε
Μπρίκι	**Récipient pour faire le café grec**
briki	ΡεσιπιΆ πουΡ φεΡ λΕ καφε γκΡεκ
Ξίφος	**Épée**
xifos	επε

Ξύλινα διακοσμητικά πιάτα	**Assiettes décoratives en bois**
xilina dhiakozmitika piata	ασιετ ντεκοΡατιβ Ά μπουα
Ξυλογλυπτική	**Sculpture sur bois**
xiloghliptiki	σκΟΥλτΟΥΡ σΟΥΡ μπουα
Όνυχας	**Onyx**
oniHas	ονιξ
Πανέρι	**Panier**
panéri	πανιε
Ποια είναι τα χαρακτηριστικά είδη της περιοχής σας ;	**Quels sont les objets typiques de votre région ?**
pia iné ta Haraktiristika idhi tis périoHis sas	κελ σΌ λε ομπΖε τιπικ ντΕ βοτΡ ΡεΖίΟ
Πορσελάνη	**Porcelaine**
porsélani	ποΡσΕλεν
Πού υπάρχει μαγαζί με χειροποίητα είδη ;	**Où y-a-til une boutique d'artisanat ?**
pou iparHi maghazi mé Hiropiita idhi	ου ιατιλ ΟΥν μπουτικ νταΡτιζανα
Σάλι	**Châle**
sali	Σαλ
Τσάντα	**Sac**
tsannda	σακ
Υφαντά	**Tissage**
ifannda	τισαΖ
Φιγουρίνια με λαϊκές φορεσιές	**Poupées folkloriques**
fighourinia mé laïkès foressiès	πουπε φολκλοΡικ
Χαλί	**Tapis**
Hali	ταπι
Χαλκός	**Cuivre**
Halkos	κΟΥιβΡ
Χειροποίητα είδη	**Artisanat**
Hiropiita idhi	αΡτιζανα

44. ΗΛΕΚΤΡΙΚΑ ΕΙΔΗ
ilektrika idhi

44. APPAREILS ÉLECTRIQUES
απαΡεγ(ι) ελεκτΡικ

Άδεια κασέτα
adhia kasséta

Cassette vierge
κασετ βιεPZ

Ακουστικά
akoustika

Écouteurs
εκουτΕΡ

Αμπέρ
ammber

Ampérage
ΆπεΡαΖ

Ανεμιστήρας
anémistiras

Ventilateur
βΆτιλατΕΡ

Αντίσταση
anndistassi

Résistance
ΡεζιστΆς

Αριθμομηχανή
arithmomiHani

Calculatrice
καλκΟΥλατΡις

Ασύρματος
assirmatos

Talkie-walkie
τοκι ουοκι

Ασφάλεια
asfalia

Fusible
φΟΥζιμπλ

Βίντεο
vidéo

Magnétoscope
μανιετοσκοπ

Βύσμα
vizma

Fiche
φιΣ

Διακόπτης
dhiakoptis

Interrupteur
ΈτεΡΟΥπτΕΡ

Διακόσια είκοσι βολτ
dhiakossia ikossi volt

Deux cent vingt volts
ντΕ σΆ β'Ε βολτ

Δίσκοι (κόμπακτ)
dhiski (kommpakt)

Disques (compact)
ντισκ (κΌπακτ)

Εγγύηση
ennguiissi

Garantie
γκαΡΆτι

Εκατόν δέκα βολτ
ékatonn dhéka volt

Cent dix volts
σΆ ντι βολτ

Ενισχυτής
énisHitis

Amplificateur
ΆπλιφικατΕΡ

Επισκευάζω
épiskévazo

Réparer
ΡεπαΡε

Επισκευή
épiskévi

Réparation
ΡεπαΡασίΟ

Έχετε αυτού του είδους μπαταρίες ;
éHété aftou tou idhous batariès

Avez--vous ce type de pile ?
αβε βου σΕ τιπ ντΕ πιλ

Έχετε δίσκους (ελαφράς, κλασικής, λαϊκής, χορευτικής...) μουσικής ;
éHété dhiskous (élafras, klassikis, laïkis, Horeftikis moussikis)

Avez-vous des disques de musique (légère, classique, populaire, dansante...) ?
αβε βου ντε ντισκ ντΕ μΟΥζικ (λεΖεΡ,κλασικ, ποπΟΥλεΡ, ντΆσΆτ...)

Ηλεκτρική κατσαρόλα
ilektriki katsarola

Casserole électrique
κασΡολ ελεκτΡικ

Ηλεκτρική ξυριστική μηχανή
ilektriki xiristiki miHani

Rasoir électrique

ΡαζουαΡ ελεκτΡικ

Ηλεκτρική σόμπα

ilektriki sommba

Appareil de chauffage électrique

απαρεγ(ι) ντε ΣοφαΖ ελεκτΡικ

Ηλεκτρικός μύλος για καφέ
ilektrikos milos ya kafé

Moulin à café électrique
μουλΈ α καφε ελεκτΡικ

Η ασφάλεια κάηκε
i asfalia kaïké

Le fusible a sauté
λΕ φΟΥζιμπλ α σοτε

Η συσκευή αυτή έχει εγγύηση ;
i siskévi afti éHi ennguiissi

Cet appareil est garanti ?

σετ απαΡεγ(ι) ε γκαΡΆτι

Η συσκευή αυτή είναι χαλασμένη
i siskévi afti iné Halazméni

Cet appareil ne marche plus

σετ απαΡεγ(ι) νΕ μαΡΣ πλΟΥ

Ηχογραφημένη κασέτα
iHoghrafiméni kasséta

Cassette enregistrée
κασετ ΆΡΕΖιστΡε

Θόρυβος	**Bruit**
thorivos	μπΡΟΥι
Καλώδιο	**Fil électrique**
kalodhio	φιλ ελεκτΡικ
Κατσαβίδι	**Tournevis**
katsavidhi	τουΡνΕβις
Καφετιέρα	**Cafetière**
kafétiéra	καφτιεΡ
Κεραία	**Antenne**
kéréa	Άτεν
Κεφαλή ανάγνωσης	**Diamant**
kéfali anaghnossis	ντιαμΆ
Κουμπί	**Bouton**
koummbi	μπουτΌ
Λάμπα	**Lampe**
lammba	λΆπ
Μαγνητική ταινία	**Bande magnétique**
maghnitiki ténia	μπΆντ μανιετικ
Μαγνητόφωνο	**Magnétophone**
maghnitofono	μανιετοφον
Μεγάφωνο	**Haut-parleur**
méghafono	ο παΡλΕΡ
Μετασχηματιστής	**Transformateur**
métasHimatistis	τΡΆσφοΡματΕΡ
Μετρητής	**Compteur**
métritis	κΌτΕΡ
Μπαταρία	**Pile**
bataria	πιλ
Μπορώ να ακούσω αυτό το δίσκο ;	**Est-ce que je peux écouter ce disque ?**
boro na akousso afto to dhisko	ες κΕ ΖΕ πΕ εκουτε σΕ ντισκ
Ξυπνητήρι	**Réveil**
xipnitiri	Ρεβεγ(ι)

Πικάπ	**Tourne-disques**
pikap	τουΡνΕντισκ
Πλήκτρο	**Touche**
pliktro	τουΣ
Πλυντήριο (πιάτων, ρούχων)	**Lave (-vaisselle, -linge)**
plinndirio (piatonn, rouHonn)	λαβ (βεσελ, λΈΖ)
Πρίζα	**Prise**
priza	πΡιζ
Προέκταση	**Rallonge**
proéktassi	ΡαλΌΖ
Προσαρμοστής	**Adaptateur**
prossarmostis	ανταπτατΕΡ
Ραδιόφωνο	**Radio**
radhiofono	Ραντιο
Ρεύμα	**Courant électrique**
revma	κουΡΆ ελεκτΡικ
Σεσουάρ	**Sèche-cheveux**
sessouar	σεΣ ΣΕβΕ
Σίδερο	**Fer à repasser**
sidhéro	φεΡ α ΡΕπασε
Συνδέω	**Brancher**
sinndhéo	μπΡΆΣε
Τηλεόραση	**Télévision**
tiléorassi	τελεβιζιΌ
Φις	**Fiche**
fis	φιΣ
Φορητός	**Portatif**
foritos	ποΡτατιφ
Φρυγανιέρα	**Grille-pain**
frighaniéra	γκΡιγ(ι) πΈ
Ψυγείο	**Réfrigérateur**
psiyio	ΡεφΡιΖεΡατΕΡ

45. ΣΤΟ ΦΩΤΟΓΡΑΦΕΙΟ
sto fotoghrafio

45. CHEZ LE PHOTOGRAPHE
Σε λE φοτογκΡαφ

Αρνητικό
arnitiko

Négatif
νεγκατιφ

Διάφραγμα
dhiafraghma

Diaphragme
ντιαφΡαγκμ

Διαφάνεια
dhiafania

Diapositive
ντιαποζιτιβ

Έγχρωμο
ennHromo

En couleur
Ά κουλΕΡ

Εκτύπωση
ektipossi

Tirage
τιΡαΖ

Εμφανίζω
emmfanizo

Développer
ντεβλοπε

Εμφάνιση
emmfanissi

Développement
ντεβλοπιμΆ

Εστιάζω
estiazo

Mettre au point
μετΡ ο πουΈ

Εστίαση
estiassi

Mise au point
μιζ ο πουΈ

Θα ήθελα να μου εμφανί-
σετε αυτό το φιλμ
tha ithéla na mou emmfa-
nissété afto to film

Je voudrais que vous me
développiez cette pellicule
ZE βουντΡε κE βου μE
ντεβλοπιε σετ πελικΟΥλ

Θα ήθελα ένα φιλμ (με
τριάντα έξι πόζες, με
μεγάλη / μικρή ευαισθησία)
tha ithéla éna film (mé
triannda exi pozès, mé
méghali/mikri évesthissia)

Je voudrais une pellicule
(de 36 poses, très/très peu
sensible)
ZE βουντρε ΟΥν πελικΟΥλ
(ντE τΡΆτ σι ποζ, τΡε/τΡε πE
σΆσιμπλ)

Θάλαμος
thalamos

Cellule
σελΟΥλ

Θαμπό
thammbo

Voilé
βουαλε

Θήκη	**Étui**
thiki	ετΟΥι
Θολό	**Voilé**
tholo	βουαλε
Κάλυμμα για το φακό	**Capuchon**
kalima ya to fako	καπΟΥΣΌ
Κινηματογραφική μηχανή	**Caméra**
kinimatoghrafiki miHani	καμεΡα
Κλείστρο	**Obturateur**
klistro	ομπτΟΥΡατΕΡ
Κοντάκτ	**Épreuve**
konndakt	επΡΕβ
Λάμπα με φλας	**Ampoule pour flash**
lammba mé flas	ΆπουΛ πουΡ φλαΣ
Μάρκα	**Marque**
marka	μαΡκ
Ματ	**Mat**
mat	ματ
Μαυρόασπρο	**Noir et blanc**
mavroaspro	νουαΡ ε μπλΆ
Μέγεθος	**Format**
méyéthos	φοΡμα
Μεγέθυνση	**Agrandissement**
méyéthinnsi	αγκΡΆντισμΆ
Με περιθώρια	**Avec marges**
mé périthoria	αβεκ μαΡΖ
Μετρητής	**Compteur**
métritis	κΌτΕΡ
Μηχανή	**Appareil photo**
miHani	απαΡεγ(ι) φοτο
Μπαταρία	**Pile**
bataria	πιλ
Μπλέκω	**Coincer**
bléko	κουΈσε

Ξαναγεμίζω **Recharger**
xanayémizo ΡΕΣαΡΖε

Ξανατυλίγω **Rebobiner**
xanatiligho ΡΕμπομπινε

Ξαναφορτίζω **Recharger**
xanafortizo ΡΕΣαΡΖε

Πότε θα είναι έτοιμο ; **Quand les photos seront-
elles prêtes ?**
poté tha iné étimo κΆ λε φοτο σΕΡΌ τελ πΡετ

Πού υπάρχει φωτογραφείο, **Où y a-t-il un photographe,**
παρακαλώ ; **s'il vous plaît ?**
pou iparHi fotoghrafio ου ιατιλ Έ φοτογκΡαφ σιλ
parakalo βου πλε

Ρυθμιστής **Bague de réglage**
rithmistis μπαγκ ντΕ ΡεγλαΖ

Σλάιτς **Diapositives**
slaïts ντιαποζιτιβ

Σκόπευτρο **Viseur**
skopeftro βιζΕΡ

Σκοτεινό **Sombre**
skotino σΌμπΡ

Τεχνητό φως **Lumière artificielle**
téHnito fos λΟΥμιεΡ αΡτιφισιελ

Τηλέμετρο **Télémètre**
tilémétro τελεμετΡ

Τηλεφακός **Télé-objectif**
tiléfakos τελε ομπΖεκτιφ

Τρίποδο **Trépied**
tripodho τΡεπιε

Τυπώνω **Tirer**
tipono τιΡε

Φακός **Objectif**
fakos ομπΖεκτιφ

Φιλμ **Pellicule**

film | πελικΟΥλ
Φίλτρο | **Filtre**
filtro | φιλτΡ
Φλας | **Flash**
flas | φλαΣ
Φως της ημέρας | **Lumière naturelle**
fos tis iméras | λΟΥμιεΡ νατΟΥΡελ
Φωτογραφία | **Photo**
fotoghrafia | φοτο
Φωτογραφία ταυτότητας | **Photo d'identité**
fotoghrafia taftotitas | φοτο ντιντΆτιτε
Φωτογραφική μηχανή | **Appareil photo**
fotoghrafiki miHani | απαΡεγ(ι) φοτο
Φωτοκύτταρο | **Cellule photo-électrique**
fotokitaro | σελΟΥλ φοτο ελεκτΡικ
Χαρτί γκλασέ | **Papier glacé**
Harti glassé | παπιε γκλασε
Χωρίς περιθώρια | **Sans marges**
Horis périthoria | σΆ μαΡΖ

46. ΣΤΟ ΚΑΘΑΡΙΣΤΗΡΙΟ
sto katharistirio

46. CHEZ LE TEINTURIER
Σε λΕ τΕτΟΥΡιε

Αυτή τη μπλούζα θέλω να τη βάψω μπλε
afti ti blouza thélo na ti vapso blé

Je voudrais teindre ce pullover en bleu
ΖΕ βουντΡε τΕντΡ σΕ πΟΥλοβεΡ Ά μπλΕ

Αυτός ο λεκές δεν βγήκε
aftos o lékès dhenn vyiké

Cette tache n'est pas partie
σετ ταΣ νε πα παΡτι

Θα βγουν αυτοί οι λεκέδες ;
tha vghoun afti i lékédhès

Ces taches vont partir ?
σε ταΣ βΌ παΡτιΡ

Θέλει και σίδερο

théli ké sidhéro

Je voudrais que vous le repassiez
ΖΕ βουντΡε κΕ βου λΕ ΡΕπασιε

Λεκές
lékès

Tache
ταΣ

Μπορείτε να μου καθαρίσετε αυτόν το λεκέ ;
borité na mou katharissété aftonn to léké

Vous pouvez me nettoyer cette tache ?
βου πουβε μΕ νετουαγε σετ ταΣ

Πότε θα είναι έτοιμο ;
poté tha iné étimo

Quand est-ce que ce sera prêt ?
κΆ τες κΕ σΕ σΕΡα πΡε

47. ΣΤΟ ΚΟΜΜΩΤΗΡΙΟ
sto komotirio

47. CHEZ LE COIFFEUR
Σε λΕ κουαφΕΡ

Αλογοουρά
aloghooura

Queue de cheval
κΕντ ΣΕβαλ

Ανταύγεια
anndavia

Nuance
νΟΥΆς

Απόχρωση
apoHrossi

Teinte
τΈτ

Βάψιμο μαλλιών
vapsimo mallionn

Teinture de cheveux
τΈτΟΥΡ ντΕ ΣΕβΕ

Βούρτσα
vourtsa

Brosse
μπΡος

Δεν θέλω ζελέ ούτε λακ
dhenn thélo zelé outé lak

Je ne veux ni gel ni laque
ΖΕνβΕ νι Ζελ νι λακ

Εντριβή
enndrivi

Friction
φΡικσιΌ

**Έχει κανένα κομμωτήριο ε-
δώ ;**
éHi kanéna komotirio édho

**Y a-t-il un salon de coiffure
près d'ici ?**
ιατιλ Έ σαλΌ ντΕ κουαφΟΥΡ
πΡε ντισι

**Έχετε βαφή μαλλιών (σ'
αυτό το χρώμα, ένα πιο βα-
θύ/ανοιχτό χρώμα) ;**
éHété vafi malionn (sé afto to
Hroma, éna pio vathi/aniHto
Hroma)

**Avez-vous (cette teinte, une
teinte plus foncée/claire) ?**

αβε βου (σετ τΈτ, ΟΥν τΈτ
πλΟΥ φΌσε/κλεΡ)

Είναι η σειρά σας
iné i sira sas

C'est votre tour
σε βοτΡ τουΡ

Έχω πολλή πιτιρίδα
éHo poli pitiridha

J'ai beaucoup de pellicules
Ζε μποκου ντΕ πελικΟΥλ

**Θα ήθελα να κάνω τα μαλ-
λιά μου (περμανάντ, κατσα-
ρά, με μπούκλες στο μέτω-
πο)**

**Je voudrais me faire (faire
une permanente, friser les
cheveux, boucler les cheveux
sur le devant)**

tha i̱théla na ka̱no ta malia mou (permana̱nnt, katsara, mé bou̱klès sto mé̱topo)

Θα ήθελα να κοντύνω (τα πλαϊνά, τα πάνω)

tha i̱théla na konndi̱no (ta plaïna, ta pa̱no)

Θέλω ένα ραντεβού
thélo éna ranndévou

Θέλω (να βάψω τα μαλλιά μου, να βάψω τα μαλλιά μου με χένα, να κάνω ένα ντεκαπάζ, να κουρευτώ)

thélo (na va̱pso ta malia mou, na va̱pso ta malia mou mé Héna, na ka̱no éna décapaz, na kourefto)

Κάνετέ μου (ένα λούσιμο, έ-να χτένισμα με πιστολάκι)

ka̱nété mou (éna lou̱ssimo, éna Hté̱nizma mé pistola̱ki)

Κόβω
ko̱vo

Κότσος
ko̱tsos

Κούρεμα
kouréma

Κρεπάρω
kréparo

Λακ
lak

ΖΕ βουντΡε μΕ φεΡ (φεΡ ΟΥν πεΡμανΆτ, φΡιζε λε ΣΕβΕ, μπουκλε λε ΣΕβΕ σΟΥΡ λΕ ντΕβΆ)

Je voudrais me faire raccourcir les cheveux (sur le côté, sur le dessus)

ΖΕ βουντΡε μΕ φεΡ Ρα-κουΡσιΡ λε ΣΕβΕ (σΟΥΡ λΕ κοτε, σΟΥΡ λΕ ντΕσΟΥ)

Je voudrais un rendez-vous
ΖΕ βουντΡε Έ ΡΆντεβου

Je voudrais (me faire teindre les cheveux, une teinture au henné, une décoloration, une coupe)

ΖΕ βουντΡε (μΕ φεΡ τΈντΡ λε ΣΕβΕ, ΟΥν τΈτΟΥΡ ο ενε, ΟΥν ντεκολοΡασιΌ , ΟΥν κουπ)

Faites-moi (un shampoing, un brushing)

φετ μουα (Έ ΣΆπουΈ, Έ μπΡΕΣινγκ)

Couper
κουπε

Chignon
ΣινίΌ

Coupe
κουπ

Crêper
κΡεπε

Laque
λακ

Μαλλιά (καστανά ανοιχτά /σκούρα, λιπαρά, κατσαρά, ίσια, σπαστά, κοντά, μακριά, ξανθά, κόκκινα, μαύρα, γκρίζα, άσπρα...)

malia (kastana aniHta /sko̱ura, lipara, katsara, issia, spasta, konnda, makria, xantha, ko̱kina, ma̱vra...)

Μανικιούρ

manikiour

Μέτωπο

métopo

Μην τα κόψετε πολύ

minn ta ko̱psété poli

Μιζανπλί

mizannpli

Μπούκλες

bouklès

Να σας κοντύνω λίγο (τα γένια, τα μουστάκια, τις φαβορίτες) ;

na sas konndi̱no ligho (ta yénia, ta mousta̱kia, tis favori̱tès)

Όχι πολύ κοντά

o̱Hi poli konnda

Περλέ

perlé

Περμανάντ

permanannt

Πολύ κοντά

poli konnda

Cheveux (châtain clair /foncé, gras, frisés, raides, ondulés, courts, longs, blonds, roux, noirs, gris, blancs...)

ΣΕβΕ (ΣατΈ κλεΡ/φΌσε, γκΡα, φΡιζε, Ρεντ, ΌντΟΥλε, κουΡ, λΌ, μπλΌ, Ρου, νουαΡ...)

Manucure

μανΟΥκΟΥΡ

Front

φΡΌ

Ne les coupez pas trop courts

νΕ λε κουπε πα τΡο κουΡ

Mise en plis

μιζ Ά πλι

Boucles

μπουκλ

Je vous taille un peu (la barbe, la moustache, les favoris) ?

ΖΕ βου ταγ(ι) Έ πΕ (λα μπαΡμπ, λα μουσταΣ, λε φαβοΡι)

Pas trop courts

πα τΡο κουΡ

Nacré

νακΡε

Permanente

πεΡμανΆτ

Très courts

τΡε κουΡ

Πόσο κάνει ένα κούρεμα ;
posso kani éna kouréma

Quel est le prix d'une coupe ?
κελ ε λΕ πΡι ντΟΥν κουπ

Πού υπάρχει κομμωτήριο,
παρακαλώ ;
pou iparHi éna komotirio,
parakalo

**Pouvez-vous m'indiquer un
salon de coiffure ?**
πουβε βου μΈντικε Έ σαλΟ
ντΕ κουαφΟΥΡ

Πώς θέλετε να κουρευτείτε;
pos thélété na koureftité

Comment les voulez-vous ?
κομΆ λε βουλε βου

Το νερό είναι πολύ ζεστό
(κρύο)
to néro iné poli zesto (krio)

**L'eau est trop chaude
(froide)**
λο ε τΡο Σοντ (φΡουαντ)

Τούφα μαλλιών
toufa malionn

Mèche de cheveux
μεΣ ντΕ ΣΕβΕ

Τσιμπίδι
tsimmbidhi

Pince
π'Ες

Φράντζα
franntza

Frange
φΡΆΖ

Χτένισμα με πιστολάκι
Hténizma mé pistolaki

Brushing
μπΡΕΣινγκ

Χτενίζω τα μαλλιά μου (πί-
σω, με χωρίστρα αριστερά
/δεξιά)
Hténizo ta malia mou (pisso,
mé Horistra aristéra /dhexia)

**Je coiffe mes cheveux en
arrière (je porte une raie à
gauche/à droite)**
ΖΕ κουαφ με ΣΕβΕ Ά ναΡιεΡ
(ΖΕ ποΡτ ΟΥν Ρε α γκοΣ/α
ντΡουατ)

Ψαλίδι
psalidhi

Ciseaux
σιζο

48. ΣΤΟ ΚΟΣΜΗΜΑΤΟΠΩΛΕΙΟ	48. CHEZ LE BIJOUTIER
sto kozmimatopolio	Σε λΕ μπιΖουτιε

Αγκράφα	**Boucle**
anngrafa	μπουκλ
Αδιάβροχο	**Étanche**
adhiavroHo	ετΆΣ
Αλυσίδα	**Chaîne**
alissidha	Σεν
Αμέθυστος	**Améthyste**
améthistos	αμετιστ
Αναπτήρας	**Briquet**
anaptiras	μπΡικε
Ανθεκτικό στα χτυπήματα	**Résistant aux chocs**
annthektiko sta Htipimata	ΡεζιστΆ ο Σοκ
Ανοξείδωτος	**Inoxydable**
anoxidhotos	ινοξινταμπλ
Αρχικά	**Initiales**
arHika	ινισιαλ
Ασήμι	**Argent**
assimi	αΡΖΆ
Ατσάλι	**Acier**
atsali	ασιε
Βάλε το ρολόι πέντε λεπτά (εμπρός, πίσω)	**Fais (avancer, retarder) l'horloge de cinq minutes**
valé to roloï penndé lepta (emmbros, pisso)	φε (αβΆσε, ΡΕταΡντε) λοΡλοΖ ντΕ σΈ μινΟΥτ
Βέρα	**Alliance**
véra	αλιΆς
Βραχιόλι	**Bracelet**
vraHioli	μπΡασλε
Δαχτυλίδι (χρυσό, ασημένιο)	**Bague (en or, en argent)**
dhaHtilidhi (Hrisso, assiménio)	μπαγκ (Ά νοΡ, Ά ναΡΖΆ)
Δείχτης (μεγάλος, μικρός)	**(Grande, petite) aiguille**
dhiHtis (méghalos, mikros)	(γκΡΆντ, πΕτιτ) εγκΟΥιγ(ι)

Δεν λειτουργεί το ξυπνητήρι
dhenn litouryi to xipnitiri

Le réveil ne marche plus
λΕ Ρεβεγ(ι) νΕ μαΡΣ πλΟΥ

Δεν πηγαίνει καλά
dhenn piyéni kala

Il (elle) ne marche pas bien
ιλ (ελ) νΕ μαΡΣ πα μπι'Ε

Δευτερολεπτοδείχτης
dheftéroleptodhiHtis

Trotteuse
τΡοτΕζ

Διαμάντι
dhiamanndi

Diamant
ντιαμΆ

Είναι (κομμένος ένας δεί-
χτης του ρολογιού, σπασμέ-
νο το τζάμι)
iné (koménos énas dhiHtis
tou roloyou, spazméno to
tzami)

**L'une des aiguilles est cassée
(le verre est cassé)**
λΟΥν ντε ζεγκΟΥιγ(ι) ε κασε
(λΕ βεΡ ε κασε)

Ελατήριο
élatirio

Ressort
ΡΕσοΡ

Ελεφαντόδοντο
éléfanndodhonndo

Ivoire
ιβουαΡ

Επίχρυσο
épiHrisso

Plaqué or
πλακε οΡ

Ημιπολύτιμες πέτρες
imipolitimès pétrès

Pierres semi-précieuses
πιεΡ σΕμι πΡεσιΕζ

Θήκη
thiki

Boîtier
μπουατιε

Καράτι
karati

Carat
καΡα

Καρφίτσα
karfitsa

Broche
μπΡοΣ

Καρφίτσα γραβάτας
karfitsa ghravatas

Epingle de cravate
επ'Εγκλ ντΕ κΡαβατ

Κολιέ
kolié

Collier
κολιε

Κοράλι
korali

Corail
κοΡαγ(ι)

Κόσμημα
kozmima

Κούμπωμα
koummboma

Κουτάκι
koutaki

Μανικετόκουμπα
manikétokoummba

Μαργαριτάρι
margharitari

Μετάλλιο
métalio

Μηχανισμός κουρδίσματος
miHanizmos kourdhizmatos

Μικρή αλυσίδα
mikri alissidha

Μπαταρία
bataria

Μπορείτε (να δείτε, να διορθώσετε, να καθαρίσετε) το ρολόι μου ;
borité (na dhité, na dhiorthossété, na katharissété) to roloï mou

Μπορείτε (να τοποθετήσετε ένα καινούριο τζάμι, να χαράξετε αυτά τα αρχικά) ;
borité (na topothétissété éna kénourio tzami, na Haraxété afta ta arHika)

Μπορώ να έρθω (αύριο, την Τρίτη) ;
boro na ertho (avrio, tinn triti)

Bijou
μπιΖου

Agrafe
αγκΡαφ

Boîtier
μπουατιε

Boutons de manchette
μπουτΌ ντΕ μΆΣετ

Perle
πεΡλ

Métal
μεταλ

Fermeture
φεΡμΕτΟΥΡ

Chaînette
Σενετ

Pile
πιλ

Pouvez-vous (jeter un coup d'oeil à, réparer, nettoyer) ma montre ?
πουβε βου (ZΕτε Έ κου ντΕγ(ι) α, ΡεπαΡε, νετουαγε) μα μΌτΡ

Pouvez-vous (poser un nouveau verre, graver ces initiales) ?
πουβε βου (ποζε Έ νουβο βεΡ, γκΡαβε σε ζινισιαλ)

Je peux revenir (demain, mardi) ?
ZΕ πΕ ΡΕβΕνιΡ (ντΕμΈ, μαΡντι)

Παντατίφ
panndatif

Pendentif
πΆντΆτιφ

Πηγαίνει δέκα λεπτά (μπρο-στά, πίσω) την ημέρα
piyéni dhéka lepta (brosta, pisso) tinn iméra

Elle (avance, retarde) de dix minutes par jour
ελ (αβΆς, ΡΕταΡντ) ντΕ ντι μινΟΥτ παΡ ΖουΡ

Πλατίνα
platina

Platine
πλατιν

Πολύτιμες πέτρες
politimes pétrès

Pierres précieuses
πιεΡ πΡεσιΕζ

Πότε θα είναι έτοιμο ;
poté tha iné étimo

Quand sera-t-elle prête ?
κΆ σΕΡα τελ πΡετ

Ρολόι (τοίχου, χεριού)
roloï (tiHou, Hériou)

(Horloge, montre)
(οΡλοΖ, μΟτΡ)

Ρουμπίνι
roubini

Rubis
ΡΟΥμπι

Σκουλαρίκι
skoulariki

Boucle d'oreille
μπουκλ ντοΡεγ(ι)

Σμαράγδι
smaraghdhi

Émeraude
εμΡοντ

Σπασμένο
spazméno

Cassé
κασε

Σταματάει πού και πού

stamataï pou ké pou

Elle s'arrête de temps en temps
ελ σαΡετ ντΕ τΆ ζΆ τΆ

Ταμπακιέρα
tammbakiéra

Tabatière
ταμπατιεΡ

Τζάμι
tzami

Verre
βεΡ

Φίλντισι
fildissi

Nacre
νακΡ

Χρονόμετρο
Hronométro

Chronomètre
κΡονομετΡ

Χρυσοχόος
HrissoHoos

Orfèvre
οΡφεβΡ

49. ΣΤΟ ΥΠΟΔΗΜΑΤΟΠΟΙΕΙΟ
sto ipodhimatopiio

49. CHEZ LE CORDONNIER
Σε λΕ κοΡντονιε

Είναι φαγωμένα τα τακούνια
iné faghoména ta takounia

Les talons sont usés
λε ταλΟ σΌ τΟΥζε

Θα ήθελα σόλες (δερμάτι-νες, ελαστικές, μισές)

Je voudrais (des semelles en cuir/synthétiques, un demi-ressemelage)

tha ithéla solès (dherma-tinès, élastikès, missès)

ΖΕ βουντΡε (ντε σΕμελ Ά κΟΥιΡ/σΈτετικ, Έ ντΕμι ΡΕσΕμλαΖ)

Θέλω να τα βάλω σε καλα-πόδι, να τα ανοίξω
thélo na ta valo sé kalapodhi, na ta anixo

Je voudrais que vous les élargissiez
ΖΕ βουντΡε κΕ βου λε ζε-λαΡΖισιε

Με χτυπάνε
mé Htipané

Elles me font mal
ελ μΕ φΌ μαλ

Μισές σόλες και τακούνια από λάστιχο
missès solès ké takounia apo lastiHo

Un demi-ressemelage et des talons en plastique
Έ ντΕμι ΡΕσΕμλαΖ ε ντε ταλΟ Ά πλαστικ

Τα φτιάχνουμε αμέσως
ta ftiaHnoumé amessos

Nous les réparons tout de suite
νου λε ΡεπαΡΌ τουντ σΟΥιτ

50. ΣΤΟ ΚΑΤΑΣΤΗΜΑ ΟΠΤΙΚΩΝ

sto katastima optikonn

50. CHEZ L'OPTICIEN

Σε λοπτισίΕ

Άθραυστοι φακοί
athrafsti faki

Βραχίονας
vraHionas

Γυαλιά (ηλίου)
yalia (iliou)

Έσπασα τα γυαλιά μου
espassa ta yalia mou

Έχω (αστιγματισμό, μυω-πία, πρεσβυωπία, υπερμε-τρωπία)
éHo (astighmatizmo, miopia, presviopia, ipermétropia)

Θήκη
thiki

Κυάλια
kialia

Μεγεθυντικός φακός
méyéthinndikos fakos

Συνταγή
sinndayi

Υγρό για φακούς επαφής

ighro ya fakous épafis

Φακοί επαφής
faki épafis

Φακός
fakos

Φιμέ φακοί
fimé faki

Verres incassables
βεΡ Έκασαμπλ

Branche
μπΡΆΣ

Lunettes (de soleil)
λΟΥνετ (ντΕ σολεγ(ι))

J'ai cassé mes lunettes
Ζε κασε με λΟΥνετ

Je suis (astigmate, myope, presbyte, hypermétrope)
ΖΕ σΟΥι (αστιγκματ, μιοπ, πΡεσμπιτ, ιπεΡμετΡοπ)

Étui
ετΟΥι

Jumelles
ΖΟΥμελ

Loupe
λουπ

Formule
φοΡμΟΥλ

Liquide pour lentilles de contact
λικιντ πουΡ λΆτιγ(ι) ντΕ κΌτα-κτ

Lentilles de contact
λΆτιγ(ι) ντΕ κΌτακτ

Verre
βεΡ

Verres teintés
βεΡ τΈτε

51. ΚΑΤΟΙΚΙΔΙΑ ΖΩΑ katikidhia zoa	51. ANIMAUX DE COMPAGNIE ανιμο ντE κΌπανι
Άγριος aghrios	**Méchant** μεΣΆ
Άρρωστος arostos	**Malade** μαλαντ
Αυτιά aftia	**Oreilles** οΡεγ(ι)
Γάτα ghata	**Chat** Σα
Γαβγίζω ghavyizo	**Aboyer** αμπουαγε
Εμβόλιο emmvolio	**Vaccin** βαξΈ
Επιτρέπονται τα ζώα ; épitréponndé ta zoa	**Acceptez-vous les animaux ?** αξεπτε βου λε ζανιμο
Λαγωνικό laghoniko	**Lévrier** λεβΡιε
Λαιμοδέτης lémodhétis	**Collier** κολιε
Λουρί louri	**Laisse** λες
Λυκόσκυλο likoskilo	**Chien-loup** ΣίΕ λου
Λύσσα lissa	**Rage** ΡαΖ
Μουσούδα moussoudha	**Museau** μΟΥζο
Μπάσταρδο bastardho	**Batard** μπαταΡ
Μύτη miti	**Truffe** τΡΟΥφ
Νιαουρίζω niaourizo	**Miauler** μιολε

Νύχι
niHi

Griffe
γκΡιφ

Ουρά
oura

Queue
κΕ

Ο σκύλος μου δεν δαγκώνει
o skilos mou dhenn dhagoni

Mon chien n'est pas méchant
μΌ ΣιΈ νε πα μεΣΆ

Πιστοποιητικό
pistopiitiko

Certificat
σεΡτιφικα

Πόδια
podhia

Pattes
πατ

Πρέπει να πληρώσω κάτι ε-πιπλέον ;
prépi na plirosso kati épi pléonn

Je dois payer un supplément ?

ΖΕ ντουα πεγε Έ σΟΥπλεμΆ

Σκύλος
skilos

Chien
ΣιΈ

Στόμα
stoma

Gueule
γκΕλ

Τροφή για γάτες (σκύλους)
trofi ya ghatès (skilous)

Aliments pour chats (chiens)
αλιμΆ πουΡ Σα (ΣιΈ)

Τρίχα
triHa

Poil
πουαλ

Τρίχωμα
triHoma

Pelage
πΕλαΖ

Τσοπανόσκυλος
tsopanoskilos

Chien de berger
ΣιΈ ντΕ μπεΡΖε

Υπάκουος
ipakouos

Obéissant
ομπεϊσΆ

Υπάρχει κομμωτήριο σκύ-λων ;
iparHi komotirio skilonn

Y a-t-il une boutique de toilettage pour chiens ?
ιατιλ ΟΥν μπουτικ ντΕ τουαλε-ταΖ πουΡ ΣιΈ

Φίμωτρο
fimotro

Muselière
μΟΥζΕλιεΡ

52. ΣΤΗΝ ΕΚΚΛΗΣΙΑ	**52. A L'ÉGLISE**
stinn éklissia	α λεγκλιζ
Άγιος (Αγία)	**Saint (Sainte)**
ayos (ayia)	σΈ (σΈτ)
Αγγλικανός	**Anglican**
annglikanos	ΆγκλικΆ
Άθεος	**Athée**
athéos	ατε
Αίρεση	**Hérésie**
éressi	εΡεζι
Άμβωνας	**Chaire**
ammvonas	ΣεΡ
Άπιστος, ασεβής	**Profane**
apistos, assévis	πΡοφαν
Βασιλική	**Basilique**
vassiliki	μπαζιλικ
Βήμα	**Autel**
vima	οτελ
Βυζαντινός ναός	**Eglise byzantine**
vizanndinos naos	εγκλιζ μπιζΆτιν
Διαμαρτυρομενος ιερέας	**Prêtre protestant**
dhiamartiroménos iéréas	πΡετΡ πΡοτεστΆ
Δόγμα	**Dogme**
dhoghma	ντογκμ
Εβραίος	**Juif**
évréos	ΖΟΥιφ
Ειδωλολάτρης	**Idolâtre**
idhololatris	ιντολατΡ
Εικόνες	**Icônes**
ikonès	ικον
Εκκλησία	**Église**
éklissia	εγκλιζ
Εξομολόγηση	**Confession**
eksomoloyissi	κΌφεσιΌ

Έρανος
éranos

Quête
κετ

Εφημέριος
éfimérios

Curé
κΟΥΡε

Έχει λειτουργίες με ψαλμωδίες ;
éHi litouryiès mé psalmodhiès

Y a-t-il des messes chantées ?
ιατιλ ντε μες ΣΆτε

Ηγούμενος (Ηγουμένη)
ighouménos (ighouméni)

Père (Mère) supérieur(e)
πεΡ (μεΡ) σΟΥπεΡιΕΡ

Θεός
théos

Dieu
ντιΕ

Θόλος
tholos

Voûte
βουτ

Θρησκεία
thriskia

Religion
ΡΕλιΖίΟ

Ιερέας
iéréas

Prêtre
πΡετΡ

Ιερό
iéro

Autel
οτελ

(Καθολική, ορθόδοξη) εκκλησία
(katholiki, orthodhoxi) éklissia

Église (catholique, orthodoxe)
εγκλιζ (κατολικ, οΡτοντοξ)

Καλόγερος (Καλόγρια)
kaloyéros (kaloghria)

Moine (Soeur)
μουαν (σΕΡ)

Καμπάνα, καμπαναριό
kammbana, kammbanario

Cloche, clocher
κλοΣ, κλοΣε

Κεντρικό (βήμα, κλίτος)
kenndriko (vima, klitos)

(Maître-autel, nef centrale)
(μετΡ οτελ, νεφ σΆτΡαλ)

Κήρυγμα
kirighma

Sermon
σεΡμΌ

Κόγχη
konnHi

Abside
αμπσιντ

Λειτουργία

Messe

litouryia

Μητρόπολη
mitropoli

Μοναστήρι
monastiri

Μουσουλμάνος
moussoulmanos

Μπορείτε να μου πείτε πού βρίσκεται η πλησιέστερη εκκλησία ;
borité na mou pité pou vriskété i plissiestéri éklissia

Μωαμεθανός
moaméthanos

Ναός
naos

Ξωκλήσι
xoklissi

Ορθόδοξος
orthodhoxos

Παπάς
papas

Παρεκκλήσι
paréklissi

Πάστορας
pastoras

Πάσχα
pasHa

Περιφορά του δίσκου
périfora tou dhiskou

Πλάγια κλίτη
playa kliti

Ποιες ώρες έχει λειτουργία ;
piès orès éHi litouryia

μες

Cathédrale
κατεντΡαλ

Monastère
μοναστεΡ

Musulman
μΟΥζΟΥλμΆ

Pourriez-vous me dire où se trouve l'église la plus proche ?
πουΡιε βου μΕ ντιΡ ου σΕ τΡουβ λεγλιζ λα πλΟΥ πΡοΣ

Musulman
μΟΥζΟΥλμΆ

Temple
τΆπλ

Chapelle
Σαπελ

Orthodoxe
οΡτοντοξ

Pope
ποπ

Chapelle
Σαπελ

Pasteur
παστΕΡ

Pâques
πακ

Quête
κετ

Bas-côtés
μπα κοτε

Quel est l'horaire des offices ?
κελε λοΡεΡ ντε ζοφις

Πού είναι (η μητρόπολη, η πλησιέστερη εκκλησία) ;
pou iné (i mitropoli, i plissiestéri éklissia)

Où se trouve (la cathédrale, l'église la plus proche) ?
ου σΕ τΡουβ (λα κατεντΡαλ, λεγκλιζ λα πλΟΥ πΡοΣ)

Πρεσβυτέριο
presvitério

Presbytère
πΡεσμπιτεΡ

Προσευχή
prosefHi

Prière
πΡιεΡ

Προσεύχομαι
prosefHomé

Prier
πΡιε

Προτεστάντης
protestanndis

Protestant
πΡοτεσΆ

Προφήτης
profitis

Prophète
πΡοφετ

Ραβίνος
ravinos

Rabbin
ΡαμπΈ

Σε ποια εκκλησία γίνεται η λειτουργία στα αγγλικά (γαλλικά, ελληνικά...) ;
sé pia éklissia yinété i litouryia sta annglika (ghalika, élinika...)

A quelle église la messe est-elle célébrée en anglais (en français, en grec...) ?
α κελ εγκλιζ λα μες ετελ σελεμπΡε Ά νΆγκλε (Ά φΡΆσε, Ά γκΡεκ...)

Συναγωγή
sinaghoyi

Synagogue
σιναγκογκ

Τέμπλο
temmblo

Rétable
Ρεταμπλ

Τζαμί
tzami

Mosquée
μοσκε

Τι ώρα αρχίζει η λειτουργία ;
ti ora arHizi i litouryia

A quelle heure la messe commence-t-elle ?
α κελ ΕΡ λα μες κομΆς τελ

Τι ώρα είναι η (πρώτη, τελευταία) λειτουργία ;
ti ora iné i (proti, téleftéa)

A quelle heure a lieu la (première, dernière) messe ?
α κελ ΕΡ α λιΕ λα (πΡΕμιεΡ,

litouryia

Τοιχογραφίες
tiHoghrafiès

Τρούλος
troulos

Υπάρχει καμιά (ορθόδοξη, καθολική) εκκλησία στην πόλη ;
iparHi kamia (orthodhoxi, katholiki) éklissia stinn poli

Χριστιανός
Hristianos

Χριστούγεννα
Hristouyéna

Ψαλμωδία
psalmodhia

Ψηφιδωτά
psifidhota

ντεΡνιεΡ) μες

Fresques
φΡεσκ

Coupole
κουπολ

Y a-t-il une église (orthodoxe, catholique) dans cette ville ?
ιατιλ ΟΥν εγκλιζ (οΡτοντοξ, κατολικ) ντΆ σετ βιλ

Chrétien
κΡετιΈ

Noël
νοελ

Psalmodie
ψαλμοντι

Mosaïque
μοζαϊκ

53. ΘΕΑΜΑΤΑ
théamata

53. SPECTACLES
σπεκτακλ

Αίθουσα
éthoussa
Salle
σαλ

Ακούω
akouo
Écouter
εκουτε

Απογευματινή παράσταση
apoyevmatini parastassi
Matinée
ματινε

Άρια
aria
Aria
αΡια

Αυλαία
avléa
Rideau
Ριντο

Βιολιστής
violistis
Violoniste
βιολονιστ

Βραδινή παράσταση
vradhini parastassi
Soirée
σουαΡε

Γεμάτο
yémato
Complet
κΌπλε

Γκαρνταρόμπα
gardarommba
Vestiaire
βεστιεΡ

Δεν μ' αρέσει να κάθομαι μπροστά, κοντά στην οθόνη
dhenn maressi na kathomé brosta, konnda stinn othoni
Je déteste être assis devant, près de l'écran
ΖΕ ντετεστ ετΡ ασι ντΕβΆ πΡε ντΕ λεκΡΆ

Δημοτικό τραγούδι
dhimotiko traghoudi
Chant populaire
ΣΆ ποπΟΥλεΡ

Διάλειμμα
dhialima
Entracte
ΆτΡακτ

Διαρκής
dhiarkis
Permanent
πεΡμανΆ

Διαφημίσεις
dhiafimissis
Publicités
πΟΥμπλισιτε

Διευθυντής ορχήστρας
dhiefthinndis orHistras
Chef d'orchestre
Σεφ ντοΡκεστΡ

Δράμα
Drame
dhrama
ντΡαμ

Δραματουργός
Dramaturge
dhramatourghos
ντΡαματΟΥΡΖ

Έγχορδα
Instruments à cordes
ennHordha
ΈστΡΟΥμΆ α κοΡντ

Είναι ένα έργο με πέντε πρά-
ξεις
C'est une pièce en cinq actes
iné éna ergho mé penndé
praxis
σε τΟΥν πιες Ά σΈκ ακτ

Εισιτήριο
Billet
issitirio
μπιγε

Είσοδος
Entrée
issodhos
ΆτΡε

Έξοδος
Sortie
eksodhos
σοΡτι

Εξώστης
Balcon
eksostis
μπαλκΟ

Επιθεώρηση
Revue
épithéorissi
ΡΕβΟΥ

Επιτυχία
Succès
épitiHia
σΟΥξε

Ερμηνευτής (Ερμηνεύτρια)
Interprète
ermineftis (ermineftria)
ΈτεΡπΡετ

Ερμηνεύω
Interpréter
erminévo
ΈτεΡπΡετε

Έργο
Pièce, film, oeuvre
ergho
πιες, φιλμ, ΕβΡ

Έχουμε κλείσει εισιτήρια
Nous avons réservé des places
éHoumé klissi issitiria
νου ζαβΟ ΡεζεΡβε ντε πλας

Η αίθουσα είναι γεμάτη
La salle est pleine
i éthoussa iné yémati
λα σαλ ε πλεν

Η παράσταση αρχίζει στις ...
La représentation com-

i parastassi arHizi stis...

Ηθοποιός (ο, η)
ithopios (o, i)

Acteur, actrice
ακτΕΡ, ακτΡις

Ήταν ωραία ταινία
itann oréa ténia

C'était un très beau film
σετε τΕ τΡε μπο φιλμ

Θα ήθελα μια θέση στον ...
tha ithéla mia thessi stonn...

Je voudrais une place...
ΖΕ βουντΡε ΟΥν πλας...

**Θα πάρετε το πρόγραμμα α-
πό την ταξιθέτρια**
tha parété to proghrama apo
tinn taxithétria

**L'ouvreuse va vous donner
un programme**
λουβΡΕζ βα βου ντονε Ε
πΡογκΡαμ

**Θα σας πείραζε να μετακι-
νηθείτε μια θέση αριστερά,
παρακαλώ;**
tha sas pirazé na métakinithité
mia thessi aristéra parakalo

**Cela vous dérangerait-il de
vous déplacer d'une place
vers la gauche, s'il vous plaît?**
σΕλα βου ντεΡΆΖΡε τιλ ντΕ
βου ντεπλασε ντΟΥν πλας
βεΡ λα γκοΣ σιλ βου πλε

Θαυμάσιο παίξιμο
thavmassio péximo

Il (elle) joue très bien
ιλ (ελ) Ζου τΡε μπΙΈ

Θεατής
théatis

Spectateur
σπεκτατΕΡ

Θεατρικό έργο
théatriko ergho

Pièce de théâtre
πιες ντΕ τεατΡ

Θέση
thessi

Place
πλας

Θέση πλατείας
thessi platias

Fauteuil d'orchestre
φοτΕγ(ι) ντοΡκεστΡ

Θεωρείο
théorio

Loge
λοΖ

Θίασος
thiassos

Troupe
τΡουπ

Καθίσματα
kathizmata

Sièges
σιεΖ

Καλλιτέχνης	**Artiste**
kalitéHnis	αΡτιστ
Καμαρίνι	**Loge**
kamarini	λοΖ
Καμπαρέ	**Cabaret**
kabaré	καμπαΡε
Καζίνο	**Kazino**
kazino	καζινο
Κείμενο	**Texte**
kiméno	τεξτ
Κερκίδα	**Gradin**
kerkidha	γκΡαντΈ
Κινηματογραφικό συνεργείο	**Équipe de tournage**
kinimatoghrafiko sineryio	εκιπ ντΕ τουΡναΖ
Κινηματογράφος	**Cinéma**
kinimatoghrafos	σινεμα
Κινούμενα σχέδια	**Dessins animés**
kinouména sHédhia	ντεσΈ ανιμε
Κλασικός χορός	**Danse classique**
klassikos Horos	ντΆς κλασικ
Κλειστό	**Fermé**
klisto	φεΡμε
Κονσέρτο	**Concerto**
konnserto	κΌσεΡτο
Κοστούμια	**Costumes**
kostoumia	κοστΟΥμ
Κουκλοθέατρο	**Marionnettes**
kouklothéatro	μαΡιονετ
Κράτηση θέσης	**Réservation**
kratissi thessis	ΡεζεΡβασιΟ
Κρατώ θέση	**Réserver**
krato thessi	ΡεζεΡβε
Κριτική	**Une critique**
kritiki	ΟΥν κΡιτικ

Κριτικός
kritikos
Un critique
Έ κΡιτικ

Κρουστά
krousta
Instruments à percussion
ΈστΡΟΥμΆ α πεΡκΟΥσιΌ

Κωμωδία
komodhia
Comédie
κομεντι

Λαϊκό τραγούδι
laïko traghoudhi
Chant populaire
ΣΆ ποπΟΥλεΡ

Λαϊκός καλλιτέχνης
laïkos kalitéHnis
Chanteur populaire
ΣΆτΕΡ ποπΟΥλεΡ

Λαϊκός χορός
laïkos Horos
Danse folklorique
ντΆς φολκλοΡικ

Λυπάμαι, όλα τα εισιτήρια έ-χουν πουληθεί
lipamé, ola ta issitiria éHoun poulithi
Je suis désolé, toutes les places ont été vendues.
ΖΕ σΟΥι ντεζολε, τουτ λε πλας Ό τετε βΆντΟΥ

Μαέστρος
maestros
Chef d'orchestre
Σεφ ντοΡκεστΡ

Μακιγιέρ
makiyer
Maquilleur
μακιγιΕΡ

Μελόδραμα
mélodhrama
Drame lyrique
ντΡαμ λιΡικ

Μεταγλωττισμένη ταινία
métaghlotizméni ténia
Film doublé
φιλμ ντουμπλε

Μου δίνετε ένα πρόγραμμα;

mou dhinété éna proghrama
Est-ce que je peux avoir un programme?
ες κΕ ΖΕ πΕ αβουαΡ Έ πΡο-γκΡαμ

Μουσική (δωματίου)
moussiki (dhomatiou)
Musique (de chambre)
μΟΥζικ (ντΕ ΣΆμπΡ)

Μουσικός
moussikos
Musicien
μΟΥζισιΈ

Μπαλέτο
baléto
Ballet
μπαλε

Μου άρεσε πολύ mou aressé poli	**Ça m'a beaucou plu** σα μα μποκου πλΟΥ
Μου αρέσει η κλασική μουσική mou aressi i klassiki moussiki	**J'aime la musique classique** Ζεμ λα μΟΥζικ κλασικ
Ντεκόρ dékor	**Décor** ντεκοΡ
Ντισκοτέκ diskotek	**Discothèque** ντισκοτεκ
Ντοκιμαντέρ dokimannder	**Documentaire** ντοκΟΥμΆτεΡ
Νυχτερινό κέντρο niHtérino kenndro	**Boîte de nuit** μπουατ ντΕ νΟΥι
Οι ηθοποιοί ήταν θαυμάσιοι i ithopii itann thavmassyi	**Les acteurs étaient excellents** λε ζακτΕΡ ετε τεξσελΆ
Οθόνη othoni	**Écran** εκΡΆ
Όπερα (μπούφα) opéra (boufa)	**Opéra (bouffe)** οπεΡα (μπουφ)
Οπερέτα opaéréta	**Opérette** οπεΡετ
Ουρά oura	**Queue** κΕ
Πάμε στο θέατρο απόψε; pamé sto théatro apopsé	**Si on allait au théâtre ce soir?** σι Ό ναλε ο τεατΡ σΕ σουαΡ
Παραδοσιακός χορός paradhossiakos Horos	**Danse folklorique** ντΆς φολκλοΡικ
Παρασκήνια paraskinia	**Coulisses** κουλις
Παράσταση parastassi	**Séance (cinéma), représentation (théâtre)** σεΆς (σινεμα), ΡΕπΡεζΆτασιΌ (τεατΡ)
Παράσταση απογευματινή	**Soirée**

parastassi apoyevmatini	σουαΡε
Πίστα χορού	**Piste de danse**
pista Horou	πιστ ντΕ ντΆς
Πλατεία	**Parterre**
platia	παΡτεΡ
Πλήρες	**Complet**
plirès	κΌπλε
Πνευστά	**Instruments à vent**
pnefsta	ἘστΡΟΥμΆ α βΆ
Ποια ταινία έχει απόψε στον κινηματογράφο;	**Qu'est-ce qu'on joue ce soir au cinéma?**
pia ténia éHi apopsé stonn kinimatoghrafo	κες κΌ Ζου σΕ σουαΡ ο σινε-μα
Ποιο συγκρότημα παίζει α-πόψε;	**Quel groupe joue ce soir?**
pio sinngrotima pézi apopsé	κελ γκΡουπ Ζου σΕ σουαΡ
Ποιος (έγραψε το έργο, εί-ναι ο διευθυντής της ορχή-στρας/ο σκηνοθέτης/ο πα-ραγωγός);	**Qui (a écrit la pièce, est le chef d'orchestre/le metteur en scène/le producteur)?**
pios (éghrapsé to ergho, iné o dhiefthinndis tis orHistras/o skinothétis/o paraghoghos)	κι (α εκΡι λα πιες,ε λΕ μετΕΡ Ά σεν/λΕ πΡοντΟΥκτΕΡ)
Πόσο κάνει η είσοδος;	**Combien coûtent les places?**
posso kani i issodhos	κΌμπίΈ κουτ λε πλας
Πότε αρχίζει η ταινία;	**Le film commence à quelle heure?**
poté arHizi i ténia	λΕ φιλμ κομΆς α κελ ΕΡ
Πράξη	**Acte**
praxi	ακτ
Πρεμιέρα	**Première**
prémiéra	πΡΕμιεΡ
Πρόγραμμα	**Programme**
proghrama	πΡογκΡαμ

Πρώτος εξώστης
protos eksostis
Premier balcon
πΡΕμιε μπαλκΌ

Πρωτότυπη απόδοση
prototipi apodhossi
Version originale
βεΡσιΌ οΡιΖιναλ

Ρόλος
rolos
Rôle
Ρολ

Σας αρέσουν οι λαϊκοί χοροί και τα τραγούδια;
Vous aimez la musique populaire et les danses folkloriques?

sas aressoun i laïki Hori ké ta traghoudhia
βου ζεμε λα μΟΥζικ ποπΟΥλεΡ ε λε ντΆς φολκλοΡικ

Σειρά (ουρά)
sira
Queue
κΕ

Σειρά (καθίσματα)
sira
Rang
ΡΆ

Σε ποιον κινηματογράφο παίζεται η ταινία ...;
A quel cinéma joue-t-on le film ...?

sé pionn kinimatoghrafo pézété i ténia...
α κελ σινεμα Ζου τΌ λΕ φιλμ

Σενάριο
sénario
Scénario
σεναΡιο

Σεναριογράφος
sénarioghrafos
Scénariste
σεναΡιστ

Σινεμά
sinéma
Cinéma
σινεμα

Σκηνή
skini
Scène
σεν

Σκηνογραφία
skinoghrafia
Les décors
λε ντεκοΡ

Σκηνογράφος
skinoghrafos
Décorateur
ντεκοΡατΕΡ

Σκηνοθεσία
skinothessia
Mise en scène
μιζ Ά σεν

Σκηνοθέτης
Metteur en scène

skinothétis

Σολίστ
solist

Σονάτα
sonata

Σοπράνο
soprano

Συγγραφέας
sinngraféas

Συγκρότημα
sinngrotima

Συνθέτης
sinnthétis

Συμφωνία
simmfonia

Συναυλία
sinavlia

**Τα κονσέρτα του ... αρχί-
ζουν την ...**
ta konnserta tou ... arHizoun
tinn...

Ταξιθέτρια
taxithétria

Ταμείο
tamio

Τι παίζεται απόψε;
ti pézété apopsé

Τίτλοι
titli

**Τι ώρα αρχίζει η παράσταση
/η συναυλία;**
ti ora arHizi i parastassi/i
sinavlia

Τραγούδι

μετΕΡ Ά σεν

Soliste
σολιστ

Sonate
σονατ

Soprano
σοπΡανο

Écrivain, auteur
εκΡιβΈ, οτΕΡ

Groupe
γκΡουπ

Compositeur
κΌποζιτΕΡ

Symphonie
σΈφονι

Concert
κΌσεΡ

**Les concerts de ...
commencent le ...**
λε κΌσεΡ ντΕ ... κομΆς λΕ ...

Ouvreuse
ουβΡΕζ

Caisse
κες

Qu'est-ce qu'on joue ce soir?
κες κΌ Ζου σΕ σουαΡ

Générique
ΖενεΡικ

**La représentation/le concert
commence à quelle heure?**
λα ΡΕπΡεζΆτασιΌ/λΕ κΌσεΡ
κομΆς α κελ ΕΡ

Chanson

traghoudhi	ΣΆσΌ
Τραγουδιστής (Τραγουδί-στρια)	**Chanteur (Chanteuse)**
traghoudhistis (traghou-dhistria)	ΣΆτΕΡ (ΣΆτΕζ)
Τραγωδία	**Tragédie**
traghodhia	τΡαΖεντι
Τσίρκο	**Cirque**
tsirko	σιΡκ
Υπαίθριος κινηματογράφος	**Cinéma de plein air**
ipéthrios kinimatoghrafos	σινεμα ντΕ πλεν εΡ
Υπερώο	**Galerie**
ipéroo	γκαλΡι
Υποβολέας	**Souffleur**
ipovoléas	σουφλΕΡ
Υπότιτλοι	**Sous-titres**
ipotitli	σου τιτΡ
Φεστιβάλ	**Festival**
festival	φεστιβαλ
Φουαγιέ	**Foyer**
fouayé	φουαγε
Φωνή	**Voix**
foni	βουα
Χειροκροτώ	**Applaudir**
Hirokroto	απλοντιΡ
Χειροκρότημα	**Applaudissement**
Hirokrotima	απλοντισμΆ
Χορευτής (Χορεύτρια)	**Danseur (Danseuse)**
Horeftis (Horeftria)	ντΆσΕΡ (ντΆσΕζ)
Χορός	**Danse**
Horos	ντΆς
Χορωδία	**Chorale**
Horodhia	κοΡαλ
Ψυχαγωγία	**Distraction**
psighaghoyia	ντιστΡακσιΌ

54. ΤΥΧΕΡΑ ΠΑΙΧΝΙΔΙΑ	54. JEUX DE HASARD
tiHéra péHnidhia	ZE ντE αζαΡ

Άσος
assos
As
ας

Άλογα
alogha
Chevaux
ΣΕβο

Βαλές
valès
Valet
βαλε

Γκανιάν
ganiann
Gagnant
γκανιΆ

Ζάρια
zaria
Dés
ντε

Θα ήθελα να παίξω πόκερ
tha ithéla na péxo poker
Je voudrais jouer au poker
ZE βουντΡε Ζουε ο ποκεΡ

Θέλετε να παίξουμε ένα σκάκι;
thélété na péxoumé éna skaki
Voulez-vous faire une partie d'échecs?
βουλε βου φεΡ ΟΥν παΡτι ντεΣεκ

Ιπποδρομίες
ipodhromiès
Courses
κουΡς

Ιππόδρομος
ipodhromos
Champ de course
ΣΆ ντΕ κουΡς

Καζίνο
kazino
Casino
καζινο

Καλπασμός
kalpazmos
Galop
γκαλο

Καρό
karo
Carreau
καΡο

Κερδίζω
kerdhizo
Gagner
γανιε

Κούπα
koupa
Coeur
κΕΡ

Λοταρία
lotaria
Loterie
λοτΡι

Μπαστούνι	**Pique**
bastouni	πικ
Μπιλιάρδο	**Billard**
biliardho	μπιγιαΡ
Μπουκ μέικερ	**Book-maker**
bouk méïker	μπουκ μέïκεΡ
Μπριτζ	**Bridge**
britz	μπΡιντΖ
Ντάμα	**Dame**
dama	νταμ
Ντάμα	**Jeu de dames**
dama	ΖΕ ντΕ νταμ
Νταμιέρα	**Damier**
damiéra	νταμιε
Παίζετε μπιλιάρδο;	**Vous jouez au billard?**
pézété biliardho	βου Ζουε ο μπιγιαΡ
Παίζω	**Jouer**
pézo	Ζουε
Παρτίδα	**Partie**
partidha	παΡτι
Παιχνίδι	**Jeu**
péHnidhi	Ζο
Πλασέ	**Placé**
plassé	πλασε
Πιόνι	**Pion**
pioni	πιΟ
Πόκερ	**Poker**
poker	ποκεΡ
Ρήγας	**Roi**
righas	Ρουα
Ρουλέτα	**Roulette**
rouléta	Ρουλετ
Σκάκι	**Échecs**
skaki	εΣεκ

Σκακιέρα
skakiéra

Έchiquier
εΣικιε

Σπαθί
spathi

Trèfle
τΡεφλ

Τάβλι
tavli

Jacquet
Ζακε

Τράπουλα
trapoula

Jeu de cartes
ΖΕ ντΕ καΡτ

Τροχασμός
troHazmos

Trot
τΡο

Τυχερά παιχνίδια
tiHéra péHnidhia

Jeux de hasard
ΖΕ ντΕ αζαΡ

Υπάρχει ιππόδρομος;
iparHi ipodhromos

Y a-t-il un champ de courses?
ιατιλ Έ ΣΆ ντΕ κουΡς

Χάνω
Hano

Perdre
πεΡντΡ

Χαρτιά
Hartia

Cartes à jouer
καΡτ α Ζουε

Χαρτοπαικτική λέσχη
hartopéktiki lesHi

Maison de jeux
μεζΌ ντΕ ΖΕ

Χρώμα
Hroma

Couleur
κουλΕΡ

55. Η ΕΞΟΧΗ, ΤΟ ΒΟΥΝΟ

i eksoHi, to vouno

55. A LA CAMPAGNE, A LA MONTAGNE

α λα κΑπαν(ιΕ), α λα μΟταν(ιΕ)

Αγκάθι	**Chardon**
anngathi	ΣαΡντΌ
Αγρόκτημα	**Ferme**
aghroktima	φεΡμ
Αμπέλι	**Vigne**
ammbéli	βιν(ιΕ)
Αμπελώνας	**Vignoble**
ammbélonas	βινιομπλ
Ανατολή	**Lever du soleil**
anatoli	λΕβε ντΟΥ σολεγ(ι)
Ανθισμένο	**Fleuri**
annthizméno	φλΕΡι
Αργιλώδες	**Argileux**
arghilodhès	αΡΖιλΕ
Άρδευση	**Irrigation**
ardhefsi	ιΡιγκασίΟ
Ασβεστώδης	**Calcaire**
asvestodhis	καλκεΡ
Αχλαδιά	**Poirier**
aHladhia	πουαΡιε
Βαλανιδιά	**Chêne**
valanidhia	Σεν
Βασάλτης	**Basalte**
vassaltis	μπαζαλτ
Βάτα	**Ronces**
vata	ΡΌς
Βοσκός	**Berger**
voskos	μπεΡΖε
Βράχος	**Rocher**
vraHos	ΡοΣε
Βρώμη	**Avoine**

vromi
αβουαν

Γκρεμός
Ravin
grémos
ΡαβΈ

Γρανίτης
Granite
ghranitis
γκΡανιτ

Δάσος
Forêt
dhassos
φοΡε

Δασώδες
Boisé
dhassodhès
μπουαζε

Δέντρο
Arbre
dhenndro
αΡμπΡ

Δημητριακά
Céréales
dhimitriaka
σεΡεαλ

Δροσιά
Rosée
dhrossia
Ροζε

Δύση
Coucher du soleil
dhissi
κουΣε ντΟΥ σολεγ(ι)

Εκτάριο
Hectare
ektario
εκταΡ

Έλατο
Sapin
élato
σαπΈ

Ελιά
Olivier
élia
ολιβιε

Έλος
Etang
élos
ετΆ

Έντομο
Insecte
enndomo
Έσεκτ

Έργα αρδευτικά
Travaux d'irrigation
ergha ardheftika
τΡαβο ντιΡιγκασίΟ

Έχει καταστήματα εδώ;
Y a-t-il des magasins ici?
éHi katastimata édho
ιατιλ ντε μαγκαζΈ ισι

Ζαχαρότευτλο
Betterave à sucre
zaHaroteftlo
μπετΡαβ α σΟΥκΡ

Ζώα ήμερα
Animaux domestiques

zoa iméra

Ζώνες πεδιάδων **Zones de prairies**
zonès pédhiadhonn ζον ντΕ πΡεΡι

Ηλιοβασίλεμα **Coucher du soleil**
iliovassiléma κουΣε ντΟΥ σολεγ(ι)

Ήλιος **Soleil**
ilios σολεγ(ι)

Ηφαίστειο **Volcan**
ifestio βολκΆ

Θεριζοαλωνιστική μηχανή **Moissonneuse-batteuse**
thérizoalonistiki miHani μουασονΕζ μπατΕζ

Θερισμός **Moisson**
thérizmos μουασΌ

Καλάμι **Roseau**
kalami ΡοΖο

Καλαμπόκι **Maïs**
kalammboki μαϊς

Κάμπος **Champ**
kammbos ΣΆ

Καπνός **Tabac**
kapnos ταμπα

Καταρράκτης **Cascade**
kataraktis κασκαντ

Καταφύγιο **Refuge**
katafiyio ΡΕφΟΥΖ

Κελάδημα **Chant d'oiseau**
kéladhima ΣΆ ντουαζο

Κερασιά **Cerisier**
kérassia σΕΡιΖιε

Κήπος **Jardin**
kipos ΖαΡντΈ

Κλαδί **Branche**
kladhi μπΡΆΣ

Κοιλάδα **Vallée**

kiladha	βαλε
Κοπάδι	**Troupeau**
kopadhi	τΡουπο
Κορμός	**Tronc**
kormos	τΡΟ
Κορυφή	**Sommet**
korifi	σομε
Κριθάρι	**Orge**
krithari	οΡΖ
Λαχανικά	**Légumes**
laHanika	λεγκΟΥμ
Λεμονιά	**Citronnier**
lémonia	σιτΡονιε
Λιβάδι	**Prairie**
livadhi	πΡεΡι
Λίμνη	**Lac**
limni	λακ
Λίπασμα	**Engrais**
lipazma	ΆγκΡε
Λουλούδι	**Fleur**
louloudhi	φλΕΡ
Λόφος	**Colline**
lofos	κολιν
Μανιτάρι	**Champignon**
manitari	ΣΆπινιΌ
Μέλισσα	**Abeille**
mélissa	αμπεγ(ι)
Μηλιά	**Pommier**
milia	πομιε
Μπουμπούκι	**Bouton**
boubouki	μπουτΟ
Μύγα	**Mouche**
migha	μουΣ
Μυρμήγκι	**Fourmi**

mirminngui		φουΡμι
Ξύλο	**Bois**	
xilo	μπουα	
Οξιά	**Hêtre**	
oxia	ετΡ	
Ορειβασία	**Alpinisme**	
orivassia	αλπινιζμ	
Ορεινός	**Montagneux**	
orinos	μΌτανιΕ	
Ορίζοντας	**Horizon**	
orizonndas	οΡιζΌ	
Οροπέδιο	**Plateau**	
oropédhio	πλατο	
Πεδιάδα	**Plaine**	
pédhiadha	πλεν	
Περιοχή	**Région**	
périoHi	ΡεΖίΟ	
Περίπατος	**Promenade**	
péripatos	πΡομναντ	
Περίχωρα	**Environs**	
périHora	ΆβιΡΌ	
Πέτρα	**Pierre**	
pétra	πιεΡ	
Πέτρωμα	**Roche**	
pétroma	ΡοΣ	
Πεύκο	**Pin**	
pefko	π῾Ε	
Πηγάδι	**Puits**	
pighadhi	πΟΥι	
Πηγή	**Source**	
piyi	σουΡς	
Πλαγιά	**Versant**	
playa	βεΡσΆ	
Πλάτανος	**Platane**	

platanos πλαταν

Ποια είναι τα κύρια προϊόντα που παράγετε; **Quels sont vos produits principaux?**
pia iné ta kiria proyonnda pou parayété κελ σΌ βο πΡοντΟΥι πΡΈσιπο

Πορτοκαλιά **Oranger**
portokalia οΡΆZε

Πόσοι άνθρωποι ζουν και εργάζονται εδώ; **Combien de personnes vivent et travaillent ici?**
possi annthropi zoun ké erghazonndé édho κΌμπιΈ ντΕ περσον βιβ ε τΡαβαγ(ι) ισι

Ποτάμι **Rivière**
potami ΡιβιεΡ

Πουλί **Oiseau**
pouli ουαζο

Πρασινάδα **Verdure**
prassinadha βεΡντΟΥΡ

Προσοχή σκύλος **Chien méchant**
prossoHi skilos ΣιΈ μεΣΆ

Πύργος **Château**
pirghos Σατο

Ρυάκι **Ruisseau**
riaki ΡΟΥισο

Ρύζι **Riz**
rizi Ρι

Σανός **Foin**
sanos κουΈ

Σιτάρι **Blé**
sitari μπλε

Σιτηρά **Céréales**
sitira σεΡεαλ

Σιτοβολώνας **Grange**
sitovolonas γκΡΆZ

Σκιά **Ombre**

skia
Σκοτάδι
skotadhi
Σπήλαιο
spiléo
Στάβλος
stavlos
Συκιά
sikia
Συνεταιρισμός
sinétérizmos
Σφήκα
sfika
Τοπίο
topio
Τρύγος
trighos
Τσίμπημα
tsimmbima
Τσουκνίδα
tsouknidha
Ύψος
ipsos
Φοίνικας
finikas
Φράκτης
fraktis
Φρουτοκαλλιέργεια
froutokalieryia
Φύλλο
filo
Φυτά
fita
Φυτεία

ΌμπΡ
Obscurité
ομποσκΟΥΡιτε
Grotte
γκΡοτ
Étable
εταμπλ
Figuier
φιγκιε
Coopérative
κοπεΡατιβ
Guêpe
γκεπ
Paysage
πεϊζαΖ
Vendanges
βΆντΆΖ
Piqûre
πικΟΥΡ
Ortie
οΡτι
Hauteur
οτΕΡ
Palmier
παλμιε
Haie
ε
Culture fruitière
κΟΥλτΟΥΡ φΡΟΥιτιεΡ
Feuille
φΕγ(ι)
Plantes
πλΆτ
Plantation

fitia	πλΆτασιΟ
Φωλιά	**Nid**
folia	νι
Φως	**Lumière**
fos	λΟΥμιεΡ
Χαλίκι	**Caillou**
Halíki	καγιου
Χαράδρα	**Ravin**
Haradhra	ΡαβΈ
Χείμαρρος	**Torrent**
Himaros	τοΡΑ
Χλόη	**Herbe**
Hloï	εΡμπ
Χωράφι	**Champ**
Horafi	ΣΆ
Ψαρόλιθος	**Grès**
psarolithos	γκΡε

56. ΣΤΗ ΘΑΛΑΣΣΑ	56. A LA MER
sti thalassa	α λα μεΡ

Ακρογιαλιά	**Rivage**
akroyalia	ΡιβαΖ
Ακτή	**Côte**
akti	κοτ
Άμμος	**Sable**
amos	σαμπλ
Απόκρημνη όχθη	**Falaise**
apokrimni oHthi	φαλεζ
Βατραχοπέδιλα	**Palmes**
vatraHopédhila	παλμ
Βοήθεια !	**Au secours !**
voïthia	ο σΕκουΡ
Βότσαλα	**Galets**
votsala	γκαλε
Βουτάω	**Plonger**
voutao	πλΟΖε
Βουτιά	**Plongeon**
voutia	πλΟΖΌ
Ηλίαση	**Insolation**
iliassi	ΈσολασιΌ
Ηλιοβασίλεμα	**Coucher de soleil**
iliovassiléma	κουΣε ντΕ σολεγ(ι)
Ηλιοθεραπεία	**Bain de soleil**
iliothérapia	μπΈ ντΕ σολεγ(ι)
Θαλάσσιο σκι/ποδήλατο	**Ski nautique/Pédalo**
thalassio ski/podhilato	σκι νοτικ/πενταλο
Κάνω μπάνιο	**Se baigner**
kano banio	σΕ μπενιε
Κολπίσκος	**Crique**
kolpiskos	κΡικ
Καράβι	**Bateau**
karavi	μπατο

Κολύμπι	**Natation**
kolimmbi	νατασιΟ
Κολυμπώ	**Nager**
kolimmbo	ναΖε
Κύμα	**Vague**
kima	βαγκ
Λιμάνι	**Port**
limani	ποΡ
Μαγιό	**Maillot de bain**
mayo	μαγιο ντΕ μπΈ
Μάσκα	**Masque de plongée**
maska	μασκ ντΕ πλΟΖε
Μαυρίζω	**Bronzer**
mavrizo	μπΡΟζε
Μαύρισμα	**Bronzage**
mavrizma	μπΡΟζαΖ
Παλίρροια	**Marée**
paliria	μαΡε
Παραλία	**Plage**
paralia	πλαΖ
Πατώνω	**Avoir pied**
patono	αβουαΡ πιε
Πετσέτα	**Serviette**
petséta	σεΡβιετ
Πλοίο	**Bateau**
plio	μπατο
Πνίγομαι	**Se noyer**
pnighomé	σΕ νουαγε
Σέρφινγκ	**Planche à voile**
serfinng	πλΆΣ α βουαλ
Σωσίβιο	**Bouée de sauvetage**
sossivio	μπουε ντΕ σοβταΖ
Ωκεανός	**Océan**
okéanos	οσεΆ

57. ΚΥΝΗΓΙ ΚΑΙ ΨΑΡΕΜΑ
kiniyi ké psaréma

57. CHASSE ET PECHE
Σας ε πεΣ

Αγκίστρι
annguistri

Hameçon
αμσΌ

Ακουμπώ το τουφέκι στον ώμο
akoummbo to touféki stonn omo

Épauler
επολε

Άρχισε το κυνήγι;
arHisé to kiniyi

La chasse est-elle ouverte?
λα Σας ετελ ουβεΡτ

Αορτήρας
aortiras

Bandoulière
μπΆντουλιεΡ

Απαγορεύεται το κυνήγι
apaghorévété to kiniyi

Chasse interdite
Σας ΈτεΡντιτ

Δάσος
dhassos

Forêt
φοΡε

Δόλωμα
dholoma

Appât, amorce
απα, αμοΡς

Θηροφύλακας
thirofilakas

Garde-chasse
γκαΡντ Σας

Καλάμι του ψαρέματος
kalami tou psarématos

Canne à pêche
καν α πεΣ

Καραμπίνα
karabina

Carabine
καΡαμπιν

Καρτέρι
kartéri

Affût
αφΟΥ

Καταφύγιο
katafiyio

Abri
αμπΡι

Κόκορας του τουφεκιού
kokoras tou toufékiou

Le chien du fusil
λΕ ΣιΈ ντΟΥ φΟΥζι

Κοντάκι
konndaki

Crosse
κΡος

Κοπάδι σκύλων
kopadhi skilonn

Meute
μΕτ

Κρούστης

Rabatteur

kroustis	ΡαμπατΕΡ
Κυνηγέσιο	**Chasse à courre**
kiniyessio	Σας α κουΡ
Κυνηγετική άδεια	**Permis de chasse**
kiniyétiki adhia	πεΡμι ντΕ Σας
Κυνηγετική περιοχή	**Chasse gardée**
kiniyétiki périoHi	Σας γκαΡντε
Κυνηγετικό σκυλί	**Chien de chasse**
kiniyétiko skili	ΣιΕ ντΕ Σας
Κυνηγός	**Chasseur**
kinighos	ΣασΕΡ
Όπλο	**Arme**
oplo	αΡμ
Παγανιά	**Battue**
paghania	μπατΟΥ
Πιστολιά	**Détente**
pistolia	ντετΆτ
Σκάγια	**Plombs**
skaya	πλΌ
Σφαίρα	**Balle**
sféra	μπαλ
Συνάντηση	**Rendez-vous**
sinanndissi	ΡΆντε βου
Υποβρύχιο ψάρεμα	**Pêche sous-marine**
ipovriHio psaréma	πεΣ σου μαΡιν

58. ΣΠΟΡ spor	**58. SPORT** σποP

Αγώνας
aghonas

Match, course
ματΣ, κουPς

Αγώνας δρόμου 100 μέτρων
aghonas dhromou ékato
métronn

100 mètres
σΆ μετP

Αγώνες ταχύτητας
aghonès taHititas

Courses de vitesse
κουPς ντε βιτες

Αγωνίσματα στίβου
aghonizmata stivou

Athlétisme
ατλετιζμ

Αγωνιστικό έλκηθρο
aghonistiko elkithro

Bobsleigh
μομπολεγκ

Αθλητισμός
athlitizmos

Sport
σποP

Αθλητική συνάντηση
athlitiki sinanndissi

Rencontre sportive
PΆκΌτP σποPτιβ

Ακοντισμός
akonndizmos

Lancer du javelot
λΆσε ντΟΥ Ζαβλο

Άλμα εις ύψος/μήκος
alma is ipsos/mikos

Saut en hauteur/longueur
σο Ά οτΕP/λΌγκΕP

Άλμα τριπλούν
alma triploun

Triple saut
τPιπλ σο

Άλμα επί κοντώ
alma épi konndo

Saut à la perche
σο α λα περΣ

Άλογο
alogho

Cheval
ΣΕβαλ

Αμυντικοί
aminndiki

Défenseurs
ντεφΆσΕP

Ανάβαση
anavassi

Escalade
εσκαλαντ

Ανεμοπορία
anémoporia

Vol à voile
βολ α βουαλ

Ανεμόπτερο
anémoptéro

Parapente
παPαπΆτ

Αντίπαλος	**Adversaire**
anndipalos	αντβεΡσεΡ
Αποκλεισμός	**Disqualification**
apoklizmos	ντισκαλιφικασίΟ
Άρση βαρών	**Haltérophilie**
arsi varonn	αλτεΡοφιλι
Βάδην	**Marche**
vadhinn	μαΡΣ
Βάζω γκολ	**Marquer un but**
vazo gol	μαΡκε Έ μπΟΥ
Βάρη	**Haltères**
vari	αλτεΡ
Βαρέων βαρών	**Poids lourd**
varéonn varonn	πουα λουΡ
Βελτιώνω το ρεκόρ μου	**Améliorer son record personnel**
veltiono to rékor mou	αμελιοΡε σΌ ΡΕκοΡ πεΡσο-νελ
Βολή	**Shoot**
voli	Σουτ
Βουτιά	**Plongeon**
voutia	πλΌΟΖΌ
Γήπεδο	**Terrain**
yipédho	τεΡΕ
Γκολ	**But**
gol	μπΟΥ
Γκολφ	**Golf**
golf	γκολφ
Γραμμή τέρματος	**Ligne des buts**
ghrami termatos	λιν(ιΕ) ντε μπΟΥ
Γραμμή του γηπέδου	**Touche**
grami tou yipédhou	τουΣ
Γυμναστική	**Gymnastique**
yimmnastiki	Ζιμναστικ
Γύρος	**Round**

yiros	Ρουντ
Δέκα χιλιάδες μέτρα βάδην	**10 000 mètres**
dhéka Hiliadhès métra vadhinn	ντι μιλ μετΡ
Δέκαθλο	**Décathlon**
dhékathlo	ντεκατλΟ
Διαγραφή	**Disqualification**
dhiaghrafi	ντισκαλιφικασίΟ
Διαδρομή	**Parcours**
dhiadhromi	παΡκουΡ
Διαιτητής	**Arbitre**
dhiétitis	αΡμπιτΡ
Δίζυγο	**Barres parallèles**
dhizigho	μπαΡ παΡαλελ
Δισκοβολία	**Lancer du disque**
dhiskovolia	λΆσε ντΟΥ ντισκ
Δίχτυ	**Filet**
dhiHti	φιλε
Δοκιμή	**Essai**
dhokimi	εσε
Δοκός ισορροπίας	**Poutre**
dhokos issoropias	πουτΡ
Δρομέας	**Coureur**
dhroméas	κουΡΕΡ
Δρόμος (μετ' εμποδίων)	**Courses de haies**
dhromos (métemmbodhionn)	κουΡς ντΕ ε
Είμαι ποδοσφαιρόφιλος	**Je suis un amateur de football**
imé podhosférofilos	ΖΕ σΟΥι ζΈ ναματΕΡ ντΕ φουτμπολ
Εκατόν δέκα μέτρα με εμπόδια	**110 mètres haies**
ékatonn dhéka métra mé emmbodhia	σΆ ντι μετΡΕ ε
Εκχιονιστήρας	**Chasse-neige**
ekHionistiras	Σας νεΖ

Ελαφρών βαρών	**Poids léger**
élafronn varonn	πουα λεΖε
Ελεύθερες ασκήσεις	**Figures libres**
élefthérès askissis	φιγκΟΥΡ λιμπΡ
Επιθετικοί	**Attaquants**
épithétiki	ατακΆ
Επόπτης γραμμών	**Juge de touche**
époptis ghramonn	ΖΟΥΖ ντΕ τουΣ
Ευρωπαϊκό πρωτάθλημα	**Championnat d'Europe**
evropaïko protathlima	ΣΆπιονα ντΈΡοπ
Ημίχρονο (πρώτο, δεύτερο)	**Mi-temps (première, deuxième)**
imiHrono (proto, dheftéro)	μι τΆ (πΡΕμιεΡ, ντΕζιεμ)
Η ομάδα ... ισοφάρισε το σκορ	**L'équipe ... a égalisé**
i omadha ... issofarissé to skor	λεκιπ α εγκαλιΖε
Ημιτελικός κυπέλλου	**Demi-finale de la coupe**
imitélikos kipélou	ντΕμι φιναλ ντΕ λα κουπ
Ήττα	**Défaite**
ita	ντεφετ
Θα αναμεταδοθεί ο αγώνας από την τηλεόραση;	**Le match est-il retransmis à la télé?**
tha anamétadhothi o aghonas apo tinn tiléorassi	λΕ ματΣ ετιλ ΡΕτΡΆσμι α λα τελε
Θαλάσσιο σκι	**Ski nautique**
thalassio ski	σκι νοτικ
Ιππασία	**Équitation**
ipassia	εκιτασΐΟ
Ιπποδρομία	**Concours hippique**
ipodhromia	κΌκουΡ ιπικ
Ιπποδρόμιο	**Hippodrome**
ipodhromio	ιποντΡομ
Ίππος	**Cheval d'arçon**
ipos	ΣΕβαλ νταΡσΌ
Ισοπαλία	**Match nul**

issopalia — ματΣ νΟΥΛ

Ιστιοσανίδα — **Planche à voile**
istiosanidha — πλΆΣ α βουαλ

Ιστιοφόρο σκάφος — **Voilier**
istioforo skafos — βουαλιε

Κανό για σέρφινγκ — **Planche de surf**
kano ya serfinng — πλΆΣ ντΕ σΕΡφ

Κάνω ιππασία/σκι — **Faire de l'équitation/du ski**
kano ipassia/ski — φεΡ ντΕ λεκιτασίΟ/ντΟΥ σκι

Καταδύσεις — **Plongée**
katadhissis — πλΌΖε

Κατάρτι — **Mât**
katarti — μα

Κατέρριψε το ρεκόρ — **Il (elle) a battu tous les records**

katéripsé to rékor — ιλ (ελ) α μπατΟΥ του λε ΡΕκοΡ

Κατηγορία φτερού — **Catégorie poids plume**
katighoria ftérou — κατεγκοΡι πουα πλΟΥμ

Κατς — **Catch**
kats — κατΣ

Κερδίζω με διαφορά βαθμών — **Gagner aux points**
kerdhizo mé dhiafora vathmonn — γκανιε ο πουΈ

Κερδίσατε καθαρά — **Gagner largement**
kerdhissaté kathara — γκανιε λαΡΖΕμΆ

Κολύμβηση — **Natation**
kolimmvissi — νατασιΌ

Κολυμβητήριο — **Piscine**
kolimmvitirio — πισιν

Κολύμπι — **Nage**
kolimmbi — ναΖ

Κόρνερ — **Corner**
korner — κοΡνεΡ

Κρίκοι — **Anneaux**

kriki	ανο
Κρόουλ	**Crawl**
krooul	κΡολ
Κωπηλασία	**Aviron**
kopilassia	αβιΡΌ
Κύπελλο	**Coupe**
kipélo	κουπ
Λέσχη	**Club**
lesHi	κλΕμπ
Λιφτ	**Remonte-pente**
lift	ΡΕμΌτ πΆτ
Μαραθώνιος δρόμος	**Marathon**
marathonios dhromos	μαΡατΌ
Ματς	**Match**
mats	ματΣ
Μεσαίων βαρών	**Poids moyen**
messéonn varonn	πουα μουαγΙΈ
Μίνι γκολφ	**Golf miniature**
mini golf	γκολφ μινιατΟΥΡ
Μονόζυγο	**Barre fixe**
monozigho	μπαΡ φιξ
Μοτοσικλετιστικός αγώνας	**Motocyclisme**
motosiklétistikos aghonas	μοτοσικλιζμ
Μπάλα ποδοσφαίρου	**Ballon de football**
bala podhosférou	μπαλΌ ντΕ φουτμπολ
Μπαλάκια του τένις	**Balles de tennis**
balakia tou ténis	μπαλ ντΕ τενις
Μπάσκετ μπολ	**Basket-ball**
basket bol	μπασκετ μπολ
Μπαστούνι του γκολφ	**Crosse**
bastouni tou golf	κΡος
Μποξ	**Boxe**
box	μποξ
Μπότες για το χιόνι	**Après-ski**
botès ya to Hioni	απΡε σκι

Νίκη	**Victoire**
niki	βικτουαΡ
Ξιφομαχία	**Escrime**
xifomaHia	εσκΡιμ
Ο αγώνας τελείωσε ισοπαλία μηδέν μηδέν	**Le match s'est terminé par un match nul, zéro à zéro**
o aghonas téliossé issopalia midhenn midhenn	λΕ ματΣ σε τεΡμινε παΡ Έ ματΣ νΟΥλ ζεΡο α ζεΡο
Ο διαιτητής ανακοίνωσε ένα λεπτό παράταση του παιχνιδιού	**L'arbitre a annoncé une minute de prolongation**
o dhiétitis anakinossé éna lepto paratassi tou péHnidhiou	λαΡμπιτΡ α ανΌσε ΟΥν μινΟΥτ ντΕ πΡολΌγκασιΌ
Ολυμπιακοί Αγώνες	**Les Jeux olympiques**
olimmbiaki aghonès	λε ΖΕ ζολΈπικ
Ομάδα	**Équipe**
omadha	εκιπ
Όμιλος	**Club**
omilos	κλΕμπ
Οπαδοί	**Supporters**
opadhi	σΟΥποΡτεΡ
Οργιά	**Brasse**
oryia	μπΡας
Ορειβασία	**Alpinisme**
orivassia	αλπινιζμ
Οφσάιντ	**Hors-jeu**
ofsaïd	οΡ ΖΕ
Παγοδρομία	**Patinage**
paghodhromia	πατιναΖ
Παγοδρόμιο	**Patinoire**
paghodhromio	πατινουαΡ
Παγοπέδιλα	**Patins**
paghopédhila	πατΈ
Παίζω	**Jouer**

pézo	Ζουε
Παιχνίδι	**Match, jeu**
péHnidhi	ματΣ, ΖΕ
Παίχτης	**Joueur**
péHtis	ΖουΕΡ
Πάλη	**Lutte**
pali	λΟΥτ
Πατινάζ	**Patinage**
patinaz	πατιναΖ
Πέναλτι	**Pénalti**
pénalti	πεναλτι
Πένταθλο	**Pentathlon**
penndathlo	πΈτατλΟ
Πεταλούδα	**Nage papillon**
pétaloudha	ναΖ παπιγιΟ
Πετώ	**Lancer**
péto	λΆσε
Πηδάλιο	**Gouvernail**
pidhalio	γκουβεΡναγ(ι)
Πίστα	**Piste**
pista	πιστ
Πινγκ-πονγκ	**Ping-pong**
pinng ponng	πινγκ πονγκ
Ποδηλασία	**Cyclisme**
podhilassia	σικλιζμ
Ποδηλατικός αγώνας	**Course cycliste**
podhilatikos aghonas	κουΡς σικλιστ
Ποδήλατο	**Vélo**
podhilato	βελο
Ποδηλατοδρόμιο	**Vélodrome**
podhilatodhromio	βελοντΡομ
Ποδοσφαιριστής	**Footballeur**
podhosféristis	φουτμπολΕΡ
Ποδόσφαιρο	**Football**
podhosféro	φουτμπολ

Ποια είναι τα πιο δημοφιλή σπορ στη χώρα σας;	**Quels sont les sports les plus populaires dans votre pays?**
pia iné ta pio dhimofili spor sti Hora sas	κελ σΌ λε σποΡ λε πλΟΥ ποπΟΥλεΡ ντΆ βοτΡ πεϊ
Πόλο	**Polo**
polo	πολο
Πορεία	**Randonnée**
poria	ΡΆντονε
Πόσο κάνει η είσοδος;	**Quel est le prix de l'entrée?**
posso kani i issodhos	κελ ε λΕ πΡι ντΕ λΆτΡε
Προπόνηση	**Entraînement**
proponissi	ΆτΡενμΆ
Προπονητής	**Entraîneur**
proponitis	ΆτΡενΕΡ
Πρωτάθλημα	**Championnat**
protathlima	ΣΆπιονα
Ρακέτα	**Raquette**
rakéta	ρακετ
Ράγκμπι	**Rugby**
ragbi	ΡΟΥγκβι
Ρεκόρ	**Record**
rékor	ΡΕκοΡ
Ρινγκ	**Ring**
rinng	Ρινγκ
Ρίχνω	**Lancer**
riHno	λΆσε
Σεντερφόρ	**Avant-centre**
sennderfor	αβΆ σΆτΡ
Σεντερχάφ	**Demi**
sennderHaf	ντΕμι
Σκι	**Ski**
ski	σκι
Σκυταλοδρομία	**Courses de relais**
skitalodhromia	κουΡς ντΕ ΡΕλε
Σλάλομ	**Slalom**

slalom	σλαλομ
Σπρίντερ	**Sprinter**
sprinnder	σπΡιντερ
Στάδιο	**Stade**
stadhio	σταντ
Στοιχηματίζω	**Parier**
stiHimatizo	παΡιε
Συνάντηση	**Rencontre**
sinanndissi	ΡΆκΌτΡ
Σφαιροβολία	**Lancer de la sphère**
sférovolia	λΆσε ντΕ λα σφεΡ
Σφυροβολία	**Lancer du marteau**
sfirovolia	λΆσε ντΟΥ μαΡτο
Τελικός κυπέλλου	**Finale de la coupe**
télikos kipélou	φιναλ ντΕ λα κουπ
Τένις	**Tennis**
ténis	τενις
Τέρμα	**But**
terma	μπΟΥ
Τερματοφύλακας	**Gardien de but**
termatofilakas	γκαΡντιΈ ντΕ μπΟΥ
Υδατοσφαίριση	**Polo**
idhatosférissi	πολο
Ύπτιο	**Nage sur le dos**
iptio	ναΖ σΟΥΡ λΕ ντο
Φιλέ	**Filet**
filé	φιλε
Χάνω	**Perdre**
Hano	πεΡντΡ
Χάντικαπ	**Courses d'obstacles**
Hanndikap	κουΡς ντομπστακλ
Χόκεϊ επί πάγου/χόρτου	**Hockey sur glace/gazon**
Hokeï épi paghou/Hortou	οκε σΟΥΡ γλας/γκαζΌ
Χρονόμετρο	**Chronomètre**
Hronométro	κΡονομετΡ

59. ΚΑΜΠΙΝΓΚ	59. CAMPING
kammpinng	κΆπινγκ

Βαλιτσάκι πρώτων βοηθειών	**Trousse de secours**
valitsaki protonn voïthionn	τΡους ντΕ σΕκουΡ
Βρύση	**Fontaine**
vrissi	φΌτεν
Γαλλικό κλειδί	**Clé anglaise**
ghaliko klidhi	κλε Άγκλεζ
Δοχείο απορριμμάτων	**Poubelle**
dhoHio aporimatonn	πουμπελ
Εντατήρας	**Tendeur**
enndatiras	τΆντΕΡ
Εξοπλισμός για κάμπινγκ	**Matériel de camping**
eksoplizmos ya kammpinng	ματεΡιελ ντΕ κΆπινγκ
Ζεστό νερό	**Eau chaude**
zesto néro	ο Σοντ
Έχετε θέση;	**Avez-vous de la place?**
éHété thessi	αβε βου ντΕ λα γλας
Θέλουμε να μείνουμε ... μέ- **ρες**	**Nous désirons rester ... jours**
théloumé na minoumé ... mérès	νου ντεζιΡΌ Ρεστε ... ΖουΡ
Θέρμανση	**Chauffage**
thermannsi	ΣοφαΖ
Καμινέτο	**Réchaud**
kaminéto	ΡεΣο
Καρέκλα	**Chaise**
karékla	Σεζ
Κατηγορία	**Catégorie**
katighoria	κατεγκοΡι
Κατσαβίδι	**Tournevis**
katsavidhi	τουΡνΕβις
Κατσαρόλα	**Casserole**
katsarola	κασΡολ

Κεριά	Bougies
kéria	μπουΖι
Κουβέρτα	Couverture
kouve̱rta	κουβεΡτΟΥΡ
Κουνουπιέρα	Moustiquaire
kounoupiéra	μουστικεΡ
Κουτάλι	Cuillère
koutali	κΟΥιγιεΡ
Κρεμάστρα	Cintre
krémastra	σΈτΡ
Κρύο νερό	Eau froide
krio néro	ο φΡουαντ
Κύπελλο	Gobelet
kipélo	γκομπλε
Λάμπα (θυέλλης)	Lampe (-tempête)
lammba (thiélis)	λΆπ (τΆπετ)
Λαστιχένιο στρώμα	Matelas pneumatique
lastiHénio stroma	ματλα πνΕματικ
Μανταλάκια	Pinces à linge
manndalakia	π'Ες α λΈΖ
Μαχαίρι	Couteau
maHéri	κουτο
Μέρος	Emplacement
méros	ΆπλασμΆ
Μουσαμάς	Tapis de sol
moussamas	ταπι ντΕ σολ
Ντους	Douche
dous	ντουΣ
Οινόπνευμα	Alcool à brûler
inopnevma	αλκολ α μπΡΟΥλε
Παγούρι	Gourde
paghouri	γκουΡντ
Πάσσαλος σκηνής	Piquet de tente
pa̱ssalos skinis	πικε ντΕ τΆτ

Πιατικά	**Vaisselle**
piatika	βεσελ
Πιάτο	**Assiette**
piato	ασιετ
Πιρούνι	**Fourchette**
pirouni	φουΡΣετ
Πισίνα	**Piscine**
pissina	πισιν
Πλυντήριο	**Lave-linge**
plinndirio	λαβ λΈΖ
Ποια είναι η τιμή την ημέρα	**Quel est le prix par jour (et**
(κατ' άτομο, για το αυτοκί-	**par personne, pour la**
νητο, για τη σκηνή, για το	**voiture, pour la tente, pour**
τροχόσπιτο);	**la caravane) ?**
pia iné i timi tinn iméra	κελ ε λΕ πΡι παΡ ΖουΡ (ε παΡ
(katatomo, ya to aftokinito, ya	πεΡσον, πουΡ λα βουατΟΥΡ,
ti skini, ya to troHospito)	πουΡ λα τΆτ, πουΡ λα καΡα-
	βαν)
Πόσα βολτ είναι;	**Quel est le voltage?**
possa volt iné	κελ ε λΕ βολταΖ
Πόσιμο νερό	**Eau potable**
possimo néro	ο ποταμπλ
Ποτήρι	**Verre**
potiri	βεΡ
Πού μπορώ να στήσω τη	**Où est-ce que je peux**
σκηνή μου;	**monter ma tente?**
pou boro na stisso ti skini	ου ες κΕ ΖΕ πΕ μΌτε μα τΆτ
mou	
Πρίζα	**Prise**
priza	πΡιζ
Πυξίδα	**Boussole**
pixidha	μπουσολ
Ράντζο	**Lit de camp**
ranndtzo	λι ντΕ κΆ

Ρυμούλκα	**Remorque**
rimoulka	ΡΕμοΡκ
Σακίδιο	**Sac à dos**
sakidhio	σακ α ντο
Σεζλόγκ	**Chaise-longue**
sezlonng	Σεζ λΌγκ
Σεντόνια	**Draps**
senndonia	ντΡα
Σερβίτσια	**Couverts**
servitsia	κουβεΡ
Σκηνή	**Tente**
skini	τΆτ
Σκουπιδοντενεκές	**Poubelle**
skoupidhodénékés	πουμπελ
Σπίρτα	**Allumettes**
spirta	αλΟΥμετ
Στύλος σκηνής	**Mât de tente**
stilos skinis	μα ντΕ τΆτ
Στρώμα	**Matelas**
stroma	ματλα
Σύνδεση	**Branchement**
sinndhessi	μπΡΆΣμΆ
Σφυρί	**Marteau**
sfiri	μαΡτο
Τενεκές	**Bidon**
ténékès	μπιντΌ
Τιρμπουσόν	**Tire-bouchon**
tirbousonn	τιΡ μπουΣΌ
Τοποθεσία	**Emplacement**
topothessia	ΆπλασμΆ
Τουαλέτες	**Toilettes**
toualétès	τουαλετ
Τροχόσπιτο	**Caravane**
troHospito	καΡαβαν

Τσάντα με εργαλεία
tsannda mé erghalia

Τσεκούρι
tsékouri

Υπάρχει κατάστημα τροφί-μων;
iparHi katastima trofimonn

Υπάρχει φύλακας τη νύχτα;

iparHi filakas ti niHta

Υπνοσάκος
ipnossakos

Φακός
fakos

Φαρμακείο
farmakio

Φιάλη υγραερίου
fiali ighraériou

Φλιτζάνι
flitzani

Φύλακας
filakas

Χαρτί υγείας
Harti iyias

Ψυγείο
psiyio

Trousse à outils
τΡους α ουτι

Hache
αΣ

Y a-t-il un magasin d'alimentation?
ιατιλ Έ μαγκαζΈ νταλιμΆτα-σίΟ

Le camping est-il gardé la nuit?
λΕ κΆπινγκ ετιλ γκαΡντε λα νOYι

Sac de couchage
σακ ντΕ κουΣαΖ

Lampe de poche
λΆπ ντΕ ποΣ

Boîte à pharmacie
μπουατ α φαΡμασι

Bombone de gaz
μπΌμπον ντΕ γκαζ

Tasse
τας

Gardien
γκαΡντιΈ

Papier hygiénique
παπιε ιΖιενικ

Réfrigérateur
ΡεφΡιΖεΡατΕΡ

60. ΣΤΟ ΓΙΑΤΡΟ sto iatro	**60. CHEZ LE MÉDECIN** Σε λΕ μεντσΕ
Ανάλυση αίματος analissiématos	**Analyse de sang** αναλιζ ντΕ σΆ
Αναπνεύστε βαθιά anapnefsté vathia	**Respirez à fond** ΡεσπιΡε α φΟ
Αναπνοή anapnoï	**Respiration** ΡεσπιΡασίΟ
Ανοίξτε το στόμα anixté to stoma	**Ouvrez la bouche** ουβΡε λα μπουΣ
Από πότε αισθάνεστε έτσι; apo poté esthanesté etsi	**Depuis quand vous vous sentez ainsi?** ντΕπΟΥι κΆ βου βου σΆτε Έσι
Ασθενής asthénis	**Patient** πασιΆ
Ασθενοφόρο asthénoforo	**Ambulance** ΆμπΟΥΛΆς
Ας μετρήσουμε τη θερμο-κρασία as métrissoumé ti thermo-krassia	**Prenez votre température** πΡΕνε βοτΡ τΆπεΡτΟΥΡ
Βήξτε vixté	**Toussez** τουσε
Βήχετε; viHété	**Vous toussez?** βου τουσε
Δεν αισθάνομαι καλά dhenn esthanomé kala	**Je ne me sens pas très bien** ΖΕ νΕ μΕ σΆ πα τΡε μπίΕ
Δεν κοιμάμαι καλά dhenn kimamé kala	**Je ne dors pas bien** ΖΕ νΕ ντοΡ πα μπίΕ
Δεν θα ταξιδέψετε για ... n-μέρες dhenn tha taxidhépsété ya ...	**Vous ne pourrez pas voyager pendant ... jours** βου νΕ πουΡε πα βουαγιαΖε

imérès

πΆντΆ ... ΖουΡ

Δεν το κουνάω καθόλου
dhenn to kounao katholou

Je ne peux plus le bouger
ΖΕ νΕ πΕ πλΟΥ λΕ μπουΖε

Δεν υπάρχει κάταγμα
dhenn iparHi kataghma

Il n'y a pas de fracture
ιλ νια πα ντΕ φΡακτΟΥΡ

Δέχεστε κάθε μέρα;
déHesté kathé méra

Vous recevez tous les jours?
βου ΡΕσΕβε του λε ΖουΡ

Εγχείριση
ennHirissi

Opération
οπεΡασιΌ

Είμαι άρρωστος
imé arostos

Je suis malade
ΖΕ σΟΥι μαλαντ

Είμαι έγγυος
imé ennguios

Je suis enceinte
ΖΕ σΟΥι ζΆσΈτ

Είμαι καρδιακός
imé kardhiakos

Je suis cardiaque
ΖΕ σΟΥι καΡντιακ

Είμαι κρυωμένος
imé krioménos

J'ai pris froid
Ζε πΡι φΡουα

Είναι μεταδοτική αυτή η αρ-ρώστια;
iné métadhotiki afti i arostia

C'est une maladie conta-gieuse?
σε τΟΥν μαλαντι κΌταΖιΕζ

Είναι τίποτα σοβαρό;
iné tipota sovaro

C'est grave?
σε γκΡαβ

Έκοψα το πόδι μου σε ένα γυαλί
ékopsa to podhi mou sé éna yali

Je me suis coupé le pied sur un morceau de vitre
ΖΕ μΕ σΟΥι κουπε λΕ πιε σΟΥΡ Έ μοΡσο ντΕ βιτΡ

Έπεσα κάτω
épessa kato

J'ai fait une chute
Ζε φε ΟΥν ΣΟΥτ

Έχει γιατρό το ξενοδοχείο;

éHi iatro to xénodhoHio

Y a-t-il un médecin dans l'hôtel?

Έχετε κάνει αντιτετανικό εμ-βόλιο;

Etes-vous vacciné contre le tétanos?

éHété kani annditétaniko emmvolio

Έχετε πάθει μόλυνση
éHété pathi molinnsi
Vous avez une infection

Έχω αϋπνίες
éHo aïpniès
J'ai des insomnies

Έχω βαρυστομαχιά μετά τα γεύματα
éHo varistomaHia méta ta yevmata
J'ai l'estomac lourd après les repas

Έχω (ένα δυνατό πόνο εδώ, ένα φοβερό πονοκέφαλο, εντερικές ανωμαλίες, ιλίγγους, καούρες στο στομάχι, κολικούς, ναυτία, πόνους, πυρετό, ρίγη)
éHo (éna dhinato pono édho, éna fovéro ponokéfalo, enndérikès anomaliès, ilinngous, kaourès sto stomaHi, kolikous, naftia, ponous, piréto, riyi)

J'ai (très mal ici, très mal à la tête, des troubles intestinaux, des vertiges, des brûlures d'estomac, des coliques, le mal de mer, des courbatures, de la fièvre, des frissons)

Έχω κάνει εμετό
éHo kani émétó
J'ai vomi

Θα πρέπει να εισαχθείτε στο νοσοκομείο και να υποβληθείτε σε γενικές εξετάσεις...
tha prépi na issaHthité sto nossokomio ké na ipovlithité sé yénikès eksétassis
Vous devez aller à l'hôpital subir des examens...

Θα σας κάνω μία ένεση
tha sas kano mia énessi
Je vais vous faire une piqûre

Θα σας δώσω μία συνταγή

ετ βου βαξινε κΌτΡ λΕ τετανος
Vous avez une infection

βου ζαβε ΟΥν ΈφεκσίΌ
J'ai des insomnies

Ζε ντε ζΈσομνι
J'ai l'estomac lourd après les repas

Ζε λεστομα λουΡ απΡε λε ΡΕπα

J'ai (très mal ici, très mal à la tête, des troubles intestinaux, des vertiges, des brûlures d'estomac, des coliques, le mal de mer, des courbatures, de la fièvre, des frissons)

Ζε (τΡε μαλ ισι, τΡε μαλ α λα τετ, ντε τΡουμπλ Έτεστινο, ντε βεΡτιΖ, ντε μπΡΟΥΛΟΥΡ ντεστομα, ντε κολικ, λΕ μαλ ντΕ μεΡ, ντε κουΡμπατΟΥΡ, ντΕ λα φιεβΡ, ντε φΡισΌ)

J'ai vomi

Ζε βομι
Vous devez aller à l'hôpital subir des examens...

βου ντΕβε αλε α λοπιταλ σΟΥμπιΡ ντε ζεγκζαμΈ

Je vais vous faire une piqûre

ΖΕ βε βου φεΡ ΟΥν πικΟΥΡ
Je vais vous donner une ordonnance

tha sas dhosso mia sinndayi

Θεραπεία

thérapia

Κόπηκα με ένα κομμάτι γυαλί

kopika mé éna komati yali

Κουτσαίνω

koutséno

Να δω τη γλώσσα σας

na dho ti ghlossa sas

Κάνω εμετό κάθε πρωί

kano éméto kathé proï

Μέχρι να γίνετε καλά, να α-ναρρώσετε

méHri na yinété kala, na anarossété

Μου έχει κοπεί εντελώς η ό-ρεξη

mou éHi kopi enndélos i orexi

Μου μπήκε μια ακίδα στο χέρι

mou biké mia akidha sto Héri

Μου πονάει το στομάχι

mou ponaï to stomaHi

Μπορείτε να καλέσετε ένα γιατρό, παρακαλώ ;

borité na kalessété éna iatro parakalo

Μπορείτε να μου δώσετε με-ρικά υπνωτικά χάπια ;

borité na mou dhossété mérika ipnotika Hapia

ΖΕ βε βου ντονε ΟΥν οΡντονΆς

Traitement

τΡετμΆ

Je me suis coupé avec un morceau de verre

ΖΕ μΕ σΟΥι κουπε αβεκ Έ μοΡσο ντΕ βεΡ

Boîter

μπουατε

Tirez la langue

τιΡε λα λΆγκ

Je vomis tous les matins

ΖΕ βομι του λε ματΈ

Jusqu'à ce que vous soyez guéri

ΖΟΥσκα σΕ κΕ βου σουαγε γκεΡι

J'ai complètement perdu mon appétit

Ζε κΌπλετμΆ πεΡντΟΥ μΌ να-πετι

J'ai une écharde dans la main

Ζε ΟΥν εΣαΡντ ντΆ λα μΈ

J'ai mal à l'estomac

Ζε μαλ α λεστομα

Vous pouvez appeler un médecin, s'il vous plaît ?

βου πουβε απελε Έ μεντσΈ σιλ βου πλε

Pourriez-vous me prescrire un somnifère ?

πουΡιε βου μΕ πΡεσκΡιΡ Έ σομνιφεΡ

Μπορώ να συνεχίσω το ταξί-
δι μου ;

boro na sinéHisso to taxidhi
mou

**Est-ce que je peux continuer
mon voyage ?**

ες κΕ ΖΕ πΕ κΌτινΟΥε μΌ
βουαγιαΖ

Να βγάλω το θερμόμετρο ;

na vghalo to thermométro

**Je peux enlever le
thermomètre ?**

ΖΕ πΕ Άλβε λΕ τεΡμομετΡ

Να μετρήσω το σφυγμό σας

na métrisso to sfighmo sas

Je vais prendre votre pouls

ΖΕ βε πΡΆντΡ βοτΡ που

Να ρίξω μια ματιά στο λαιμό
σας

na rixo mia matia sto lémo sas

**Je vais jeter un coup d'oeil à
votre gorge**

ΖΕ βε ΖΕτε Έ κου ντΕγ(ι) α
βοτΡ γκοΡΖ

Νιώθω καλύτερα

niotho kalitéra

Je me sens mieux

ΖΕ μΕ σΆ μιΕ

Νοσοκομείο

nossokomio

Hôpital

οπιταλ

Νοσοκόμος (Νοσοκόμα)

nossokomos (nossokoma)

Infirmier (Infirmière)

ΈφιΡμιε (ΈφιΡμιεΡ)

Ξαπλώστε, παρακαλώ

xaplosté parakalo

Allongez-vous, s'il vous plaît

αλΟΖε βου σιλ βου πλε

Ξεντυθείτε μέχρι τη μέση
και ξαπλώστε εδώ

xédithité méHri ti messi ké
xaplosté édho

**Déshabillez-vous jusqu'à la
taille et allongez-vous là**

ντεζαμπιγε βου ΖΟΥσκα λα
ταγ(ι) ε αλΟΖε βου λα

Ποια είναι η αμοιβή σας,
γιατρέ ;

pia iné i amivi sas iatré

**Quels sont vos honoraires,
docteur ?**

κελ σΌ βο ζονοΡεΡ ντοκτΕΡ

Ποιες ώρες δέχεται ο για-
τρός ;

piès orès dhéHété o iatros

**A quelle heure est la
consultation ?**

α κελ ΕΡ ε λα κΌσοΥλτασιΌ

Πονάω (εδώ, στην κοιλιά,
στην πλάτη, στο κεφάλι, στο
λαιμό)

**J'ai mal (là, au ventre, au
dos, à la tête, à la gorge)**

ponao (édho, stinn kilia, stinn plati, sto kéfali, sto lémo)

Ζε μαλ (λα, ο βΆτΡ, ο ντο, α λα τετ, α λα γκοΡΖ)

Πόσον καιρό θα μείνω εδώ ;

Combien de temps je vais rester ici ?

possonn kéro tha mino édho

κΌμπιΈ ντΕ τΆ ΖΕ βε Ρεστε ιοι

Πόσος καιρός θα χρειαστεί για να γίνω καλά ;

Combien de temps faudra-t-il pour que je guérisse ?

possos kéros tha Hriasti ya na yino kala

κΌμπιΈ ντΕ τΆ φοντΡατιλ πουΡ κΕ ΖΕ γκεΡις

Πότε θα έρθει ο γιατρός ;

Quand le médecin va-t-il venir ?

poté tha erthi o iatros

κΆ λΕ μεντσΈ βατιλ βΕνιΡ

Πότε θα πρέπει να ξανάρθω ;

Quand dois-je revenir ?

poté tha prépi na xanartho

κΆ ντουαΖ ΡΕβΕνιΡ

Πού είναι το πλησιέστερο φαρμακείο ;

Où se trouve la pharmacie la plus proche ?

pou iné to plissiestéro farmakio

ου σΕ τΡουβ λα φαΡμασι λα πλΟΥ πΡοΣ

Πρέπει να γίνει εγχείρηση

Nous devons opérer

prépi na yini ennHirissi

νου ντΕβΌ οπεΡε

Πρέπει να γίνουν αναλύσεις

Il faut faire des analyses

prépi na yinoun analissis

ιλ φο φεΡ ντε ζαναλιζ

Πρέπει να κάνετε μία ακτινογραφία

Il faut passer une radio

prépi na kanété mia aktinoghrafia

ιλ φο πασε ΟΥν Ραντιο

Πρέπει να κάνετε αντιτετανικό εμβόλιο

Il faut que vous vous fassiez vacciner contre le tétanos

prépi na kanété annditétaniko emmvolio

ιλ φο κΕ βου βου φασιε βαξινε κΌτΡ λΕ τετανος

Πρέπει να μείνετε μερικές μέρες στο κρεβάτι

Il faut que vous restiez quelques jours au lit

prépi na minété mérikès mérès

ιλ φο κΕ βου ρεστιε κελκΕ

sto krévati
Πρέπει να μείνω στο κρεβάτι ;
prépi na mino sto krévati
Πρέπει να πάρω φάρμακα ;

prépi na paro farmaka

Πρέπει να πάτε στο νοσοκο-μείο
prépi na paté sto nossokomio
Στραμπούληξα τον αστρά-γαλό μου
strammboulixa tonn astragha-lo mou
Συνταγή
sinndayi
Σφυγμός
sfighmos
Τι σας οφείλω ;
ti sas ofilo
Τι φάρμακα έχετε χρησιμο-ποιήσει ;
ti farmaka éHété Hrissi-mopiissi
Τι ώρα δέχεστε ;

ti ora dhéHesté
Φάρμακο
farmako
Φταρνίζομαι συνέχεια
ftarnizomé sinéHia
Χρειάζομαι ένα γιατρό, πα-ρακαλώ
Hriazomé éna iatro parakalo

ZouP o λι
Je dois rester au lit ?
ZE ντουα Ρεστε ο λι
Je dois prendre des médicaments ?
ZE ντουα πΡΆντΡ ντε μεντι-καμΆ

Vous devez aller à l'hôpital

βου ντΕβε αλε α λοπιταλ
Je me suis foulé la cheville

ZE μΕ σΟΥι φουλε λα ΣΕβιγ(ι)
Ordonnance
οΡντονΆς
Pouls
που
Qu'est-ce que je vous dois ?
κες κΕ Zο βου ντουα
Quels médicaments avez-vous pris ?
κελ μεντικαμΆ αβε βου πΡι

A quelle heure est la consultation ?
α κελ ΕΡ ε λα κΌσΟΥλτασιΌ
Médicament
μεντικαμΆ
J'éternue sans arrêt
ZετεΡνΟΥ σΆ ζαΡε
J'ai besoin d'un médecin, s'il vous plaît
Ζε μπΕζουΈ ντΈ μεντσΈ σιλ βου πλε

61. ΤΟ ΣΩΜΑ
to soma

61. LE CORPS HUMAIN
λΕ κοΡ ΟΥμΈ

Αγκώνας
anngonas

Coude
κουντ

Αίμα
éma

Sang
σΆ

Αμυγδαλές
amighdalès

Amygdales
αμινταλ

Άρθρωση
arthrossi

Articulation
αΡτικΟΥλασιΌ

Αρτηρία
artiria

Artère
αΡτεΡ

Αστράγαλος
astraghalos

Cheville
ΣΕβιγ(ι)

Αυτί
afti

Oreille
ορεγ(ι)

Αυχένας
afHénas

Nuque
νΟΥκ

Βλεφαρίδα
vléfaridha

Cil
σιλ

Βλέφαρο
vléfaro

Paupière
ποπιεΡ

Βραχίονας
vraHionas

Bras
μπΡα

Γάμπα
ghammba

Jambe
ΖΆμπ

Γλώσσα
ghlossa

Langue
λΆγκ

Γόνατο
ghonato

Genou
ΖΕνου

Γοφός
ghofos

Hanche
ΆΣ

Δάχτυλο
dhaHtilo

Doigt
ντουα

Δέρμα	Peau
dherma	πο
Δόντι	**Dent**
dhonndi	ντΆ
Εγκέφαλος	**Cerveau**
ennguéfalos	σεΡβο
Έντερο	**Intestin**
enndéro	ΈτεστΈ
Καρδιά	**Coeur**
kardhia	κΕΡ
Καρπός	**Poignet**
karpos	πουανιε
Κεφάλι	**Tête**
kéfali	τετ
Κνήμη	**Tibia**
knimi	τιμπια
Κοιλιά	**Ventre**
kilia	βΆτΡ
Κόκαλο	**Os**
kokalo	ος
Κρανίο	**Crâne**
kranio	κΡαν
Κρόταφος	**Tempe**
krotafos	τΆπ
Κύστη	**Vésicule**
kisti	βεζικΟΥλ
Λαιμός	**Cou**
lémos	κου
Λάρυγγας	**Gorge**
larinngas	γκοΡΖ
Μάγουλο	**Joue**
maghoulo	Ζου
Μαλλί	**Cheveu**
mali	ΣΕβΕ

Μάτι	**Oeil**
mati	Εγ(ι)
Μέτωπο	**Front**
métopo	φΡΟ
Μπράτσο	**Avant-bras**
bratso	αβΆ μπΡα
Μηρός	**Cuisse**
miros	κΟΥις
Μυς	**Muscle**
mis	μΟΥσκλ
Μύτη	**Nez**
miti	ϝε
Νευρικό σύστημα	**Système nerveux**
névriko sistima	σιστεμ νεΡβΕ
Νεύρο	**Nerf**
névro	νεΡ
Νεφρά	**Reins**
néfra	ΡΕ
Νύχι	**Ongle**
niHi	Όγκλ
Ουρανίσκος	**Palais**
ouraniskos	παλε
Ουροδόχος κύστη	**Vessie**
ourodhoHos kisti	βεσι
Παλάμη	**Paume**
palami	πομ
Πλάτη	**Dos**
plati	ντο
Πλευρό	**Côte**
plévro	κοτ
Πνεύμονας	**Poumon**
pnévmonas	πουμΌ
Πόδι	**Pied**
podhi	πιε

Πρόσωπο	**Visage**
prossopo	βιζαΖ
Σαγόνι	**Menton**
saghoni	μΆτΟ
Σβέρκος	**Nuque**
sverkos	νΟΥκ
Σπλήνα	**Rate**
splina	Ρατ
Σπονδυλική στήλη	**Colonne vertébrale**
sponndhiliki stili	κολον βεΡτεμπΡαλ
Σπόνδυλος	**Vertèbre**
sponndhilos	βεΡτεμπΡ
Στέρνο	**Sternum**
sterno	στεΡνομ
Στήθος	**Poitrine**
stithos	πουατΡιν
Στομάχι	**Estomac**
stomaHi	εστομα
Στόμα	**Bouche**
stoma	μπουΣ
Συκώτι	**Foie**
sikoti	φουα
Φλέβα	**Veine**
fléva	βεν
Φρύδι	**Sourcil**
fridhi	σουΡσιλ
Φτέρνα	**Talon**
fterna	ταλΟ
Χείλια	**Lèvres**
Hilia	λεβΡ
Χέρι	**Main**
Héri	μΈ
Ώμος	**Épaule**
omos	επολ

62. ΑΣΘΕΝΕΙΕΣ asthéniès	**62. MALADIES** μαλαντι
Αδιαθεσία adhiathessia	**Malaise** μαλεζ
Αιμάτωμα ématoma	**Hématome** εματομ
Αιμορραγία émorayia	**Hémorragie** εμοΡαΖι
Αιμορραγία μύτης émorayia mitis	**Saignement de nez** σενιΕμΆ ντΕ νε
Αιμοφιλία émofilia	**Hémophilie** εμοφιλι
Αιμορροΐδες émoroïdhès	**Hémorroïdes** εμοΡοϊντ
Ακτινοβολία aktinivolia	**Rayon** ΡεγιΌ
Ακτινοθεραπεία aktinothérapia	**Traitement par rayons** τΡετμΆ παΡ ΡεγιΌ
Αλλεργία aleryia	**Allergie** αλεΡΖι
Αμυγδαλίτιδα amighdhalitidha	**Angine** ΆΖιν
Ανεμοβλογιά anémovloya	**Varicelle** βαΡισελ
Απόστημα apostima	**Abcès** αμπσε
Αποπληξία apoplixia	**Apoplexie** αποπλεξι
Αρθρώσεις arthrossis	**Articulations** αΡτικΟΥλασιΌ
Αρπάζω κρύωμα arpazo krioma	**Prendre froid** πΡΆντΡ φρΡουα
Άρρωστος arostos	**Malade** μαλαντ

Άσθμα   **Asthme**
asthma   αστμ
Ασθένεια   **Maladie**
asthénia   μαλαντι
Ασθενής   **Patient**
asthénis   πασιΆ
Αϋπνία   **Insomnie**
aïpnia   Έσομνι
Βαρηκοΐα   **Surdité**
varikoïya   σΟΥΡντιτε
Βήχας   **Toux**
viHas   του
Βρογχίτιδα   **Bronchite**
vronnHitidha   μπΡΌΣιτ
Γρίπη   **Grippe**
ghripi   γκΡιπ
Δάγκωμα σκύλου, φιδιού   **Morsure de chien, de serpent**
dhanngoma skilou, fidhiou   μοΡσΟΥΡ ντΕ ΣίΈ, ντΕ σεΡπΆ
Δηλητηρίαση   **Empoisonnement**
dhilitiriassi   ΆπουαζονμΆ
Διαβήτης   **Diabète**
dhiavitis   νταμπετ
Διάρροια   **Diarrhée**
dhiaria   ντιαΡε
Διφθερίτιδα   **Diphtérie**
dhiftéritidha   ντιφτεΡι
Δυσεντερία   **Dysenterie**
dhissenndéria   ντισΆτΡι
Δυσκοιλιότητα   **Constipation**
dhiskiliotita   κΌστιπασιΌ
Δυσπεψία   **Indigestion**
dhispepsia   ΈντιΖεσιΌ

Έγκαυμα	**Brûlure**
enngavma	μπΡΟΥΛΟΥΡ
ΕΗΤΖ (AIDS)	**SIDA**
eïds	σιντα
Έκζεμα	**Eczéma**
egzéma	εκζεμα
Έλκος	**Ulcère**
elkos	ΟΥλσεΡ
Ελονοσία	**Malaria**
élonossia	μαλαΡια
Εμετός	**Vomissement**
émétos	βομισμΆ
Έμφραγμα	**Infarctus**
emmfraghma	ἘφαρκτΟΥς
Ένεση	**Piqûre**
énessi	πικΟΥΡ
Εξάνθηση	**Éruption**
eksannthissi	εΡΟΥπσιΌ
Ερεθισμός λαιμού	**Inflammation de la gorge**
éréthizmos lémou	ἘφλαμασιΌ ντΕ λα γκοΡΖ
Ερυθρά	**Rubéole**
érithra	ΡΟΥμπεολ
Ευλογιά	**Variole**
evloya	βαΡιολ
Ζαλάδα	**Vertige**
zaladha	βεΡτιΖ
Ηλιακό έγκαυμα	**Coup de soleil**
iliako enngavma	κουντ σολεγ(ι)
Ηλίαση	**Insolation**
iliassi	ἘσολασιΌ
Ημικρανία	**Migraine**
imikrania	μιγκΡεν
Θερμοπληξία	**Coup de chaleur**
thermoplixia	κουντ ΣαλΕΡ

Ιγμορίτιδα ighmoritidha	**Sinusite** σινΟΥζιτ
Ιλαρά ilara	**Rougeole** ΡουΖολ
Ισχυαλγία isHialyia	**Sciatique** σιατικ
Καλόγερος kaloyéros	**Furoncle** φΟΥΡΌκλ
Κάνω εμετό kano éméto	**Vomir** βομιΡ
Καρδιακή πάθηση kardhiaki pathissi	**Affection cardiaque** αφεκσιΌ καΡντιακ
Καρδιακή προσβολή kardhiaki prosvoli	**Attaque cardiaque** ατακ καΡντιακ
Καρκίνος karkinos	**Cancer** κΆσεΡ
Κάταγμα kataghma	**Fracture** φΡακτΟΥΡ
Κατάθλιψη katathlipsi	**Dépression** ντεπΡεσιΌ
Καυτηρίαση kaftiriassi	**Cautérisation** κοτεΡιζασιΌ
Κλονισμός klonizmos	**Etat de choc** ετα ντΕ Σοκ
Κοιλόπονοι kiloponi	**Contractions** κΌτΡακσιΌ
Κοκίτης kokitis	**Coqueluche** κοκλΟΥΣ
Κολικός του ήπατος kolikos tou ipatos	**Colique hépatique** κολικ επατικ
Κράμπα krammba	**Crampe** κΡΆπ
Κριθαράκι kritharaki	**Orgelet** οΡΖΕλε

Κρυολόγημα	Rhume, refroidissement
krioloyima	ΡΟΥμ, ΡΕφΡουαντισμΆ
Κύστη	Vésicule
kisti	βεζικΟΥλ
Λιποθυμία	Évanouissement
lipothimia	εβανουισμΆ
Μαγουλάδες	Oreillons
maghouladhès	οΡεγιΌ
Μεταβολισμός	Métabolisme
métavolizmos	μεταμπολιζμ
Μετάδοση της αρρώστιας	Contagion
métadhossi tis arostias	κΌταΖιΌ
Μόλυνση	Infection
molinnsi	ΈφεκσϊΌ
Μώλωπας	Contusion
molopas	κΌτΟΥζιΌ
Ναυτία	Nausée, mal de mer
naftia	νοζε, μαλ ντΕ μεΡ
Νευραλγία	Névralgie
névralyia	νεβΡαλΖι
Νεφρίτιδα	Néphrite
néfritidha	νεφΡιτ
Νοσηλεύομαι	Etre hospitalisé
nossilévomé	ετΡ οσπιταλιζε
Ξανακύλισμα	Rechute
xanakilizma	ΡΕΣΟΥτ
Οστρακιά	Scarlatine
ostrakia	σκαΡλατιν
Παραλήρημα	Délire
paralirima	ντελιΡ
Πίεση	Tension
piessi	τΆσιΌ
Πλευρίτιδα	Pleurésie
plévritidha	πλΕΡεζι

Πνευμόνια	**Poumons**
pnevmonia	πουμΟ
Πονοκέφαλος	**Mal de tête**
ponokéfalos	μαλ ντΕ τετ
Πόνος (στα πλευρά, στη μέ-	**Douleur (dans les côtes,**
ση)	**dans les reins)**
ponos (sta plévra, sti messi)	ντουλΕΡ (ντΆ λε κοτ, ντΆ λε ΡΈ)
Πρήξιμο	**Enflure**
prix1mo	ΆφλΟΥΡ
Προσβολή	**Attaque**
prosvoli	ατακ
Προστάτης	**Prostate**
prostatis	πΡοστατ
Πυρετός	**Fièvre**
pirétos	φιεβΡ
Ρευματισμός	**Rhumastisme**
revmatizmos	ΡΟΥματιζμ
Σηψαιμία	**Septicémie**
sipsémía	σεπτισεμι
Σκωληκοειδίτιδα	**Appendicite**
skolikoïdhitidha	απΈντισιτ
Σπάσιμο	**Fracture**
spassimo	φΡακτΟΥΡ
Σπασμός	**Convulsion**
spazmos	κΌβΟΥλσιΌ
Σπυρί	**Bouton**
spiri	μπουτΌ
Στεφανιαία ανεπάρκεια	**Insuffisance cardiaque**
stéfaniéa anéparkia	ΈσΟΥφιζΆς καρντιακ
Στηθάγχη	**Angine de poitrine**
stithannHi	ΆΖιν ντΕ πουατΡιν
Στομαχόπονος	**Mal d'estomac**
stomaHoponos	μαλ ντεστομα
Στραμπούλιγμα	**Foulure, entorse**

straboulighma

Συνάχι
sinaHi

Σύνθλιψη
sinnthlipsi

Ταχυκαρδία
taHikardhia

Ταραχή
taraHi

Τέτανος
tétanos

Τραύμα
travma

Τρεμουλιάσματα
trémouliazmata

Τρέχει η μύτη
tréHi i miti

Τροφική δηλητηρίαση
trofiki dhilitiriassi

Τσίμπημα εντόμου
tsimmbima enndomou

Τύφος
tifos

Φλεγμονή
fleghmoni

Φυματίωση
fimatiossi

Ωτίτιδα
otitidha

φουλΟΥΡ, ΆτοΡς

Rhume
ΡΟΥμ

Oppression
οπΡεσιΌ

Palpitation
παλπιτασιΌ

Trouble
τΡουμπλ

Tétanos
τετανος

Blessure
μπλεσΟΥΡ

Tremblements
τΡΆμπλΕμΆ

Avoir le nez qui coule
αβουαΡ λΕ νε κι κουλ

Empoisonnement alimentaire
ΆπουαζονμΆ αλιμΆτεΡ

Piqûre d'insecte
πικΟΥΡ ντ'Εσεκτ

Typhus
τιφΟΥς

Inflammation
ΈφλαμασιΌ

Tuberculose
τΟΥμπεΡκΟΥλοζ

Otite
οτιτ

63. ΣΤΟ ΦΑΡΜΑΚΕΙΟ
sto farmakio

63. CHEZ LE PHARMACIEN
Σε λΕ φαΡμασιΈ

Αιθέρας
éthéras

Éther
ετεΡ

**Αλοιφή για (τα εγκαύματα,
τη μόλυνση)**
alifi ya (ta enngavmata, ti
molinnsi)

**Pommade (pour les brûlures,
anti-inflammatoire)**
πομαντ (πουΡ λε μπΡΟΥΛΟΥΡ,
Άτι Έφλαματουα P)

Ανάλυση
analissi

Analyse
αναλιζ

Αντιβιωτικό
anndiviotiko

Antibiotique
Άτιμπιοτικ

Αντίδοτο
anndidhoto

Contrepoison
κΌτΡΕπουαζΌ

Αντισυλληπτικό
andissiliptiko

Contraceptif
κΌτΡασεπτιφ

Αντισυλληπτικό χάπι
anndissiliptiko Hapi

Pilule contraceptive
πιλΟΥλ κΌτΡασεπτιβ

Αντισηπτικό
anndissiptiko

Antiseptique
Άτισεπτικ

Απολυμαντικό
apolimmandiko

Désinfectant
ντεζΈφεκτΆ

Αποστειρωμένη γάζα
apostiroméni ghaza

Gaze stérilisée
γκαζ στεΡιλιζε

Αποστειρωμένος επίδεσμος
apostiroménos épidhezmos

Tricostéril
τΡικοστεΡιλ

Ασβέστιο
azvestio

Calcium
καλσιομ

Ασπιρίνη
aspirini

Aspirine
ασπιΡιν

Βακτηριδιοκτόνο
vaktiridhioktono

Bactéricide
μπακτεΡισιντ

Βαμβάκι

Coton hydrophile

vamvaki
Βιταμίνη C
vitamini sé

Γαργάρα
gharghara

Διάφραγμα κόλπου
dhiafraghma kolpou

Δυναμωτικό
dhinamotiko

Αντενδείξεις
anndenndhixis

Ένα ... κάθε ... ώρες

éna ... kathé ... orès

Ένα μπιμπερό
éna bibéro

Ένεση
énessi

Εντομοαπωθητικό
enndomoapothitiko

Εντομοκτόνο
enndomoktono

Επίδεσμος
épidhezmos

Εφημερεύον φαρμακείο
éfimérévonn farmakio

Έχετε αυτό το φάρμακο σε άλλη μορφή ;
éHété afto to farmako sé ali morfi

Έχετε κάτι για το βήχα (τον πονόλαιμο, τον πονοκέφαλο, τη γρίπη, το συνάχι...) ;

κοτΌ ιντΡοφιλ
Vitamine C
βιταμιν σε

Gargarisme
γκαΡγκαΡιζμ

Diaphragme
ντιαφΡαγκμ

Fortifiant
φοΡτιφιΆ

Contre-indications
κΌτΡ ΈντικασιΌ

Un (une) ... toutes les ... heures
Έ (ΟΥν) ... τουτ λε ... ΕΡ

Un biberon
Έ μπιμπΡΌ

Piqûre
πικΟΥΡ

Produit contre les insectes
πΡοντΟΥι κΌτΡ λε ζΈσεκτ

Insecticide
Έσεκτισιντ

Pansement
πΆσμΆ

Pharmacie de garde
φαΡμασι ντΕ γκαΡντ

Avez-vous ce médicament sous une autre forme ?
αβε βου σΕ μεντικαμΆ σου ζΟΥν οτΡ φοΡμ

Avez-vous quelque chose contre la toux (le mal de gorge, le mal de tête, la grippe, le rhume...)

éHété káti ya to viHa (tonn ponolémo, tonn ponokéfalo, ti ghrípi, to sinaHi...)

Ηρεμιστικό
irémistiko

Θα μπορούσατε να μου δώσετε κάτι για το ηλιακό έγκαυμα ;
tha boroussaté na mou dhossété káti ya to iliako enngavma

Θερμόμετρο
thermométro

Θερμοφόρα
thermofora

Ιώδιο
iodhio

Καθαρτικό
kathartiko

Κάθε πότε θα το παίρνω ;

kathé poté tha ta perno

Κατάπλασμα
kataplazma

Καταπραϋντικό
katapraïnndiko

Κολλύριο
kolirio

Κομπρέσα
kommbressa

Λευκοπλάστης
lefkoplastis

αβε βου κελκΕ Σοζ κΌτΡ λα του (λΕ μαλ ντΕ γκοΡΖ, λΕ μαλ ντΕ τετ, λα γκΡιπ, λΕ ΡΟΥμ...)

Calmant
καλμΆ

Pourriez-vous me donner quelque chose contre les coups de soleil ?
πουΡιε βου μΕ ντονε κελκΕ Σοζ κΌτΡ λε κουντ σολεγ(ι)

Thermomètre
τεΡμομετΡ

Bouillotte
μπουγιοτ

Teinture d'iode
τΈτΟΥΡ ντιοντ

Purgatif
πΟΥΡγκατιφ

Je dois le prendre à quel intervalle ?
ΖΕ ντουα λΕ πΡΆντΡ α κελ ΈτεΡβαλ

Cataplasme
καταπλαζμ

Calmant
καλμΆ

Collyre
κολιΡ

Compresse
κΌπΡες

Sparadrap
σπαΡαντΡα

Μπορείτε να μου ετοιμάσετε αυτή τη συνταγή ;
borité na mou étimassété afti ti sinndayi

Pouvez-vous me préparer cette ordonnance ?
πουβε βου μΕ πΡεπαΡε σετ οΡντονΆς

Μπορείτε να μου τα χορηγήσετε χωρίς ιατρική συνταγή ;
borité na mou ta Horiyissété Horis iatriki sinndayi

Je peux les avoir sans ordonnance ?

ΖΕ πΕ λε ζαβουαΡ σΆ ζοΡντονΆς

Νηστικός
nistikos

A jeun
α ΖΕ

Οινόπνευμα
inopnevma

Alcool
αλκολ

Παστίλιες
pastiliès

Pastilles
παστιγ(ι)

Πενικιλίνη
pénikilini

Pénicilline
πενισιλιν

Πότε ανοίγει ;
poté aniyi

Elle ouvre à quelle heure ?
ελ ουβΡ α κελ ΕΡ

Πότε θα είναι έτοιμα τα φάρμακά μου ;
poté tha iné étima ta farmaka mou

Mes médicaments seront prêts quand ?
με μεντικαμΆ σεΡΌ πΡε κΆ

Πότε μπορώ να έρθω να πάρω τα φάρμακα ;
poté boro na ertho na paro ta farmaka

Quand puis-je venir chercher mes médicaments ?
κΆ πΟΥιΖ βΕνιΡ ΣεΡΣε με μεντικαμΆ

Πού είναι το φαρμακείο ;
pou iné to farmakio

Où se trouve la pharmacie ?
ου σΕ τΡουβ λα φαΡμασι

Πού υπάρχει εφημερεύον φαρμακείο ;
pou iparHi efimérévonn farmakio

Où y a-t-il une pharmacie de garde ?
ου ιατιλ ΟΥν φαΡμασι ντΕ γκαρντ

Πριν τα γεύματα

Avant les repas

prinn ta yevmata

Προφυλακτικά
profilaktika

Σερβιέτες
serviétès

Σιρόπι
siropi

Σκόνη
skoni

Σταγόνες για τη μύτη (τα αυτιά, τα μάτια...)
staghonès ya ti miti (ta aftia, ta matia...)

Σταγονόμετρο
staghonométro

Συνταγή
sinndayi

Σύριγγα
sirinnga

Ταμπόν
tammbonnn

Τσάντα πρώτων βοηθειών
tsannda protonn voïthionn

Υπνωτικό
ipnotiko

Υπόθετα
ipothéta

Φάρμακο για τα κουνούπια
farmako ya ta kounoupia

Χάπι
Hapi

Χαρτομάντιλα
Hartomanndila

αβΆ λε ΡΕπα
Préservatifs
πΡεζεΡβατιφ

Serviettes hygiéniques
σεΡβιετ ιΖιενικ

Sirop
σιΡο

Poudre
πουντΡ

Gouttes pour le nez (les oreilles, les yeux...)
γκουτ πουΡ λΕ νε (λε ζοΡεγ(ι), λε ζιΕ...)

Compte-gouttes
κΌτ γκουτ

Ordonnance
οΡντονΆς

Seringue
σΕΡΈγκ

Tampon
τΆπΌ

Trousse de secours
τΡους ντΕ σΕκουΡ

Somnifère
σομνιφεΡ

Suppositoires
σΟΥποζιτουαΡ

Produit contre les moustiques
πΡοντΟΥι κΌτΡ λε μουατικ

Pilule
πιλΟΥλ

Mouchoirs en papier
μουΣουαΡ Ά παπιε

64. ΣΤΟΝ ΟΔΟΝΤΙΑΤΡΟ stonn odhonndoyatro	**64. CHEZ LE DENTISTE** Σε λΕ ντΆτιστ
Αναισθησία anesthissia	**Anesthésie** ανεστεζι
Απόστημα apostima	**Abcès** αμπσε
Αυτό εδώ χρειάζεται πάλι σφράγισμα afto édho Hriazété pali sfrayizma.	**Cette dent doit être plombée à nouveau** σετ ντΆ ντουα ετΡ πλΌμπε α νουβο
Αυτό είναι που πονάει afto iné pou ponaï	**C'est cette dent-là qui me fait mal** σε σετ ντΆ λα κι μΕ φε μαλ
Αυτό το δόντι κουνιέται afto to dhonndi kouniété	**J'ai une dent qui bouge** Ζε ΟΥν ντΆ κι μπουΖ
Βγάζω ένα δόντι vghazo éna dhonndi	**Se faire arracher une dent** σο φεΡ αΡαΣε ΟΥν ντΆ
Γέφυρα yéfira	**Bridge** μπΡιντΖ
Γομφίος ghommfios	**Molaire** μολεΡ
Δεν πρέπει να φάτε για δύο ώρες dhenn prépi na faté ya dhio ores	**Ne mangez rien pendant deux heures** νΕ μΆΖε ΡιΈ πΆντΆ ντΕ ζΕΡ
Δόντι dhonndi	**Dent** ντΆ
Ένεση énessi	**Piqûre** πικΟΥΡ
Εξαγωγή eksaghoyi	**Extraction** εκστΡακσιΌ
Επάνω épano	**En haut** Ά ο
Έφυγε το σφράγισμα	**J'ai perdu mon plombage**

éfiyé to sfrayizma

Έχω πονόδοντο
éHo ponodhonndo

Θα προτιμούσα μία προσω-
ρινή περιποίηση
tha   protimoussa   mia
prossorini péripiissi

Θέλω να μου κάνετε νάρκωση
thélo na mou kanété narkossi

Κοπτήρας
koptiras

Κορόνα
korona

Κούφιο δόντι
koufio dhonndi

Ματώνω
matono

Με πονάει ένα δόντι
mé ponaï éna dhonndi

Με πονάνε τα ούλα μου
mé ponané ta oula mou

Μπορείτε να μου σφραγίσε-
τε προσωρινά ένα δόντι ;
borité na mou sfrayissété
prossorina éna dhonndi

Μπορείτε να το σώσετε ;
borité na to sossété

Μπορώ να φάω τώρα ;

boro na fao tora

Νάρκωση
narkossi

Ξεπλύνετε

Ζε πεΡντΟΥ μΟ πλΟμπαΖ
J'ai mal aux dents
Ζε μαλ ο ντΆ
Je préfèrerais des soins
provisoires
ΖΕ πΡεφεΡΕΡε ντε σουΈ
πΡοβιζουαΡ
J'aimerais une anesthésie
ΖεμΡε ΟΥν ενεστεζι
Incisive
Έσιζιβ
Couronne
κουΡον
Dent creuse
ντΆ κΡΕΖ
Saigner
σενιε
J'ai mal à une dent
Ζε μαλ α ΟΥν ντΆ
J'ai mal aux gencives
Ζε μαλ ο ΖΆσιβ
Pouvez-vous me faire un
plombage provisoire ?
πουβε βου μΕ φεΡ Έ
πλΟμπαΖ πΡοβιζουαΡ
Vous pouvez la sauver ?
βου πουβε λα σοβε
Je peux manger normalement
maintenant ?
ΖΕ πΕ μΆΖε νοΡμαλμΆ
μΈτνΆ
Anesthésie
ανεστεζι
Rincez-vous

xéplinété
ΡΈσε βου

Οδοντική πρόθεση
Prothèse dentaire
odhonndiki prothessi
πΡοτεζ ντΆτεΡ

Οδοντογιατρός
Dentiste
odhonndoyatros
ντΆτιστ

Οδοντοστοιχία
Dentier
odhonndostiΗia
ντΆτιε

Ούλα
Gencives
oula
ΖΆσιβ

Πονάω πολύ
J'ai très mal
ponao poli
Ζε τΡε μαλ

Πονόδοντος
Mal de dents
ponodhonndos
μαλ ντΕ ντΆ

Πότε πρέπει να ξανάρθω ;
Quand dois-je revenir ?
poté prépi na xanartho
κΆ ντουαΖ ΡΕβΕνιΡ

Πού μπορώ να βρω έναν ο-
δοντογιατρό ;
Où pourrais-je trouver le
dentiste ?
pou boro na vro énann
odhonndoyatro
ου πουΡεΖ τΡουβελΕ ντΆτιστ

Πρέπει να βγει ;
Il faut l'extraire ?
prépi na vyi
ιλ φο λεξτΡεΡ

Προγομφίος
Prémolaire
proghommfios
πΡεμολεΡ

Προσωρινό σφράγισμα
Plombage provisoire
prossorino sfrayizma
πλΟμπαΖ πΡοβιζουαΡ

Ρίζα
Racine
riza
Ρασιν

Σαγόνι
Menton
saghoni
μΆτΟ

Στο βάθος
Au fond
sto vathos
ο φΟ

Σφραγίζω
Plomber
sfrayizo
πλΟμπε

Σφράγισμα
Plombage

sfrayizma	πλΌμπαΖ
Σωφρονιστήρας	**Dent de sagesse**
sofronistiras	ντΆ ντΕ σαΖες
Τελειώσατε ;	**Vous avez terminé ?**
téliossaté	βου ζαβε τεΡμινε
Τερηδόνα	**Carie dentaire**
téridhona	καΡι ντΆτεΡ
Τραπεζίτης	**Molaire**
trapézitis	μολεΡ
Υπάρχει κανένας οδοντογια-	**Y a-t-il un dentiste ici ?**
τρός εδώ ;	
iparHi kanénas odhonn-	ιατιλ Έ ντΆτιστ ισι
doyatros édho	
Φλόγωση	**Inflammation**
floghossi	ΈφλαμασιΌ
Φρονιμίτης	**Dent de sagesse**
fronimitis	ντΆ ντΕ σαΖες
Χαλασμένο δόντι	**Une dent gâtée**
Halazméno dhonndi	ΟΥν ντΆ γκατε
Χρειάζεται σφράγισμα ;	**Il faut faire un plombage ?**
Hriazété sfrayizma	ιλ φο φεΡ Έ πλΌμπαΖ
Χρυσή κορόνα	**Couronne en or**
Hrissi korona	κουΡον Ά νοΡ
Ψεύτικο δόντι	**Fausse dent**
pseftiko dhonndi	φος ντΆ

65. ΧΩΡΕΣ	65. PAYS
Horès	πεϊ
Αγγλία	**Angleterre**
annglia	ΆγκλΕτεΡ
Αίγυπτος	**Égypte**
éyiptos	εΖιπτ
Αιθιοπία	**Éthiopie**
éthiopia	ετιοπι
Αλάσκα	**Alaska**
alaska	αλασκα
Αλβανία	**Albanie**
alvania	αλμπανι
Αλγερία	**Algérie**
alyéria	αλΖεΡι
Αυστρία	**Autriche**
afstria	οτΡιΣ
Βέλγιο	**Belgique**
velyo	μπελΖικ
Βουλγαρία	**Bulgarie**
voulgaria	μπΟΥλγκαΡι
Γαλλία	**France**
ghalia	φΡΆς
Γερμανία	**Allemagne**
yermania	αλμανι(ιΕ)
Δανία	**Danemark**
dhania	ντανμαΡκ
Ελβετία	**Suisse**
elvétia	σΟΥις
Ελλάδα	**Grèce**
éladha	γκΡες
Ηνωμένες Πολιτείες	**États-Unis**
inoménès politiès	ετα ζΟΥνι
Ιαπωνία	**Japon**

iaponia	ΖαπΌ	
Ιρλανδία	**Irlande**	
irlandhia	ιΡλΆντ	
Ισπανία	**Espagne**	
ispania	εσπαν(ιE)	
Ισραήλ	**Israël**	
izraïl	ιζΡαελ	
Ιταλία	**Italie**	
italia	ιταλι	
Καναδάς	**Canada**	
kanadhas	καναντα	
Κίνα	**Chine**	
kina	Σιν	
Κύπρος	**Chypre**	
kipros	ΣιπΡ	
Λίβανος	**Liban**	
livanos	λιμπΆ	
Λιβύη	**Libye**	
livii	λιμπι	
Μεγάλη Βρετανία	**Grande Bretagne**	
méghali vrétania	γκΡΆντ μπΡΕταν(ιE)	
Νέα Ζηλανδία	**Nouvelle Zélande**	
néa zilanndhia	νουβελ ζελΆντ	
Νορβηγία	**Norvège**	
norviyia	νοΡβεΖ	
Ολλανδία	**Pays-Bas**	
olanndhia	πεϊ μπα	
Ουαλία	**Pays de Galles**	
oualia	πεϊ ντE γκαλ	
Ουγγαρία	**Hongrie**	
ounngaria	ΌγκΡι	
Πακιστάν	**Pakistan**	
pakistann	πακιστΆ	
Πολωνία	**Pologne**	

polonia	πολον(ιΕ)
Πορτογαλία	**Portugal**
portoghalia	ποΡτΟΥγκαλ
Ρουμανία	**Roumanie**
roumania	Ρουμανι
Ρωσία	**Russie**
rossia	ΡΟΥσι
Σουηδία	**Suède**
souïdhia	σΟΥεντ
Τουρκία	**Turquie**
tourkia	τΟΥΡκι
Τυνησία	**Tunisie**
tinissia	τΟΥνιζι
Φινλανδία	**Finlande**
finnlanndhia	φΈλΆντ